KB109622

악마는
잠들지
않는다

The Devil Never Sleeps

악마는 잠들지 않는다

일상화된 재난의 시대를 살아가는 법

줄리엣 카이엠

김효석 · 이승배 · 류종기 옮김

민음사

THE DEVIL NEVER SLEEPS
by Juliette Kayyem

Copyright © Juliette Kayyem 2022
All rights reserved.

Korean translation edition is published by arrangement with
The Gernert Company, Inc. through EYA.

Korean Translation Copyright © Minumsa 2023

이 책의 한국어 판 저작권은 EYA를 통해
The Gernert Company, Inc.와 독점 계약한 (주)민음사에 있습니다.

저작권법에 의해 한국 내에서 보호를 받는 저작물이므로
무단 전재와 무단 복제를 금합니다.

이 책에 대한 찬사

재난이 닥쳤을 때 줄리엣 카이엠을 찾는 데는 이유가 있다.
카이엠은 침착하고 두려워하지 않으며 깊이 있는 정보를 알고 있다.
이 책에서 그녀는 어떤 재난도 놓치지 않고 우리가 어떻게 대응할 수 있는지
보여 준다. 당신의 눈을 뜨게 할 이 책을 읽고 나면 후쿠시마, 화재,
심지어 비온세도 다르게 보일 것이다.

— 에린 버넷(Erin Burnett), CNN 뉴스 「에린 버넷 아웃프런트」 앵커

9·11 사태부터 팬데믹까지 미국은 수십 년간 비상사태에 시달려 왔다.
앞으로 훨씬 더 심각한 상황이 더 많이 닥칠 것이다. 줄리엣 카이엠은
'악마'를 대할 때 우리를 인도할 분명하고, 냉철하며, 긴급하지만 광란적이지 않은
원칙을 가지고 있다. 카이엠의 충고를 따르면 우리 모두의 삶이 더 나아질 것이다.

— 제임스 팔로우스(James Fallows), 작가, 언론인, 전미도서상 수상자

줄리엣 카이엠의 전염성 있는 에너지와 위기관리에 대한 합리적인 열정이
책에서 뿜어져 나온다. 그녀는 점점 더 일상화되는 위기에 대처하는 방법을
간결하고 설득력 있는 간이 지침으로 작성했다. 카이엠이 현실적이고
실용적인 스타일로 명확히 드러냈듯이, 우리는 재난이 닥쳤을 때 당황하고,
반응하고, 마음을 졸일 필요가 없다. 재난이 생기는 것은 필연적이기에.
위기관리 담당자와 현장 대응 요원은 물론, 예측하고 준비하고 대처하고
회복력을 키우려는 평범한 시민 모두를 위한 필독서.

— 제임스 클래퍼(James Clapper), 전 미국 국가정보장(DNI)

줄리엣 카이엠은 실제 국가 안보 경험, 민간인의 일상적이고 개인적인 경험, 정책 사상가의 결합하여 강렬하고 매력적인 신간 『악마는 잠들지 않는다』를 집필했다. 카이엠이 쓴 거의 모든 글은 반드시 읽어 봐야 하며, 그녀는 우리가 재난의 시대에 대비할 수 있도록 모든 것을 종합했다.
— 제이 존슨(Jeh Johnson), 전 미국 국토안보부 장관

우리는 큰 문제를 피할 수 없는 위험한 세상에 살고 있다. 이상하게도 더 잘 대비하라고 경고하는 사람들은 종종 무시당한다. 그러나 줄리엣 카이엠은 현대의 카산드라가 되기를 거부한다. 이 책을 똑바로 읽고 현명해지거나, 아니면 위험을 무릅쓰고 그녀의 교훈을 무시하라.
— 마일스 오브라이언(Miles O'Brien), 「PBS 뉴스아워」 특파원

역사상 인간을 괴롭혔던 재난들과 재난 빈도가 증가하는 이유에 대해 괄목할 만한 시각을 준다. 우리 시대에 필요한 긴급하고 유용한 생존 매뉴얼.
— 《커커스 리뷰》

어머니와 아버지,
그리고 다른 사람들이 가장 필요로 할 때
도움을 주는 모든 이들에게

차례

일러두기

1   맞춤법과 외래어 표기는 한글 맞춤법과 외래어 표기법을 따랐다.
2   단행본은 『 』로, 논문, 기사, 영화, TV 프로그램 등 개별 작품은 「 」로, 신문, 잡지, 학
    술지 등 연속 간행물은《 》로 표시했다.
3   원문의 주는 숫자를 달아 권말에 미주로 실었고 옮긴이 주는 분문에 각주(*)로 표시
    했다.

프롤로그

사내아이들은 안절부절못했다. 우리 모두 그랬다. 2020년 4월, 모두 집에 격리된 지 한 달이 조금 넘은 때였다. 아이들은 몇 주 전에 고등학교가 문을 닫은 후 원격 수업을 듣고 있었다. 아이들의 누나는 다니던 대학에서 돌아왔는데, 마냥 행복해야 할 1학년 시기가 자신의 침실에서 수업을 들으며 끝나는 것을 매우 안타깝고 불쾌하게 생각했다. 우리 가족 모두 매사추세츠주 케임브리지에 있는 집에 갇혀 있었다. 엄마인 나는 다 큰 아이들과 다시 함께 있는 이 상황이 특별하다는 것을 가끔 인정할 수 있었지만, 아이들은 이 상황에서 그런 이점을 찾지 못했다. 그러나 팬데믹이 진행되는 동안 우리 가족은 운이 좋았다. 우리의 불만은 집에 갇혀 있어야 한다는 불편함에서 비롯된 것이지 사랑하는 사람을 잃은 슬픔에서 나온 것이 아니기 때문이다.

1840년에 지어진 어수선하고 성가신 집은 매일, 온종일 집 안에 있는 10대들의 놀이터가 되었다. 몇 년에 걸쳐 현대식으로 집을 바꾸려 노력했지만 집의 뼈대는 여전히 낡아 있었다. 그래도 연식에 비해 충분히 잘 버텨 왔는데 어느 날 환풍기 팬이 고장 나 버렸다.

사내아이들이 사용하는 2층 욕실 천장은 사람이 기어다닐 만한 정도의 공간을 덮고 있다. 바로 위 3층에는 딸의 침실과 손님용 침실이 있는데, 경사진 천장을 중심으로 구석진 곳과 틈새에 수납장이 있다. 한번은 건축가가 말해 주기를, 벽장 뒤는 오랫동안 폐쇄되어 있었기 때문에 아마도 우리가 모르는 작은 공간이 있을 거라 했다. 그래서 우리는 2층 욕실 천장 위 공간을 가리고 있는 3층 뒷벽 너머에 무엇이 있는지 제대로 알지 못한 채 10년을 살았다.

4월에 2층 욕실 천장 환풍기가 작동을 멈췄는데 사내아이들은 나에게 말하지 않았다. 잊어버렸다고 했다. 환기가 안 되는 상태에서 아이들이 오랫동안 뜨거운 물로 샤워를 한 바람에 욕실 석고에 무리가 갔다. 페인트가 벗겨지는 것을 눈치채지 못했을까? 결국 욕실 천장 석고가 큰 덩어리로 떨어져 3층 위의 작은 공간을 드러냈다. 이로 인해 발견한 건 그 이상이었는데, 높이가 약 120센티 정도에 불과한 길고 좁은 공간이 나타난 것이다. 마스크를 쓴 수리공들이 사다리를 세우고 올라가서 확인하니 거기에는 보물이나 가구는커녕 아무것도 없었다. 다만 얼룩덜룩해진 사진 한 장을 찾았다.

사진 속에는 붉은빛 커튼과 의자를 배경으로 난간에 기댄, 위엄 있어 보이는 남성의 모습이 담겨 있었다. 사진 뒷면에는 이름, 날짜 등 몇 글자가 적혀 있었다. 나는 발견한 사진에 매료되었고 호기심이 발동했다. 이 사람은 누구였을까? 나는 이 미스터리를 온라인 족보학자들이 즐비한 소셜 미디어인 트위터로 가져갔다. 내가 올린 정보를 가지고 분명히 누군가는 무엇을 해야 할지 알 것 같았다. 순식간에 트윗이 수백 명에게 전달되었고 사진의 인쇄 상태와 용지, 착색에 대해 많은 추측이 있었다. 약 한 시간 만에 트위터 탐정들은 부동산 검색을 통해 내가 사는 곳(이렇게 쉽게 알 수 있나?)을 알아냈고 신문 기사와 역사적 문서를 역추적했다. 내가 올린 사진의 주인공

저자의 집에서 발견된 맥큐 가족 일원의 사진

은 1917년부터 1919년까지 내 집, 당시 그들의 집에서 살았던 맥큐
(McCue) 집안의 일원이었다.[1]

검색에 대한 나의 즉각적인 집착 또한 팬데믹이 우리의 시간 개
념을 조작한 결과라는 점을 인정하지 않을 수 없다. 나 역시 그 어
느 때보다 바빴지만 집에 계속 있어야 했고 산만했고 제정신이 아
니었다. 나는 더 이상 출장을 다니지 않았다. 공항 폐쇄로 18개월 동
안 비행기를 타지 못했다. 그래도 2020년에 나는 한가하지 않았다.
재난과 위기관리 분야에서 공공 기관과 민간 기업을 예상치 못한 일
에 대비시키는 나의 경력은 수요가 많았다. 학계, 정부, 미디어, 민간
부문에서 나는 많은 직무를 수행했지만 직업은 한 가지였다고 말하

고 싶다. 나는 폭풍을 쫓는 사람이나 마찬가지다. 통상적으로는 재난 현장을 찾고 대비를 조언한다. 나는 다른 사람들이 흥분할 때 침착함을 유지하는 것으로 정평이 나 있으며 나 자신에게 하는 주문은 항상 '노여움을 참아라'였다. 나는 말 그대로 그리고 비유적으로 저혈압이다.

이 직업은 나를 전 세계 수많은 곳으로 이끌었고, 그중 여러 곳에서 고통스럽고 헤아릴 수 없고 상상하기 어려운 재앙을 목도했다. 그러한 장소 중 하나가 미주리주의 조플린(Joplin)이라는 작은 마을이었다. 거기서 '악마는 잠들지 않는다(The Devil Never Sleeps)'라는 이 책의 제목이 처음 떠올랐다. 그곳에서 나는 미망인 제인 케이지(Jane Cage)를 만났다. 2011년 토네이도가 신앙심 깊은 이 중간 규모 도시의 19번가를 휩쓸면서 100명 이상의 이웃과 친구가 죽었을 때 그녀는 중대한 기로에 섰다. 나는 재난 발생 1년 후 조플린을 방문했을 때 제인을 만났다. 잃어버린 사람들을 추모하고 우리가 얼마나 멀리 왔는지를 축하하는 일종의 기념행사 자리였다. 그 행사는 감정적으로도 이상했고 추모 자리인지 축하 자리인지 확실히 알 수가 없었다. 웨더 채널에서 나온 「허리케인 헌터(hurricane hunter)」 책임자가 사람들 요청으로 사인을 해 주고 있는 장면도 좋아 보이지는 않았다.

나는 고등학교 수업이 아직도 트레일러 안에서 진행되는 것을 걱정하면서 새 시설이 준비되기를 간절히 바라는 한 어머니를 만났다. 수많은 도시 재건 프로젝트가 아닌 집 수리에 관심 있는 아버지와도 대화를 나눴다. 조플린에 있는 병원으로 발령 나 이사한 지 얼마 안 된 젊은 부부가 있었는데, 그들은 이전에 이 마을이 어땠는지 몰랐다. 제인 케이지도 그랬다. 그녀가 집이라고 불렀던 장소에 대한 모든 것을 좋아하지 않았다. 교통 체증이 심해 보행자와 자전거 타는 사람들이 매우 불편해했고, 기차선로를 가로질러서는 인종 차별이 있었으며, 마을에 공공장소도 거의 없었다. 조플린은 완벽한 곳이 아니었다. 토네이도가 강타했을 때 시스템이 작동하지 않아 경보가 적시에 이루어지지 않은 까닭에 너무 많은 사람이 사망했고 지역사회 역시 어떤 조치를 신속히 취해야 하는지 몰랐다. 재난이 발생한 해와 그 후 몇 년간 제인 케이지는 조플린을 개선하고 다음 재난에 대비하기 위한 노력을 이끌었다.

그녀의 결의에는 전염성이 있었다. 아마도 그녀의 믿음, 더 큰 무언가에 대한 신념이었을 것이다. 하지만 나는 그것이 지나치게 단순하고 심지어 겸손하게 구는 설명이라고 생각되었다. 그녀의 믿음은 상당히 전술적이고 실무적이며 현실적이었다. 그녀는 구조를 기도하지 않았고, 조플린이 토네이도로부터 무사하지 못하리라는 것을 알았을 때 구원받기를 간청하지 않았다. 앞으로 더 많은 토네이도가 올 것이었다. 그녀는 망상은 없었지만 여전히 낙관적이었고, 나에게 자신의 원칙을 이렇게 말했다.

"악마는 절대 잠들지 않아요. 하지만 우리가 다음에 더 잘하지 않을 때만 악마가 성공합니다."[2]

그 이후로 나는 믿게 되었다. 확실히, 이제는 우리 모두가 안다. 재난과 위기는 일회성, 우연한 사건, 드물게 일어나는 사건이 아니다. 이제 표준 운영 절차가 되어 버렸다. 나는 이것을 낙담시키는 것이 아니라 해방시키는 것이라고 말한다. 재난은 더 이상 무작위적이고 드문 일이 아니다. 그리고 일단 우리가 모두 악마는 결코 잠들지 않는다는 이 생생한 현실을 받아들일 수 있게 되면, 다음 상황이 올 때를 더 잘 준비할 수 있다. 왜냐하면 그것은 그 이후의 모든 현실과 마찬가지로 언제든 올 것이기 때문이다. 재난에 대한 우리의 많은 담론은 과거에 초점을 맞추고 있으며 왜 우리가 재난을 예방하지 못했는지, 또는 미래에 재난이 다시 발생하지 않도록 하려면 어떻게 해야 하는지에 집중한다. 그러나 우리는 지금 재난의 시대에 살고 있다. 재난은 여기 있고 없어지지 않을 것이다. 비극이 있겠지만, 우리가 그 결과를 최소화하기 위해 지속적으로 준비한다면 결과는 덜 비극적일 것이다. 그래서 나는 가르치고 글을 쓰고 전 세계를 다녔다. 우리가 결코 원하지 않았던 사건에서 기회를 볼 수 있기를 희망하면서 말이다.

그리고 2020년, 모든 일상이 멈췄다. 그리고 나는 화장실 천장이 무너져 몰랐던 역사가 밝혀진 어수선하고 성가신 집에 있었다.

우리 집에 대해 잘 안다고 생각했던 나는 맥큐 가족에 대해서는 전혀 몰랐다. 1920년대에 이 집에 살았던 집주인들은 이곳에서 저녁 식사를 제공하고 지역 간행물에 다음과 같이 광고했다. "진짜 집밥 음식! 정갈하게 준비하고, 건강하게 요리하여 제공하는 엘리자베스의 집밥 메뉴를 드셔 보세요." 이 광고를 확대한 사진이 이제 '정갈하게' 먹지 않는 경향이 있는 우리 가족에게 농담이라도 하듯이 우리 집 부엌 액자에 걸려 있다.[3] 맥큐 가족은 엘리자베스의 저녁이 제공되기 전에 살았던 집주인이었다.

트위터에서의 탐색은 그 후 몇 시간 동안 계속되었고 완전히 낯선 사람들이 소셜 미디어 플랫폼을 통해 나에게 벽 뒤에서 발견한 사진에 대한 정보를 보내왔다. 세일즈맨이었던 찰스 맥큐(Charles McCue)는 당시 린지고등학교라고 불렸던 지역 고등학교와 깊은 관련이 있었고 학교 위원회에서 활동했다. 린지고등학교는 현재 미국에서 가장 오래된 공립 고등학교 중 하나인 케임브리지 린지 앤드 라틴 스쿨이다. 우연히도 내 아이들 역시 그 학교를 다녔다. 애니 맥큐(Annie McCue)의 결혼 전 이름은 애니 데이비스(Annie Davies)였고 그녀의 부모는 같은 마을에 살았다. 맥큐 부부에게는 두 자녀가 있었다. 1900년에 태어난 아들은 1902년에 척수막염으로 사망했다. 그들에게는 딸도 있었다. 찰스 맥큐는 1935년에 사망했으며 부고 기사에서는 그를 "용감한 영혼"으로 묘사했다.[4]

대단한 발견인 것 같았지만, 그날 밤 잠자리에 들기 전에 맥큐 부부의 딸 엘리자베스 러티샤(Elizabeth Letitia)도 린지고등학교에 다녔다는 사실을 알게 되었다. 러티샤는 아버지에게 '잭(Jack)'으로만 알려져 있으며 찰스가 엘크스 로지(Elks Lodge) 회의에 가거나 서부 출장 영업을 나설 때 자주 동행했다. 러티샤는 아버지의 삶의 전부인 것 같았다. 트위터 친구가 학교 신문에서 그녀의 사진을 발견했다.

나는 환풍기 팬 고장이 20세기 초 살았던 한 가족으로 이어진 사건에 대해 생각하면서 잠들었다. 다음 날 아침, 나는 슬프고 불안하기까지 한 무언가로 눈을 떴다. 밤사이 트위터 온라인 족보학자들은 더 많은 것을 발견했다. 러티샤는 1919년 1월 초 이 집에서 19세 나이로 사망했다. 신문에 따르면 그녀의 작은 장례식도 이곳에서 치러

엘리자베스 러티샤 맥큐,
트위터에서 세라 레슬리(Sarah Leslee)가 제공

졌고, 영향력 있는 정치인들과 학계 리더들이 애도를 표했다. 훗날 대통령이 된 캘빈 쿨리지(Calvin Coolidge) 매사추세츠 주지사는 가장 먼저 조의를 표한 사람 중 한 명이었다.[5] 맥큐 가족은 얼마 지나지 않아 이사를 갔다.

그런 다음 나는 러티샤의 사망 진단서를 받아 볼 수 있었다.[6] 러티샤는 스페인 독감이라는 그릇된 명칭으로 알려진 네 번의 인플루엔자 대유행 기간 중 3차 대유행 때 사망했다. 당시 팬데믹은 1918년 2월부터 1920년 4월까지 지속되었고, 당시 세계 인구의 약 3분의 1인 약 5억 명을 감염시켰다. 사망자 수는 불확실하지만 약 2000만에서 5000만 명 사이로 추정된다. 러티샤의 사망 진단서에는 그녀의 사망 원인이 '인플루엔자'로 기록되어 있었다. 101년 후, 우리는 또 다른 팬데믹이 지나가길 기다리며 그녀가 마지막 글로벌 감염병 대유행으로 사망했던 곳에서 살고 있었다.

당시에는 집 안에 아픈 사람을 간호하는 공간이 마련되었는데, 가정 출산으로 새로운 생명이 탄생하기도 하지만 역설적으로 병든 사람이나 노인의 죽음을 완화하는 데도 종종 사용되었다. 그 공간은 사생활과 건강을 보호하기 위해 주요 활동 공간으로부터 격리되었다. 우리 집에서는 3층 벽장 벽 뒤에 숨겨져 있었다. 인플루엔자에 감염된 러티샤도 그곳으로 들어갔다. 결국 살아서 나오지 못했고 그녀가 죽은 후 맥큐 부부는 공간을 벽으로 막았다. 사진 한 장만이 그곳에 남은 것이다.

러티샤의 어머니인 애니 맥큐는 1962년 케임브리지에서 미망인으로 사망했다. 애니는 질병으로 매우 어린 아들을, 그리고 팬데믹으로 딸마저 잃었다. 이러한 사실을 알게 된 지 일주일 후, 트위터 스레드를 전달받은 맥큐 가족의 후손 중 한 명이 나에게 연락했다. 그녀는 맥큐 가족에 대해 더 많은 걸 알려 주었다. 나는 즉시 우리가 숨겨진 공간에서 발견한 애니의 아버지로 보이는 위엄 있는 남자의 사진을 우편으로 보내 주었다. 당연히 그 사진은 그녀의 것이었다.

나는 그 모든 것에 혼란스럽고 놀랐다. 업(karma)을 믿는다면 여기에서 찾을 수 있다. 나는 어떻게 반응해야 할지 잘 몰랐다. 팬데믹 기간 동안 집에 틀어박혀 있던 현대의 한 가족이 약 100년 전 팬데믹으로 큰 고통을 겪었던 또 다른 가족의 사진을 발견하는 아이러니가 있었다. 또는 재난과 국토 안보 전문가로서 내 일의 많은 부분이 2020년 팬데믹에 관한 것이었고, 우리를 집에 가두고 보호했던 벽으로 우연찮게 다시 튕겨져 나간 것일 수도 있다. 또는 알려진 팬데믹의 진행 과정을 상기시켜 주는 걸 수도 있다. 러티샤의 죽음, 불행은 여러 차례에 걸쳐 온다는 경고 말이다. 또는 치명적인 바이러스로부터 19세의 딸을 보호하려는 다른 시대 두 어머니의 공통된 걱정일 수도 있다.

어쩌면 교훈은 더 간단하고 분명하다. 나는 1840년에 지어진 이래로 많은 일을 겪었던 어수선하고 성가신 그리고 오래된 집에서 살고 있다. 우리 집이자 맥큐 가족의 집이다. 결국 악마가 다시 돌아왔기에 두 개의 팬데믹이 한 세기에 걸쳐 우리를 하나로 묶었다.

들어가며—무엇이 중요한가?

재난(disaster)은 흔히 큰 피해와 손실을 불러오는 갑작스럽고 파괴적인 사건으로 정의된다. 중세 프랑스어와 10~14세기 이탈리아어에서 비롯한 이 말의 본래 뜻은 부정적인 힘을 의미하는 라틴어 접두사 dis와 별을 의미하는 astro에서 유래했다. 사람들은 별의 정렬이 인간의 운명과 미래에 영향을 미친다는 믿음 때문에 별을 탓했다.[1] 무언가 나쁜 일이 지구에 일어나면 어떤 불운한 별의 패턴이 반영된 것이라고 여겼다. 이러한 정의에 따라 사람들은 너무 자주 재난을 운이라는 관점으로 바라본다. 재앙(catastrophe)이라는 단어에도 별(astro)에 관한 설명이 따라붙는다. 이러한 의미들은 인류를 수동적 위치에 놓는다. 통제할 수 없는 힘 앞에서 속수무책이고, 별자리가 초래할지도 모를 일에 늘 놀라기만 하는 존재가 되는 것이다.

재난에 대한 이러한 묘사는 현재에도 여전히 유효하다. 이 책을 쓰는 과정에서 나는 그 단어 자체가 우리를 기억상실의 길로 이끌었다고 믿게 되었다. 재난이라는 단어는 마치 우리가 이 파괴적인 사건들을 관리할 주체성이 없는 것처럼 우리의 충격과 경외심을 변명해 주었다. 공포가 닥친 후에 우리는 그저 다음으로 넘어가 죽은 자를 묻어 주고 잔해를 치우고 상처를 치유하길 원한다. 과거에서 벗어나 우리가 살아남았기 때문에 그나마 다행히 대처했다고 가정하는 것은 매우 인간적인 본능이다. 우리는 뉴욕, 보스턴, 파리와 같이 파괴된 도시의 이름을 딴 범퍼 스티커를 사거나 추모 콘서트를 연다. 그 이름에는 이른바 우리의 회복탄력성을 나타내기 위해 '강한' 단어를 덧붙인다.* 전술이 아닌 감정이 우리의 성공감을 인도한다.

이 글을 쓰는 지금, 세계는 여전히 코로나19 팬데믹으로 인해 혼란을 겪고 있다.** 대유행이 반복되고 변이는 끝이 없어 보인다. 이 생생한 경험을 통해 확실히 모두가 불운을 상징하는 별의 정렬이 다시 올 것임을 알고 있지 않나? 텍사스주 전력망을 파괴한 얼음 폭풍, 수에즈운하에 갇힌 대형 유조선, 가스 공급 파이프라인 해킹은 어떠한가? 아마도 대형 허리케인은 아닐까? 홍수, 산불, 가뭄은? 마이애미 아파트 붕괴 사고, 트래비스 스콧 콘서트 압사 사고, 우주 쓰레기 추락은? 이러한 목록은 끝이 없다. 어디서부터 시작해야 할까? 어디에서 끝내야 하나?

선택의 과잉이 핵심이다. 시작이 있기 위해서 끝을 가정한다. 전쟁을 끝내기 위해서 한때 평화가 있었다고 가정한다. 걱정을 그만하기 위해서 하루하루 평온하고 짓누르는 무게가 없었던 유니콘과 무지개의 시간이 있었다고 가정한다.

하지만 나는 그 어리석은 생각을 깨기 위해 여기 있다. 애초에 결승선이란 없다.

재난 대응에 대한 많은 담론은 지금 더 잘할 수 있는 잠재력을 무시해 왔다. 우리는 과거와 미래에는 초점을 맞추지만 현재에는 초

---

* 2013년 4월 발생한 보스턴 마라톤 폭탄 테러에 대한 대응 슬로건인 '보스턴 스트롱(Boston Strong)'이 대표적인 예이다.
** 이 책의 원서는 2022년 3월에 출간되었다.

점을 맞추지 않는다. 우리는 홍수를 일으키는 기후 변화를 어떻게 하면 가장 잘 방지할 수 있는지를 토론한다. 그리고 홍수에 대응하여 장기적인 회복탄력성도 추구한다. 하지만 홍수가 발생하는 경우 우리가 성공할 수 있는 능력에 대해서는 별에 달려 있다고 한다.

악마는 다음에도, 그다음에도, 그리고 그 후에도 계속 올 것이다. 이 교훈은 우리 모두를 위한 것이다. 기업 최고경영자와 정부 지도자, 교사와 학생, 소상공인과 중간 관리자, 엄마와 아빠인 우리 모두가 스스로를 재난 관리자라고 생각해야 하기 때문이다. 우리는 이제 안다. 우리 중 아무도 기후 재앙, 사이버 공격, 테러, 팬데믹, 총기 난사와 같이 광범위하게 간교를 부리는 악마에게서 벗어날 수 없다는 것을 말이다. 위협을 두려워하며 한쪽을 바라보면 그다음 악마는 뒤에서 온다. 악마를 하나의 이름으로 정의하고 그것을 다른 사람의 책임으로 넘기고 싶어 하는 우리의 욕망에 대해 악마는 전혀 무관심하다. 따라서 초연결성이 강점인 동시에 취약점인 이 시대를 잘 대비해야 한다. 우리는 별들이 잘못 정렬되어 있다는, 즉 재난은 언제든 발생한다는 사실을 받아들여야 하며, 다가오는 재난에 더 잘 대응할 수 있도록 방안과 기술을 갖춰야 한다. 피해는 분명히 계속해서 발생하겠지만 피해를 최소화할 가능성이 더 높은 방식으로 이러한 반복적인 혼란에 대응할 수 있다.

이를 위해 이 장에서는 재난 관리의 기본 윤곽과 과거에 우리가 실패한 지점을 설명한다. 재난 관리자들은 세상을 두 순간으로 나누는 경향이 있다. 재난의 왼쪽과 오른쪽, 즉 재난 발생 전과 후이다. 각 측면은 더 세분화될 수 있기에 이렇게 간단한 일은 아니다. 하지

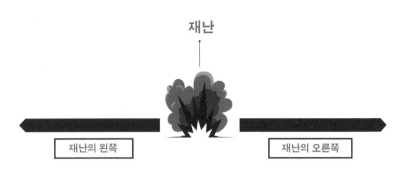

재난 프레임워크의 두 측면

만 두 개로 나누어 보는 것이 개념적으로 정확하다. 본질적으로 우리가 재난을 생각할 때 재난이 발생하지 않도록 막기 위해 할 수 있는 모든 것(재난의 왼쪽)에 초점을 맞추고, 그다음에 재난이 발생했을 때 피해와 파편을 수습하기 위해 할 수 있는 모든 것(재난의 오른쪽)에 초점을 맞춘다. 따라서 우리는 성공을 재난의 왼쪽을 유지하는 것으로, 그리고 실패를 재난의 오른쪽으로 본다.

이는 현장에서 일하는 사람들을 위한 일관된 프레임워크다. 일반적인 재난의 타임라인을 상상해 보라. 재난의 왼쪽 단계는 기관, 기업, 정부, 개인이 이러한 일이 발생하지 않도록 투자하고 정책을 세우는 것을 말한다. 이는 악마를 지연시키거나 피하기 위한 예방 및 보호 노력이다. 미사일 방어 시스템이나 국가의 탄소 배출 감축 계획과 같은 큰 프로젝트일 수도 있고 야간에 앞뒤로 등을 켜고 자전거를 타거나 집의 침수를 막기 위해 빗물 배수구를 청소하여 물의 역류를 막는 것같이 일상적으로 수행하는 소박한 프로젝트일 수도 있다. 이러한 평범한 것들을 재난의 왼쪽에 대한 투자로 잘 생각하지 않지만 바로 그러한 일이 투자다. 우리는 재난을 피하거나 최소한 재난이 닥쳤을 때 결과를 최소화하기 위해 노력하고 있다.

그러나 최선의 노력에도 불구하고 '재난'은 도래할 것이다. 재난은 균열, 굉음, 범람, 전기 지지직 소리, 울부짖음, 때로는 치명적인 고요함일 수 있다. 이것들이 모두 재난이다. 재난 관리는 악마가 가져오는 것이 무엇이든 간에 모든 형태의 재난에 대비하는 것이다. 전(全) 위험 대응 계획(all-hazard planning)으로 알려진 이 개념은 하나의 특정 위험이 아니라 모든 위험에 초점을 맞춘다. 일부 특정 위협에는 전문화된 대응이 필요할 수 있다. 예를 들어 화재 대응은 사이버 공격 대응과는 다르다. 그런데 전문화된 대응은 생각보다 많지 않다. 재해의 공통성과 빈도를 모두 수용하면 제한된 환경에 속하는 고도로 전문화된 조치보다는 재해를 관리하는 데 필요한 몇 가지 핵심 기술에 집중할 수 있다. 재난은 느릴 수도 빠를 수도 있고, 습할 수도 건조할 수도 있으며, 뜨겁거나 또는 차갑거나, 조용하거나 또는 시끄럽거나, 눈에 보이거나 또는 보이지 않을 수 있다. 그것은 그리 중요하지 않고 중요해서도 안 된다. 재난은 올 것이기 때문이다. 따라서 우리는 재난의 오른쪽 활동, 즉 사후 대응 활동에 집중해야 한다. 이 활동은 악마가 다시 도래했을 때 대응하고 회복하며 더 많은 회복탄력성을 확보하기 위해 하는 모든 일이다.

이 책은 이러한 재난의 공통점과 우리가 어떻게 재난의 오른쪽을 예상하며 보다 자신감 있게 살아갈 수 있는지, 우리의 즉각적인 대응 역량을 거듭 키워 갈 수 있는지에 초점을 맞춘다. 나는 더 이상 재난 관리가 특정 전문가에게만 위임된 고유한 기술이라고 생각하지 않기 때문에 재난 관리를 간단하고 접근하기 쉽게 만들고 싶다. 영향의 한계가 없는 재해는 궁극적으로 우리 모두가 재난 관리자가 되어 대비해야 한다. 기밀로 할 필요가 없는 기본 특징과 기술이 있다. 이러한 노력은 특정 유형의 피해나 단일 재해에만 국한되지 않는다. 그것들은 보편적으로, 그리고 영구적으로 적용된다. 이제 우리는 재난이 무엇임을 안다. 재난 관리의 반복되는 특징에 관심을 기울이도록 강조함으로써 우리 사회는 이 분야에서 너무 오랫동안 영향을 미쳐 왔던 오류와 한계를 극복할 수 있다.

이제 우리는 놀라는 것을 멈춰야 한다. 단순한 발생 가능성이 아니라 언젠가는, 어떻게든, 항상 재난의 오른쪽에 있을 것이라는 가능성을 중심으로 우리 자신을 구성할 수 있다면, 재난으로 인한 피해를 최소화할 수 있는 역량과 기술에 더 잘 투자하고 육성할 것이다. 우리는 **준비의 역설**(preparedness paradox)로 자주 경험되는 관념을 극복할 것이다. 하나의 재난에 성공적으로 대비하여 재난을 피하거나 그 여파를 줄이고 나면, 준비의 역설에 따라 반대론자들은 재난의 결과가 예상보다 심각하지 않았으니 사전 대비를 위한 투자가 불필요했다고 믿을 것이기 때문이다. 그래서 지속 가능한 21세기 재난 관리는 단 한 순간에만 이루어지거나 또는 단일 사건에만 초점을 맞추지 않는다. 재난이 가장 광범위하고 지속적이고 반복된다는 가능성을 인식한다. 악마는 결코 잠들지 않는다는 것을 알고 악마를 진지하게 대한다.

이 책에서는 팬데믹에 대해 너무 많이 곱씹지 않으려 한다. 팬데믹 사례를 통해 나는 코로나19가 완전히 새로운 성격의 바이러스임에도 어떻게 다른 모든 재난에 적용된 재난 프레임워크를 따랐는지 드러내고자 한다. 우리 모두 팬데믹을 겪었으니, 그것이 알려진 흐름에 따라 어떻게 전개되었는지 살펴보는 일은 화가 날 수는 있지만 어렵지 않을 것이다. 재난의 왼쪽에는 식량 공급에 문제가 없도록 하고, 세계적 대유행을 감지하고, 알리고, 교육하고, 심지어 피할 수 없는 감염병 도래에 대비하기 위해 마스크를 구입하거나 공급 물품을 급격히 늘리는 등의 모든 노력이 있었다. 물론 그것만으로는 충분하지 않았다. 많은 국가가 대유행 초기 중국과 이탈리아의 혼란을 멀리서 바라보고 재난이 오지 않기를 기원하면서 2020년 초반 시기를 그대로 허비해 버렸다.[2] 그러나 재난은 어김없이 다가왔다. 감염자 수의 폭발적 증가를 막기 위한 봉쇄 조치부터 마스크 착용을 의무화하고 궁극적으로는 백신을 개발하여 접종에 이르기까지, 그 대응과 시차를 둔 회복은 우리가 재난의 오른쪽에 섰을 때 집단적으로 그리고 개별적으로 적응하는 방식이었다. 팬데믹은 매우 두려웠지만 이상하게도 익숙한 프레임워크를 따랐다. 예상할 수 있는 놀라움인 듯 말이다.

악마는 올 것이다. 하지만 이 사실을 받아들였으니 준비되었다고 치부하는 것은 우리 스스로에 대한 과신이다. 하늘이 무너진다고 소리치는 것이 정확히 생명을 구하고 재산을 보호하고 지역사회와 우리 가족을 더 잘 준비시키는 것은 아니다. 반복되는 재난의 본질, 그리고 재난에 대해 사회의 위치를 정하는 것은 재난에 대한 준비가 결코 완전할 수 없음을 인정하는 데 있다. 이 정도면 됐겠지 하는 어떤 결승선을 가정한다면 심각한 위험에 처할 것이다. 악마의 본질은 우리가 절대로 그를 따라잡지 못한다는 것이다.

이는 성공을 다르게 볼 필요가 있음을 의미한다. 사실 기후 재앙이나 사이버 공격을 막는 것은 성공의 척도이다. 집 문에 자물쇠를 채우는 것은 침입자를 막기 위한 중요한 투자이다. 누구라도 항상 재난의 왼쪽에서 살기를 포기하지 않을 것이다. 그러나 그럴 수도 없고 그렇지도 않을 것이다. 다른 성과 지표가 필요하다. 이제 우리는 내가 (피해) 결과 최소화(consequence minimization)라고 부르는 관점을 통해 성공을 바라봐야 한다. 말 그대로, 재난의 오른쪽으로 진입했을 때 공포가 덜하도록 최선을 다했는가를 묻는 것이다. 공포를 아예 없애는 것이 아니다. 지속적인 준비를 통해 우리는 상황을 덜 악화시킬 수 있다. 재난의 오른쪽에 살고 있다는 사실을 받아들일 때, 개인 및 기관 차원의 계획과 준비로 더 적은 사람이 죽거나 다치는, 즉 피해를 덜 입었는지 여부에 따라 우리의 투자를 가장 잘 판단할 수 있다. 여기서 성공의 척도는 악마를 피하는 것이 아니라 거듭되는 악마의 귀환을 덜 비극적으로 만드는 것뿐이다.

이 분야에서 일하면서 나는 위험을 제거하기 위해 시간을 쏟아온 사람들이 성공하기를 매일 바라고 있다. 나에게는 이제 나에게서 떨어져 새로운 삶을 꾸려 갈 세 아이가 있다. 나는 재난의 왼쪽에 남아 있는 세상을 환영한다. 사회, 정부, 개인으로서 우리 모두 기후 변화를 완화하고, 급진화를 최소화하고, 사이버 네트워크를 보호하고, 공중 보건 위험을 빠르게 식별하고, 인류에게 임박한 파멸을 경고하는 등 나쁜 일이 닥치는 것을 막기 위해 할 수 있는 모든 일을 해야 한다. 나도 이것에 전적으로 찬성한다. 그러나 이 책은 기후 변화를 완화하는 법이나 급진화에 대처하는 방법에 관한 내용을 다루지 않는다. 나는 이러한 재앙들은 주어진 것으로, 즉 당연한 것으로 받아들인다.

패배를 인정한다고 해서 무력해져서는 안 된다. 성공은 재난이 발생했든 발생하지 않았든 이분법적일 필요가 없다. 우리 삶에서 재앙에 면역을 가진 역할은 그 어디에서도 찾을 수 없다. 이 책에서는 반복되는 혼란에 대비하는 데 필요한 단계를 제공한다. 절망으로 초조하게 손을 비비며 "어떻게 이런 일이 벌어졌는가?"라고 묻는 상황 대신, 앞으로 닥칠 피할 수 없는 시대에 우리가 더 잘 대비하도록 반복되는 주제와 성공, 실패를 제대로 볼 수 있게 돕는 것이 나의 목적이다. 현장 조사, 전문가와 실무자의 작업, 보고서와 위원회, 역사, 어떤 일이 실제로 있었는지에 대한 약간의 상상, 재난 상황을 경험한 사람들의 회상을 바탕으로 과거 재난이 남긴 것을 평가하고 (때로는 직관에 반하게) 오늘의 교훈을 탐구할 것이다.

각 장에서는 먼 과거와 가까운 과거에 발생했던 위기를 검토하여, 재난 반복이라는 피할 수 없는 미래에 대비하기 위해 지금 바로 실행할 수 있는 여덟 가지 중요한 공통 교훈을 도출한다. 1장에서 3장까지는 재난에 대비하기 위한 필수 요소로서 예방이 실패할 수 있다는 사실을 받아들이고, 재난이 발생했을 때 경청하고 소통하는 메커니즘을 구축하며, 위기 대응 노력의 통합을 강화하는 구조를 마련하는 데 초점을 맞춘다. 4장에서 6장까지는 재난의 왼쪽에서 펼쳐지는 피해를 최소화하는 모범 사례를 강조한다. 여기에는 마지막 방어선에 지나치게 의존하지 않고, 대응 시스템을 지속적으로 테스트하며,

'출혈을 막는 조치'를 훈련하는 것이 포함된다. 마지막으로 7장과 8장에서는 앞으로 올 재난에 대비하여 적시에 방향을 전환하고 학습하는 전략을 제시한다.

이 단계들은 상호 배타적이지 않으며 순서 없이 하나 혹은 몇몇만 취해도 상관없다. 여덟 단계는 과거 재난 상황에서 성공했든 실패했든, 역할이 무엇이든 간에 모두를 위한 관리 능력과 리더십 기술을 구체화하려는 노력이다. 대재앙 시대에서 그나마 장점을 꼽자면 물질이 부족하지 않다는 점이다. 이 단계들을 각각이 아니라 그룹으로 묶어 검토하면 몇 번이고 더 나은 위치에 자리하는 방법에 대한 일관된 이정표를 밝힐 수 있다. 이 교훈들은 임박한 재난이 일어나기 직전의 어느 한 순간, 그리고 우리가 이미 했으면 좋았을 일에 초점을 맞춘다. "하려고 했는데, 할 수 있었는데, 했어야 했는데"라는 말들은 실제로 악마를 대비하는 데 꽤 좋은 기준이다.

이 책은 행동을 촉구하는 것으로 끝을 맺는다. 우리 자신을 믿도

재발하는 재난 프레임워크

록 속여 온 허구의 장소, 즉 일종의 승리와 성공을 주장할 수 있는 장소에 대한 환상에서 벗어나야 한다. 그런 곳은 존재하지 않는다. 그 대신 피할 수 없는 악마의 귀환을 기다리면서 우리를 더 안전하게 위치시키는 관점에서 생각해야 한다. 우리는 지금 여기 있고 그것이 바로 성공이다. 이것이 끝난다고 생각하면 악마는 이긴다. 이 무한한 파괴의 고리 속에서 우리는 다음번에는 반드시 더 잘할 수 있다.

놀라움은 없다

재난은 이제 일반적인 것이다. 재난은 일탈이 아니라 일상적 표준이다. 어떤 비극이나 놀라움에서 또 다른 비극이나 놀라움으로 옮겨 갈 때 우리는 이 점을 확실히 알아야 한다. 그런데 내 생각에는, 재난의 가능성에 대해 머리를 맞대고 합리적으로 대비하지 못하는 것 같다는 사실이 긍정적인 사고의 힘을 보여 주는 증거이다. 우리는 그저 우리의 삶을 살고, 하루하루를 보낸다. 몇몇 무작위로 발생하는 비상사태와 돌발 상황이 있을 수는 있지만, 지속적인 혼란은 우리의 생각 범위 밖에 있는 것 같다.

긍정적인 사고의 힘만 그러한 의도적 맹목과 단기적 계획으로 이어지는 것은 아닐 수도 있다. 미래에 대한 투자는 늘 정치적으로는 말할 것도 없고 정책적으로도 즉각 처리해야 하는 눈앞의 문제보다 어렵다. 미디어 헤드라인과 소셜 미디어는 우리의 시간과 관심을 사로잡는다. 지속적이고 예측 가능한 재난을 중심으로 우리 제도를 구성하는 것은 결국 역설처럼 보인다. 만약 놀라움이라는 요소가 없다면 위기란 무엇인가?

학술 문헌에서는 위기(crisis), 재난(disaster), 재앙(catastrophe) 사이에 차이가 있다. 위기는 아무런 결과 없이 발생할 수 있다. 일반적으로 근본적인 시스템에 가해져 의심할 여지 없이 절대적으로 대응이 필요한 위협을 의미한다. US항공(US Airways) 기장 체슬리 '설리' 설렌버거(Chesley 'Sully' Sullenberger)는 2009년 이륙 직후 새 떼가 충돌하여 발생한 엔진 고장이라는 극한 상황 속에서 허드슨강에 비상착륙을 성공시키고 모든 승객과 승무원을 구한 것으로 유명하다. 그의 조종술과 침착함 덕분에 잠재적인 재난을 피할 수 있었고 이는 '허드슨강의 기적'으로 이어졌다.[3] 재난은 위기가 적절히 해결되지 않고 끔찍한 결과가 발생할 때 온다. 이는 대부분 익숙한 영역이다. 수백 명의 생명을 앗아 갈 수준의 맹렬한 캘리포니아 대형 산불은 작은 불길에서 시작되었으나 통제 불능 수준으로 커진 결과다.[4] 마지막으로, 종종 미숙하게 제대로 관리되지 않은 재난을 재앙이라고 부른다. 2021년 멕시코만 연안을 강타한 허리케인 아이다(Ida) 발생 직후 동부 해안에서 40여 명의 사람들이 여행을 계속 했고 지하실이 더 안전하다고 믿었다가 폭우와 홍수가 덮쳐 익사했는데, 이처럼 위기가 예상보다 더 큰 피해를 가져올 때 재앙이 발생한다.[5] 재난과 그 결과를 가장 잘 관리하는 방법에 초점을 맞춘 이 책의 목적상 위기, 재난, 심지어 재앙이라는 용어는 재난의 오른쪽 요구를 반영하는 것으로 이해해도 무방하다. 셋은 모두 악마가 도착한 이후의 세계를 묘사한다.[6]

위기의 속성에 대한 가장 오래 지속되고 있는 설명 중 하나는 외교 정책 전공 교수 찰스 허먼(Charles Hermann)에게서 나왔다. 그는 위기란 다음 세 가지 뚜렷한 특징을 가진 사건이라고 말했다. "조직의 최우선 가치를 위협한다." "대응할 시간이 매우 제한적이다." 그리고 "조직이 예기치 않았거나 예상하지 못한다."[7] 이는 위기를 일상적인 비상 상황 또는 심지어 추문과도 분명히 구분하기 때문에 유용한 정의이다. 불륜이 폭로되거나 기업 총수의 섹스 테이프가 공개되는 것은 당사자들에게는 재앙처럼 느껴질 수 있지만, 그러한 추문은 대부분 회사의 최우선 가치를 위협하지는 않는다. 허먼 교수의 정의는 실제로 무엇이 가장 위태로운가에 초점을 맞추고 있다. 아무거나 해당되는 것이 아니라 가장 중요한 본질이다. 이를 제대로 처리하지 못한다는 것은 재앙이 뒤따른다는 것을 의미한다.

그러나 이 정의는 업데이트가 필요하다. 더는 놀라움이 없어야 한다. 이것은 만약(if)이 아니라 언제(when)의 문제다. 물론 우연과 무작위성은 있지만, 그조차도 사건을 겪을 가능성이 더 높거나 그럴 것이라고 예상되는 기관, 제도에 동일한 과제를 제시한다. 우리는 여전히 놀라움을 믿기 때문에 위기라고 불리는 독특한 것을 믿는다. 결과적으로 우리가 왜 준비되지 않았는지에 사로잡혀 준비를 위해 무엇이 필요한지는 엄격하게 분석하지 못한다. 모두를 위해 더 간단하게 정리할 수 있다. 항상 재난의 왼쪽과 오른쪽, 이 양쪽을 더 많이 생각해야 한다.

사실 혼란을 일반적 현상으로 대비하는 것은 재난을 만드는 특수성을 부정하는 것이며, 분명 터무니없어 보인다. 하지만 그렇지 않다. 비가 올 것을 예상하고 우산을 차에 두는 것과 마찬가지다. 항상 비가 오는 것은 아니다. 하지만 비가 올 것이라는 기대가 충분히 있기 때문에 대비하는 것이 타당하고 합리적이다. 예상치 못한 일에 놀랄 것이 아니라 대비를 해야 한다. 위기를 정의하기 위한 전제 조건으로 놀랄 만한 사건의 발생에 초점을 맞추는 것이 재난 관리와 계획을 움직여 왔다. 하지만 그것은 이제 쓸모없을 뿐만 아니라 위험하다. 준비의 역설로 우리를 마비시키기 때문이다.

준비의 역설

준비의 역설이란 성공적인 예방 조치가 직관적으로는 시간 낭비처럼 보일 수 있음을 의미한다. 이 역설은 대비에 실패한 기관이나 개인을 무의식중에 변명해 주는 경향이 있다. 우리가 피해 가능성을 생각하는 방식에 관한 고정관념 때문이다. 재난 발생의 영향을 분명히 무력화할 가능성이 아무리 높다 하더라도 준비한다는 사실 자체가 편집증적이거나 패배주의적이거나 방어적이 될 것이라는 두려움에 우리는 준비하기를 조심스러워한다. 이것이 준비의 역설이다. 준비하는 것의 이점은 눈에 잘 띄지 않고 따라서 정당화되기 어렵기 때문에 나쁜 사건을 예상하여 준비를 촉진하는 것을 방해한다. 우리가 준비되어 있다면 피해는 그렇게 심하지 않을 것이고, 결국 다른 사람들은 애초에 왜 그렇게 설레발쳤는지 궁금해할 것이다. 그러나 준비의 역설은 역설일 뿐이다. 재난에 대한 평가를 재난이 발생하거나 발생하지 않은, 모 아니면 도 식의 경험으로 설정했기 때문이다. 이제는 그럴 수 없다. 더 정확한 평가는 재난 발생을 예상하지 않았다면 재난이 더 심각했을 것인가 하는 여부이다. 모든 경우에 대답은 '그렇다'이다.

단순한 예방이 아닌 결과 최소화에 노력을 집중하는 것은 우리 모두가 계속해서 피해를 줄이는 기술을 배울 수 있음을 의미한다. 특히 코로나19, 기후 변화 등 그 효과를 당장은 가늠하기 어려운 대규모 광범위 사건으로는 사람들의 행동을 유도하기 어려울 수 있다. 따라서 유일한 방법은 과잉 반응처럼 보일 수 있는 시점에 먼저 조치를 취하는 것이다. 준비 덕분에 피해가 크지 않거나 미연에 방지되면 사람들은 준비하는 노력이 불필요했다고 생각할 것이다. 마치 결과적으로는 완전히 발달하지도 휘몰아치지도 않았지만, 도시 전체를 뒤덮을 눈 폭풍을 예상하여 미리 내리는 휴교령과 같다. 사람들은 이러한 조치에 지루해하면서 아이들이 불필요하게 집에 있어야 한다는 사실에 비관하고, 지역 리더들에게 다음에는 더 강건해질 것을 촉구한다. 그런데 사람들은 다행히 눈 폭풍이 도시를 비껴가더라도 교사들의 출근 경로 중 일부가 위험해질 수 있다는 점은 설명하지 않는다. 또는 눈이 비처럼 내리다가 얼어붙으면 눈으로 인한 위험보다 더 클 수 있다는 점도 말하지 않는다. 아니면 휴교령을 내린 조치가 우리를 다음에 올 폭풍우에 더 잘 대비할 수 있게 한다는 점도 말이다.

준비의 역설은 1981년 역학자 제프리 로즈(Geoffrey Rose)가 처음 공식적으로 언급했다.[8] 역학 분야에서 준비의 역설은 대다수 케

사전 조치가 효과적이면 오히려 성공적인 조치들이
시간 낭비나 투자의 낭비처럼 보일 수 있다.

이스가 질병에 걸릴 위험이 낮거나 중간 정도인 인구에서 발생하고, 매우 소수의 케이스만 동일한 질병의 고위험군에서 발생하는 모순적인 상황을 설명한다. 중병에 걸릴 위험이 높은 사람의 인구수가 일반적으로 적기 때문이다. 따라서 고위험군에 집중하여 질병에 대비하는 것은 상대적으로 제한된 수의 사람들을 대상으로 하기 때문에 종종 시간 낭비처럼 보일 것이다.

역학자라는 명칭이 널리 알려지기 전에 준비의 역설은 모호한 이론이었다. 그러나 거의 20년이 지난 후 준비의 역설이 우리 모두에게 주목받게 되었다. 디지털이 생활화되기 전인 1970~1980년대에는 컴퓨터 메모리 공간을 최대한 절약하기 위해 연도를 축약해 저장했다. 1999년을 99년으로 줄이는 식이었다. 2000년이 바로 코앞으로 다가오자 컴퓨터가 99년 다음 연도를 어떻게 인식할지에 대한 우려가 컸다. 2000년? 아니면 1900년? 또는 심지어 1000년? 컴퓨터가 심하게는 1000년을 뒤로 건너뛰어 인식하는 결과를 낳을 수 있는 큰 위협이었다. 컴퓨터 시스템이 '혼란'을 일으키면 작동을 멈춰 은행이나 의료 기록이 지워지고 정전이 발생하고 교통, 운송 시스템이 마비될 수도 있었다.

이것이 1999년에 많은 기술적인 준비를 촉발케 한 Y2K 공포였다. 1998년 말, 미국 정부는 기업들이 조직화하고 준비하도록 장려하고 컴퓨터 시스템 중단을 막는 방법을 공유하기 위해 2000년 정보 및 준비 공개법(Year 2000 Information and Readiness Disclosure Act)을 통과시켰다. 이 법에는 또한 기업들이 대응에 대해 불이익을 받지 않도록 책임 보호 내용도 포함되었다.[9]

기업 전체적으로 Y2K 사태를 예방하고 준비하는 데 거의 3000억에서 6000억 달러 수준의 예산을 지출했다. 그리고 새해 자정을 알리는 시계 종이 울렸을 때 아무 일도 일어나지 않았다. 대한민국의 한 아파트 건물에서 온도 조절 장치가 고장 났다. 호주에서는 한 버스 티켓 판매기가 고장 났다. 미국 델라웨어에서는 복권 기계 몇 대가 고장 났다.[10] 위협에 모든 관심이 쏠렸는데 중대한 결과가 발생하지 않았다는 상황은 사실과 다른 이야기를 만들어 냈다. '대체 왜 그렇게 두려워했던 거야?' 재난 관리에 종사하는 사람들에게는 너무나 일관되면서도 실망스러운 아이러니다.

안전장치는 항상 재난을 예방하지만 '모든 것이 괜찮다'는 것은 그다지 흥미로운 소식이 아니기 때문에 우리는 평소 재난에 대해 전혀 생각하거나 들으려 하지 않는다. 전문가들이 다양한 규제와 조치가 재난 발생을 막는 데 얼마나 결정적이고 중요한지에 대해 강조할 수는 있지만, 실제로 일어나지 않은 일에 대해 많은 공감을 이끌어 내기는 어렵다. 우리 자신이 이를 믿고 있지 않을뿐더러 미래에도 중요하게 생각하지 않는다. '이번에 일어나지 않았는데 왜 다음에 그런 일이 일어날 거라 보는 거죠?' 재난을 예방하기 위한 행동은 자멸적 예언이 될 수 있다. 준비에 회의적인 사람들은 "당신들은 걱정이 너무 많아요."라고 말할 것이다.

실제로 Y2K 공포는 정당했다. 당시에도 컴퓨터 시스템은 항공 교통 관제와 은행 업무를 포함하여 우리 삶의 가장 필수적인 기반을 담당했다. 2000년 1월 1일 만일의 사태 대비를 위해 식량, 식수가 비축되었고 주 방위군이 대기하고 있었으며 금융 시장 붕괴에 대응하기 위한 준비도 했지만 사소한 재난도 없이 지나가자, Y2K 공포가 극도로 과장되었다는 비판이 나왔다.

"Y2K 논쟁의 본질적 난제는 반대론자에서 종말론자에 이르기까지 스펙트럼의 양 극단에 있는 사람들 모두 자신의 예측이 옳았다고 주장할 수 있다는 것이다."[11] 미국 대중은 컴퓨터가 어떻게 작동하는지 또는 프로그래밍이 어떻게 영향을 미치는지 잘 모른 채 두려움에 빠졌기 때문에 얼마나 과민 반응해야 하는지에 대한 논쟁에서 그리 공평하지 못했다. 대규모 시스템 오류와 장애에 대한 전망은 사실로 받아들여질 만큼 충분히 두렵고, 언론 관점에서도 충분히 매력적으로 보였다. 그래서 결과적으로 사태가 발생하지 않았을 때, 회의론이 대세가 되었다. 메인프레임 컴퓨터 개조가 현대 사회를 구했을지 모른다는 이야기는 빠르게 다른 이야기로 대체되었다. Y2K에 대한 경고와 대비가 불필요했던 것으로 보였기 때문에 두려움과 안도감은 조롱으로 바뀌어 버렸다. 그것은 '농간'으로 여겨졌다.

그러나 20년이 훨씬 지난 후, 그 준비 상태에 대해 현장에서는 매우 다른 이야기를 하고 있었다. Y2K에 대한 준비는 잘 작동되었고 효과를 냈으며 위협은 현실이었다. 그 시계가, 즉 재난이 2000년을 강타했다. 그리고 거의 아무 일도 일어나지 않았다. 우려가 대중의 경각심을 크게 키웠고 심지어 편집증적 수준으로까지 만들었어도, 대응 계획가들은 그 두려움에 대한 반응으로 인해 수많은 막후 작업들이 이루어지면서 재앙을 피할 수 있었다고 확신하게 되었다. 하지만 대중은 그렇게 기억하지 않는다. 그래서 이것은 역설이다. 준비의 역설을 막을 유일한 방법은 지속적으로 준비에 전념하는 것이다. 그렇게 된다면 준비하고 준비되어 있음이 표준에서 벗어난 것으로 보이지 않을 것이다.

이유와 여부

근본적으로 나는 나쁜 일이 왜 일어나는지 그리고 일어날 가능성은 얼마나 되는지 궁금해하는 것에 좀 지쳐 있다. 더 구체적으로 말하자면 나는 이를 성격 특성이나 확률을 연구하는 사람들에게 맡긴다. 예를 들어, 리더들이 재난에 잘 대비하지 못하는 이유를 알아내려는 연구가 많다. 『타조 역설(*The Ostrich Paradox*)』*의 저자 로버트 마이어(Robert Meyer)와 하워드 쿤로이더(Howard Kunreuther)는 준비 관리를 괴롭히는 여섯 가지 리더십 편향에 대해 이해하기 쉬운 설명

---

* 흔히 타조 증후군이나 타조 효과로 알려져 있는데, 위기가 코앞에 닥쳤는데도 문제를 해결하지 않고 회피하거나 외면하려는 현상을 의미한다. 이 책의 부제는 '재난에 대한 준비가 부족한 이유(Why We Underprepare for Disasters)'이다.

여섯 가지 리더십 편향

1. 근시안

2. 잊어버림(기억상실)

3. 낙관주의

4. 타성(현실 유지)

5. 단순화

6. 무리화(양떼 효과)*

출처: 로버트 마이어·하워드 쿤로이더, 『타조 역설(*The Ostrich Paradox*)』

을 제시한다.[12] 내용은 따로 설명이 필요 없을 정도로 자명하다.

이러한 속성은 리더십이 종종 우리를 실망시키는 이유를 설명해 준다. 이것은 위기가 올 것임을 받아들이기 꺼리게 만드는 내적 동기 또는 그 부족을 묘사한다. 이는 우리가 악마가 존재하지 않는다고 스스로 확신하기 위해 악을 직시하지 않는 방법들이다. 다음 장에서 논의할 역사적 재난에서 이러한 속성은 더 나은 행동을 취했어야 하는 사람들의 리더십에서 확인되고 식별된다. 준비하려면 이러한 편향을 극복해야 한다. 좋다! 하지만 무엇을 어떻게? 내면의 편견을 발견했다면 그 지식을 가지고 무얼 해야 할까?

대부분의 위험 이론은 우리를 (나쁜 일이 일어날) 올바른 장소로 인도하지만 그곳에 우리를 남겨 둔다는 점에서 동일한 한계가 있

---

* 홀로 동떨어지는 것이 싫어 무리를 따라 하는 현상으로, 무리 속에 있으면 현명한 개인도 바보가 되는 것을 의미한다.

다. 대다수 위험 분석이 재무금융 교수이자 작가이며 전직 월스트리트 트레이더인 나심 니콜라스 탈레브(Nassim Nicholas Taleb)가 2007년 출간한 저서의 영향을 받았다. 탈레브의 저서 『블랙 스완(*Black Swan*)』은 2008년 글로벌 금융 위기가 발생하기 1년 전에 출간되어 산업 및 위험 연구 분야에서 글로벌 지침서가 되었다.[13] 《런던 리뷰 오브 북스》가 제2차 세계대전 이후 가장 영향력 있는 책 중 하나로 꼽기도 했다.[14] 예측 가능성에 대한 많은 사람의 생각을 바꾸어 놓은 이 책은 단순한 조류 관찰 사건에 관한 이론에 바탕을 두고 있다. 수 세기 동안 유럽인들은 오직 하얀 백조만 있다고 생각했다. 1697년 네덜란드 탐험가가 호주 서부에서 검은 백조를 발견하기 전까지는 그것이 사실이었다. 검은 백조가 발견되기 전까지 하얀 백조만이 존재한다는 것은 "경험적 증거에 의해 완전히 확인된 것처럼 보이는 확고한 믿음"이었다. 그 순간 보편적인 기대는 무효화되었다.[15]

제1차 세계대전, 9·11 테러, 2008년 글로벌 금융 위기 등의 검은 백조 사건에는 세 가지 필수 기준이 있다. 나심 탈레브에 따르면 이런 사건은 너무나 드물기 때문에 발생 가능성조차 알 수 없고, 발생했을 때 파국적인 영향을 미치며, 지나고 나서는 마치 예측할 수 있었던 일처럼 설명된다(즉 사후에 명백해 보인다). 탈레브는 그러한 매우 드물고 극단적인 사건에 대해서는 확률과 예측의 표준 규칙이 적용되지 않았으며, 과거에 기반을 둔 통계 모형에서 파악하려는 시도가 오히려 우리를 검은 백조 현상에 점점 더 취약하게 만들 가능성이 높다고 강조했다. 다시 말해 과거는 미래의 위험에 대한 좋은 지침이 되지 못했다. 그러나 탈레브는 거기에서 멈추지 않았으며,

획기적인 그의 책은 다음과 같은 기여를 더했다. 즉 검은 백조 사건은 예측할 수 없기에 기관, 특히 금융 기관은 검은 백조라는 스트레스 상황에서 아무것도 중단되지 않을 수 있도록 부정적인 사건에 대해 '견고함(robustness)'을 구축하는 것이 중요하다는 점을 밝혔다.

나심 탈레브의 책이 미친 영향은 과소평가할 수 없다. 검은 백조 개념은 9·11 테러, 이라크 전쟁, 허리케인 카트리나 이후 세계가 왜 나쁜 일이 계속 일어나고 왜 우리는 그것을 이해하지 못하는지에 대한 설명을 찾고 있을 때 나왔다. 그러나 탈레브는 위험 프레임워크를 활용하여 검은 백조(발생 가능성은 매우 낮지만, 발생하면 영향과 결과는 매우 큰) 사건에 대한 결정 여부를 조사하면서도 견고함의 특성은 나중을 위해 남겨 둔다. 그는 당신을 재난의 오른쪽으로 데려다줄 것이고, 매우 심각하지만 예측할 수 없는 사건이 있으리라고 말해 줄 것이다. 하지만 필연적으로 닥칠 피해와 결과를 어떻게 관리해야 하는지는 말해 주지 않는다.

약 10년 후, 분석가인 미셸 부커(Michele Wucker)는 이에 응수하듯 『회색 코뿔소가 온다(The Gray Rhino)』를 출간하여, 우리가 명백한 위험을 인식하지 못하고 행동하지 못하는 이유를 분석했다. 이 제목은 코뿔소가 대부분 회색이라는 사실에 주목하게 한다. 부커는 파란색 또는 분홍색 코뿔소를 찾는 것은 의미가 없다고 주장한다. 그 대신 우리 앞에 있는 매일 직면하는 너무나도 명백한 위험을 살펴보라고 강조한다. 검은 백조에 대한 탐색과 두려움은 오히려 눈앞에 놓인 명백한 위협을 보지 못하게 한다는 것이다. 미셸 부커는 위험 계산을 재정립하면서 항상 다가오고 있지만 결코 인식되지 않는 높은

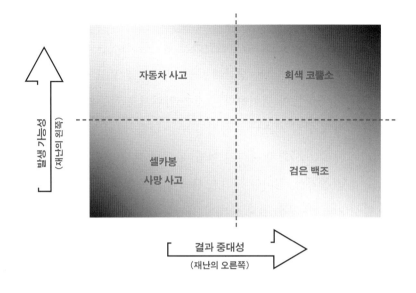

위험 계산 프레임워크

발생 가능성과 높은 결과 중대성을 낳는 사건에 초점을 맞춰야 한다고 주장한다.[16]

탈레브, 부커 등은 본질적으로 위험 평가자가 자주 사용하는 이 도표의 다른 사분면을 설명하고 있다. 탈레브의 낮은 발생 가능성-높은 결과 중대성 사건은 사분면의 오른쪽 아래에 위치한다. 부커의 높은 발생 가능성-높은 결과 중대성 사건은 오른쪽 위 사분면에 있다. 대부분 위험 평가는 사분면에서 잠재적 위협이 어디에 존재하는지 위치를 파악하는 정도에 불과하다.

도표에서 알 수 있듯이, 일반적으로 위험은 심각한 사건이 발생할 가능성과 발생할 경우 영향과 피해를 고려하여 측정되고 투자가 집중될 수 있다. 다른 사분면에 있는 가능성이 낮고 영향이 적은 위험은 무시할 수 있다. 그랜드캐니언이나 타지마할 사원 위에서 인스타그램에 올릴 목적으로 위험천만하게 셀카봉 사진을 찍다가 매년 수십 명이 사망하는 것을 생각해 보라. 아무리 슬프고 부주의한 일이라 해도, 사람들이 위험하다는 것을 알면서도 행동하는 것을 막기 위해 전체 안전 시스템을 움직일 수는 없다. 다시 말해, 이런 다윈상* 후보들은 사회가 나서기 어렵다. 대형 회사라면 자동차 접촉 사고, 무릎 찰과상, 경미한 서비스 장애 등 일주일에도 수백 건씩 높은 발생 가능성-낮은 결과 중대성 사건을 경험하는데, 상대적으로 피해가 미미하고 잦은 발생에 익숙하기 때문에 일반적으로 쉽게 적응할 수 있다.

위험이 항상 존재하는 세상을 상상해 보라. 좀 더 직접적으로 말하자면, 재난과 관련해 발생 확률을 통제하려는 시도를 멈추고 결과를 통제하려는 노력을 시작하자. 우리는 무슨 일이 일어날지 어느 정도 정확하게 예측할 수 있다고 상상하는 데 너무 많은 시간과 에너지를 소비한다. 결과를 통제하려 한다면 전체 위험 사분면을 접어서 더 간단한 도표를 만들 수 있다. 낮은 또는 높은 결과 중대성. 이것이 우리가 알아야 할 전부이다. '뜻밖에', '기대하지 않은', '예측 불가능한' 같은 말은 더 이상 도움이 되지 않는 지침이나 변명거리가 될 것이다. 이런 말들은 너무 수동적이며 종종 오류가 있다.

---

* 다윈상(Darwin Awards)은 인간의 어리석음을 알리기 위해 미국의 웬디 노스컷(Wendy Northcut)이 만든 상으로, 가장 어이없고 멍청한 실수로 죽은 사람을 기린다. 수상자가 열등한 유전자를 스스로 제거해 인류 진화에 기여했다는 의미를 담아 진화론으로 유명한 찰스 다윈의 이름을 붙였다.

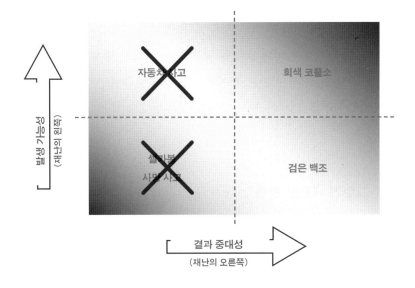

높은 결과 중대성 위험 계산 프레임워크

    되풀이되는 재앙의 시대에는 두 가지 옵션밖에 없다. 결과가 매우 중대하거나 혹은 덜 중대할 뿐이다. 재난이 닥칠 것이라는 사실을 받아들이면 재난에 대한 전반적인 사고방식을 바꿀 수 있다. 이는 많은 것을 요구하기는 한다. 기본적으로, 확률을 계산하는 잘 정립된 위험 평가 분야를 잠시 제쳐 두어야 한다. 위험 분야는 결국 재난의 왼쪽에 있는 행동을 우선시하는 것이다. 그 대신, 뒤에 나올 교훈은 재난의 왼쪽에 대한 예방 및 보호가 무엇이든 실패했다는 개념에 기초하여 재난의 오른쪽에 대한 성공 판단 기준의 근거를 제공한다. 어떤 위험이 앞에 놓여 있는지 계산하는 것은 어쨌든 과학이라기보다는 항상 기술이었다. 모든 정보기관, 보험회사, 기업 위험 관리자들은 잠재적 피해에 대해 정량화된 수치를 산정하기 위해 노력한다. 매일같이 이를 제대로 하고 있다. 지구의 기온은 점점 더 오르고 있고, 운전자가 10대 소년일 때 자동차 사고가 발생할 가능성이 항상 더 높고, 기상 이변으로 인해 공급망이 중단될 것이다. 그러나 종종 계산이 틀리고, 악마가 등장한다.

그렇게 새로운 것은 없다

이제는 모두가 안다. 재난의 가능성은 정상에서 벗어난 일탈이 아니라 표준으로 봐야 한다는 것을 말이다. 검은 백조와 회색 코뿔소는 어디에나 있다. 재난의 왼쪽, 즉 예방 계획에서 재난 관리 분야는 이미 이런 현실에 도달했다. 리더들은 전 위험 대응 계획의 관점에서 이야기한다. 즉 최상의 보안 계획은 모든 유형의 잠재적 위협을 예상한다. 이것은 9·11 테러 이후에 배운 몇 가지 교훈을 반영한다. 테러로부터 보호하기 위해 국가와 지역 초동 대응 요원(first responder)*에게 자금과 자원이 분배되면서, 어떠한 위험이라도 방지하는 데 사용될 수 있는 이러한 투자가 최선이라는 것이 분명해졌다. 2005년 허리케인 카트리나 이후 산업계는 변했다. 테러리스트 열아홉 명이 비행기 네 대에 탑승하는 것을 막는 데 초점을 맞추는 것만으로는 도시가 물에 잠기는 일을 막을 수 없음을 깨달았기 때문

---

* 재난, 사고 발생 시 가장 먼저 현장에 투입되는 훈련된 인원으로 경찰, 소방, 응급 의료 요원을 의미한다.

이다. 전문가들은 하나가 아닌 모든 종류의 위협으로부터 보호하는 대응 자원의 우선순위를 지정하면서 모든 위험 요소의 개념에 대해 이야기하기 시작했다. 악마는 어떤 형태로든 올 수 있다.

재난의 오른쪽 대응도 마찬가지가 되어야 한다. 우리는 전 위험 예방 노력과 유사한 동일한 결과 계획(same-consequence planning)의 관점에서 이야기해야 한다. 우리는 훈련할 수 있는 재난의 속성을 이미 알고 있다. 로켓 과학처럼 어려운 일이 아니다. 재난은 더 크고, 더 파괴적이며, 상호 연결되어 있어 대응하는 사람들에게 더 큰 압력을 가하고 감시하는 사람들의 철저한 검토와 행동을 증가시킨다. 이것이 현재 알려진 재난의 요소들이다. 우리는 모든 재난의 공통된 속성과 도전에 대비할 수 있다. 결국에는 재난에 특별한 것이 없기 때문이다. 재난은 그냥 계속 올 뿐이다.

재난 관리 연구는 이러한 방향으로 움직이고 있으며, 이전의 상황과 상관없이 모든 주요 재난에 걸친 연결 조직을 찾으려고 노력하고 있다. 아널드 호위트(Arnold Howitt) 교수와 더치 레너드(Dutch Leonard) 교수가 말한 것처럼, 우리는 재난의 어떤 고유한 특징보다 유사점을 볼 수 있다.[17] 첫째, 재난은 새로움을 인식하고 그 새로움에 효과적이면서 즉흥적으로 대응할 것을 요구한다. 둘째, 재난은 불가피하게 대규모 확장을 요구할 것이다. 재난은 크고, 모든 종류의 물리적, 전문적 경계를 넘는다. 셋째, 가장 큰 도전 중 하나는 **상황 인식**(situational awareness)을 유지하는 것이다. 이는 무슨 일이 일어나고 있는지, 따라서 무엇이 필요한지 결정하는 데 더 큰 중점을 두는데, 대응하는 도중에는 유지하기 어려울 수 있다. 넷째, 위기 대응은 문제들에 대해 계획이 있을 뿐 아니라 대응이 실시간으로 전환될 수 있어야 성공할 수 있다. '너무 늦었다'는 말은 항상 위기에 있어서 잘못된 답변이다. 그리고 마지막으로, 진정한 재난은 계획했던 것보다 더 클 것이며 온갖 종류의 사람과 이해관계가 얽혀 등장하고 새로운 우려를 불러일으킬 것이다. 정말 지저분할 거라는 말이다.

이 책에서 강조한 재난과 그 결과는 시간과 지역을 아우르며 이러한 공통점을 포괄한다. 악마가 잠들지 않는, Y2K가 매일 일어날 수 있는 세상에서는 어떠한 계획 조치도 신중한 행동이자 피할 수 없는 것에 대한 현명한 준비처럼 보일 것이다. 위험이 닥칠 것이기 때문에 투자와 준비는 지나친 것으로 보이지 않을 것이다. 혼란이 없는 날을 정상적인 날이 아니라 비정상적인 날로 보기 때문에 준비의 역설은 사라진다.

내가 24시간 365일 과잉 반응하기를 요구하는 것처럼 보일 수 있다. 하지만 과민 반응을 나쁘게 본다면 그것은 비난일 뿐이다. 어쩌면 그 반대로 히스테리적이거나 시간 낭비이거나 압도적이라는 이유로 과소 반응하는 것은, 그렇지 않았다면 그저 긴급 상황에 그칠 수 있는 일을 재앙으로 키울 수 있다. 2014년에 심각한 눈 폭풍이 애틀랜타를 강타했다.[18] 아니, 더 정확히 말하면 결국 몇 센티미터에 불과했지만 미 남동부 애틀랜타에는 심각한 일이었다. 눈을 별로 경험해 보지 못한 (제설기도 거의 없는) 도시로 눈보라가 몰아치면서 도로가 마비되고 학생과 출퇴근하던 직장인이 갇혀 버렸다. '글쎄, 애틀랜타가 준비를 어떻게 할 수 있었을까?'라고 의문을 가질 수도 있다. 그러나 애틀랜타는 확실히 일기예보를 예의 주시하고 있었고,

미디어를 보고, 다른 도시에도 물어보고, 미 북부 지역의 비상 계획가들과도 연락을 취했다. 그러나 일어날 수 있는 일에 대해 입장을 정하지 못했다. 시 당국은 익숙한 눈보라 대응 프로토콜을 사용하는데 실패했는데, 이 프로토콜은 매우 간단하다. 모두 집에서 대기할 것. 불행하게도, 이 지시가 필요하다고 뒤늦게 깨달은 당국은 어리석게도 모든 사람에게 동시에 공지해 버렸다. 집으로 가려는 인파로 인해 미끄러운 도로는 더욱 혼잡했고 최악의 경우 열여덟 시간 동안이나 도로에 갇혀 오도 가도 못했다.

사실 놀랄 일도 아니다. 악마는 시간이 충분할 수 있지만 새로운 속임수는 없다. 2020년 1월 4일 나는 《보스턴 글로브》의 과학, 건강 뉴스 전문 매체 《스태트(STAT)》 뉴스레터에서 헬렌 브랜스웰(Helen Branswell) 기자가 쓴 짧은 기사를 읽었다. 팬데믹 기간 동안 반드시 읽어야 하는 글이 된 이 기사의 제목은 「전문가들은 중국의 불가사의한 폐렴 발병에 대한 제한된 정보에서 답을 찾고 있다」였다.[19]

당시에 나의 흥미를 끌 만큼 이상하게 느껴졌다. 이 기사는 중국 우한에서 발생한 독특한 바이러스에 대해 언급했다. 중국이 세계보건기구(WHO)를 불러들이고 있었고, 자체적으로 통제하고 있고 사망자는 없다고 계속 주장했음에도 이 바이러스는 충분히 우려할 만한 것이었다. 내가 전염병 전문가가 아닌데도 이상해 보였다. 만약 이것이 단지 평범한 바이러스였다면, 중국은 국제기구를 불러들이기는커녕 어떤 우려도 제기하지 않았을 것이다.

그래서 나는 주의를 기울이기 시작했다. 미국 정부는 앞으로 일어날 일을 인정하거나 준비하기를 꺼리는 듯했다. 1월까지는 과잉 반응이 우리의 문제가 되지 않을 것이 분명했다. 그때 경보가 울리기 시작했다. 우한은 격리되었다. 이탈리아도 바이러스 전파에 무릎을 꿇었다. 그러나 미국에서는 이 먼 곳에서의 문제가 머지않아 필연적으로 우리의 문제가 되리라고 확신하지 못했다.

다른 많은 사람과 함께, 나는 앞으로 일어날 것 같은 일에 대해 목소리를 높이기 시작했다. 먼저 우리 집과 아이들을 준비시켰다. 친구들에게 대비하라고 말하고, 문자에 답장을 보냈으며, 부모님에게는 캘리포니아에서 태세를 갖추어 머무르라고 재촉했다. 그러자 나는 대중의 걱정에 대한 비판을 받기 시작했다. 3월 초 어느 날 밤 CNN의 간판 앵커인 앤더슨 쿠퍼(Anderson Cooper)가 의학 전문 기자 산제이 굽타(Sanjay Gupta) 박사와 함께 주최한 뉴욕시 팬데믹 타운홀 미팅 때였다. CNN 안보 분석가인 나는 앤더슨 쿠퍼에게 말했다. "셧다운 해야 합니다."

앤더슨 쿠퍼는 다소 믿기지 않는다는 듯 "셧다운이라고 하면 그게 무엇을 의미하는 건가요?"라고 물었고, 나는 "모든 것."이라고 단호히 말했다.[20] 어머니가 문자로 내가 말을 심하게 했다고 했다. 나는 사람들을 겁주고 있었다. 그게 내 의도이자 핵심이었다. 악마가 오고 있었다. 하지만 우리는 준비되어 있지 않았고, 미국에서 아직 코로나19 감염 사례가 거의 없을 때여서 어떤 예방 조치도 경계성 피해망상증처럼 보였다.

오랜 친구이자 《애틀랜틱》의 편집장인 단테 라모스(Dante Ramos)는 나에게 "당신은 나를 긴장하게 만들고 있어요."라고 메일을 썼다. 그는 확성기가 되어 버린 내 트위터 피드를 알아차렸고 내

말투나 어조에서 보기 드문 공황 상태를 감지했다. 라모스는 나에게 글을 쓸지 물었다. 《애틀랜틱》은 코로나19 팬데믹 첫 번째 해 동안 팬데믹 주제로는 최고의 보도 범위와 분석을 제공하며 두각을 나타내게 될 것이었다.

그래서 나는 내가 걱정했던 것을 썼다. 악마가 오고 있다고 말이다. 원고를 보낸 후 나는 물었다. "제목을 뭐라고 할 거예요?"

2020년 3월 8일, 「미국은 앞으로 일어날 일에 대해 준비가 되지 않았다」라는 제목으로 내 글이 등장했고 많은 사람이 이를 읽었다. 아마도 대중의 불안이 커지고 있음을 입증했기 때문일 것이다.[21] 이 글은 곧 미국 대중에게 일어날 일에 대해서 경고했다. "특히 현시점에서, 더 강력한 대응을 하더라도 많은 사람이 감염되는 것을 막을 수는 없다. 모든 감염을 예방하는 것은 더 이상 불가능하며, 앞으로 성공의 척도는 보건 당국이 감염으로 인한 사망자나 위중증 환자 수를 얼마나 줄일 수 있느냐가 관건이다." 지금 다시 읽어 보니 이미 당시에도 결과 최소화에 집중하고 있었다는 것을 깨달았다. 그 위험은 제거될 수 없었다. 나중에 단테가 말하길 처음에는 기사 제목이 약간 불필요한 우려를 자아내서 걱정했다고 말했다. 결과적으로 몇 주 후 나의 글은 비교적 정확한 것으로 판명되었다. 당시 정부에서도 거의 제공하지 않았던 나의 조언에 대해 모르는 사람들로부터 감사 편지도 받았다. 아마도 그들은 뭔가가 옳지 않은 것처럼 보였고 위험한 사건이 곧 눈앞에 닥칠 것이라는 걸 알았지만 혼자라고 느꼈을 것이다.

내가 선견지명이 있었던 건 아니다. 2020년 초 경보를 울렸던 우리 중 누구도 천리안이 아니었다. 단지 과학을 알았을 뿐이다. 바이러스가 생겼고 그것은 통제되지 않았다. 전 세계를 돌아다니는 사람들이 바이러스를 퍼뜨릴 것은 자명했다. 충격이 없어야 했지만, 우리를 덮칠 것은 정말 불가피했다. 우리가 그러지 않기를 바랐거나 무심한 척했어도 결국 그것은 우리에게 다가오고 있었다. 악마가 오고 있었다.

팬데믹의 경우 성공의 척도는 결과의 피해를 줄여 덜 부담스러울 수 있도록 우리가 충분히 (심지어 과잉 반응을 해서라도) 준비를 했는지 여부이다. 이것은 받아들이기 힘든 기준이다. 우리는 어떤 것이 좋은지 나쁜지, 검은색인지 흰색인지 이분법으로 상황을 평가하는 경향이 있다. 그러나 재난의 세계에서 궁극적인 판단은 항상 회색지대에 있다. 5만 명의 사망자를 낸 전염병이 60만 명을 죽인 전염병보다 확실히 낫다.

3월 중순 코로나19에 대한 관심이 집중되자 이언 보고스트(Ian Bogost) 교수는 임박한 운명에 과도하게라도 대응해야 한다고 《애틀랜틱》에 글을 썼다.[22] 그는 가족과 친구들이 일상생활을 계속하는 것을 보면서 홀로 준비하는 것에 외로움을 느꼈다. 사람들이 준비하기를 꺼리게 만든 과잉 반응의 원인은 무엇이었나? 결과적으로 우리가 보았듯 바이러스가 확산하면서 훨씬 더 큰 도전에 직면하게 되었다. 과잉 반응하는 것은 본질적으로 '바보처럼 보이고' 어쨌든 기꺼이 앞으로 나아가는 것이다. 보고스트는 오래전에는 과잉 반응이 실제로 근육 본능처럼 통제할 수 없는 것으로 간주되었다고 언급했다. 그것에 대한 도덕적 판단은 없었다. 과잉 반응으로 누군가를 비

난하는 것은 모래 폭풍 중에 눈을 깜박인 사람을 비난하는 것과 같았다.[23]

1960년대에 들어와 준비에 대한 반응은 도덕적 판단, 심지어는 비난으로 바뀌었는데, 보고스트는 이러한 변화를 야기했을 수 있는 요인을 지적하려고 했다. 한 가지 이유는 심리학과 정신의학이 전문 직종으로 부상하고 그 결과 모든 감정과 반응을 설명해야 하는 강박증이 생겨났기 때문일 수 있다. 과잉 반응은 더 이상 도덕적 판단 없이 객관적인 대상이 아니라 신경쇠약에 가까운 상태로 간주되었다. 이는 결코 좋은 말이 아니며 자신의 감정을 통제하지 못하는 것으로 이해된다. 결국 조금 미친 거나 마찬가지다. 과잉 대응이 폄하로 이어진 두 번째 현상은 **금융화**였다. 제2차 세계대전 이후 경제 기초 요건이 바뀌면서 투기가 기승을 부렸다. 예를 들어 생산을 위한 공급망 관리는 종종 시장의 현실에 긴밀하게 관계하지 않고 기업에 유해한 금융 변화라는 극단적 인식에 격렬하게 대응했다.

심리 변화 때문이든 세계 시장의 변화 때문이든, 아니면 둘 다이든 과잉 반응은 도덕적으로 비난을 받았고 자원 낭비로 판단되었다. 장려해야 할 것이 아니라 극복해야 할 개인의 실패이자 제도적 결함으로 여겨졌다. 즉 그것은 '죄'가 되었다. 보고스트는 "자극을 효과적으로 이해하고 처리할 수 없는 근본적인 무능함을 감안할 때, 과잉 반응이 타당한 대응 방식이 아닌 광기 어린 비이성적 행동과 같은 의미로 여겨지게 했을 때 우리는 잘못한 것이었다."라고 말했다.[24] 재난이 흔해진 지금, 과잉 반응에 대한 불만 기준은 확실히 더 높아져야 한다.

사실 얼마나 적은 사람들이 죽었는지 또는 얼마나 많은 피해가 감소했는지에 따라 사건을 판단하는 것도 딱히 흡족한 일은 아니다. 팬데믹의 경우 대응 계획도 느슨하고 끊임없이 변하는 것처럼 보였다. 마스크를 착용하지 말라고 했다가 마스크를 다시 착용하라고 한다. 누군가 정말 결정이나 내릴 수 있는 것이었나? 악마의 재난이 일어나기 전 그 순간에 대비하기 위해서는 끊임없는 행동 변화가 필요하다. 어느 정도의 해로움, 걱정, 불평, 겁먹음을 받아들이면서 여전히 아무 조치 없이 삶을 살아가는 것이 더 쉬워 보일 수 있다. 그럴 수도 있다. 그러나 지금까지는 그다지 훌륭한 전략이 아니었다.

이제 성공의 기준을 바꿔야 한다. 재난이나 재앙이 휩쓸고 지나간 후 우리는 구호나 후렴구처럼 '다시는 안 된다(Never again)'라는 오래된 말을 사용하는 데 너무 익숙하다. 재난은 다시 일어날 것이다. 온전히 위협에 초점을 맞춘 자세에서 더 이상 피해를 막을 수 없을 때 재난의 결과를 더 잘 관리할 수 있는 자세로 극적이고 더 빠르고 더 현실적으로 움직여야 한다. 두려움보다 필요에 대해 더 많이 이야기해야 한다. 우리는 안전한가? 아니다. 더 안전할 수 있을까? 확실히 가능하다. 우리는 재난에 대비해야 한다.

'다시는 안 된다'라는 외침은 유한하면서도 영구적인 성공 방식을 믿도록 잘못 인도한다. 재해를 무작위적이고 드문 것으로 생각하는 세상에서는 완벽하게 현실적인 야망일 수 있다. 만약 가끔 일어나는 재난이 더욱 드물게 발생한다면, 아마도, 결국, 재난은 우리를 괴롭히는 걸 멈출 것이다. 하지만 만약 재난이 무작위적이지 않고, 드물게 발생하는 것이 아니라면? 악마가 잠을 자지 않는다면?

모든 재난에는 역사가 있다. 재난은 우리 눈에 보이는 해로움 때문에 주의를 끌기도 하지만, 있는 그대로의 우리 모습과 우리가 건설한 사회와 제도를 비추기 때문에도 관심을 끈다. 재난은 우리가 원하는 대로가 아니라 있는 그대로의 희생자를 찾는다. 재난은 사회에서 이미 잘못된 모든 것을 드러낸다. 아이티에서 발생한 강진은 아이티를 가난하게 만든 미국의 군사적, 정치적 여정을 반성하는 시간이 되고, 미국 뉴올리언스를 강타한 허리케인은 과거 노예무역의 중심이었던 이 도시에서 수백 년에 걸쳐 일어난 인종적, 경제적 불평등을 돌아보고 관리하는 시간이 된다. 일본 후쿠시마 원자력발전소 멜트다운은 위험 산업에 대한 감독을 소홀히 함으로써 제2차 세계대전 때의 핵 공격을 극복한 나라가 교훈을 잊고 강제 기억상실에 빠진 것을 비판하는 시간이 된다. 멕시코만에서 벌어진 최악의 기름 유출은 해상 시추에 대한 의존도와 더 환경친화적인 에너지원으로 보다 빠르게 전환할 필요를 논의하는 시간이 된다. 세계 최대 강국을 순식간에 휩쓸어 무릎 꿇게 만든 감염병 대유행은 공중 보건 시스템의 부적절함과 불평등을 더 이상 무시하고 지나칠 수 없음을 깨닫게 해 준 시간이 된다.

우리는 위기 자체가 가져온 공포뿐 아니라 이미 존재하는 공포도 본다. 재난은 지나가지만 그 과정에서 우리의 정체성과 문화, 우리가 너무 오랫동안 무시해 온 제도적 문제들이 드러난다. 악마가 바람, 물, 불의 폭풍우를 타고 와서 우리 체계의 태만을 드러내지 않았다면 행복한 무지 속에서 무한히 살 수 있었을지도 모른다. 만약 재난이 끝날 때 혼란이 단순한 일탈이나 놀라움이라고 믿어 교훈과 변화 없이 그대로 생활한다면, 그런 끔찍한 결과를 초래하는 부족과 결핍, 불공평을 애초에 조사조차 하지 않을 것이다. 악마는 이번에도 성공할 것이고 다음에는 더 빨리 돌아올 것이다.

새로운 목표: 결과 최소화

재난의 왼쪽 세상에서 우리는 계층적 방어(layered defenses)라고 알려진 것을 통해 일상에서 발생할 수 있는 피해를 최소화하려 노력한다. 이는 말 그대로 위협의 발생 가능성을 늦출 수 있는 장애물 또는 방어선이다. 공항에 도착하면 이미 당신의 항공권 및 개인 정보를 통해 당신이 비행 금지 목록에 있는지, 정보는 유효한지, 여행이 가능한지 여부가 사전에 확인된다. 공항 내에서도 이동 중 감시 및 순찰 경찰에 의해 모니터링된다. 그리고 번거로운 보안 검색대를 통과한다. 탑승 게이트에서 다시 한번 본인 여부 등이 체크된다. 아마도 비행기 안에 무장한 보안 요원이 탑승하고 있을 것이다. 물론 조종석 문에도 잠금장치가 있다. 겹겹이 층층이 쌓여 비행과 관련된 모든 위험을 최소화하여, 매주 수백만 명이 비행할 수 있도록 하면서도 가능한 한 사고는 제로에 가깝게 한다. 사실 재난의 오른쪽, 즉 모든 것이 혼란스럽고 길을 잃고 비참해 보일 때 우리가 성공을 어떻게 보아야 하는지에 대한 유사한 용어가 없다. 이것은 너무 큰 피해를 피할 수 있고 많은 죽음을 막을 수 있기 때문에 반드시 채워야 하는 계획 격차(planning gap)이다.

이것이 이른바 허용 가능한 손실이라는 개념의 변형이라는 점을 인정한다. 소름 끼치는 도덕 개념이긴 하다. 한 명이 죽는 것이 열 명이 죽는 것보다 낫다. 열 명이 죽는 것이 백 명이 죽는 것보다 낫다. 백 명이 죽는 것이 천 명이 죽는 것보다 낫다. 군에서는 실제로 허용 가능한 손실의 개념을 중심으로 임무로 얻는 이익과 대량 사상자 가능성을 비교하는 계획을 받아들인다. 대부분의 경우 숫자를 0으로 유지할 수 있을 거라 생각하지 않으며, 때로는 임무가 반드시 필요한 경우 계산된 인명 손실을 수용 가능한 것으로 간주한다.

재난이 닥칠 것을 안다는 것은 준비가 '추후' 미결 서류함으로 밀쳐놓은 먼 미래를 위한 것이 아님을 의미한다. 당신은 여기 있다. 바로 지금. 재난이 다가오고 있고 닥칠 때까지 몇 분밖에 남지 않았다. 다음 장부터는 우리가 어떻게 그 순간에 대한 준비를 개선할 수 있는지 알려 주는 교훈을 제공한다. 오게 될 재난의 오른쪽에서 더 잘, 더 성공적으로 이겨 낼 수 있다. 이는 새로운 전략, 즉 성공을 위한 새로운 지표와 척도가 필요함을 의미한다. 더 이상 재난이 발생했는지 여부(재난의 왼쪽)에 따라 성공을 보는 것이 아니라 발생한 결과(재난의 오른쪽)에 따라 성공을 본다면 어떨까?

여기, 재난이 오는 바로 이곳이 우리가 있는 지점이다. 우리 모두는 복잡하고 낯선 곳에 있다는 걸 알아채고는 '당신은 여기 있다' 라고 밝게 현 위치가 표시된 큰 지도에 의지하는 순간을 경험한 적이 있다. 재난을 둘러싼 논쟁에서 빠진 것이 바로 그 현 위치다. 우리는 예방과 나쁜 일이 발생하는 것을 막기 위해 무엇을 해야 하는지에 대해 이야기한다. 회복탄력성과 재난 발생 후 더 강하게 회복하는 방법, 또는 요샛말로는 '더 나은 재건(build back better)'*을 촉구한다. 우리는 **전**과 **후**에 초점을 맞추지만 **지금, 여기**에 대해서는 너무 적게 이야기한다. 눈앞에 놓인 이 순간과 이 상황, 그리고 비극적 순간을 조금 덜 비극적으로 만들기 위해 할 수 있는 일에 대해서는 거의 말하지 않는다. 이 책은 그런 생각을 바꾸려는 노력이다.

나는 '당신은 여기 있다'라는 후렴구를 반복할 것이다. 악마가 도착하기까지 몇 년, 몇 달, 몇 주, 며칠, 어쩌면 몇 시간 동안 기다리는 지금 바로 이 순간에 우리를 배치하기 위함이다. 그것은 준비의 즉각성을 전면에 내세우기 위해 기초를 다지는 것을 의미한다. 현실은 완전한 신경쇠약과 극도의 취약성 사이, 검은 백조와 회색 코뿔소 사이, 재난이 온다는 것을 받아들이는 공간에 있다. 모든 재난의 공통점을 감안할 때, 재난이 반복되는 경우 무엇이 우리를 더 잘 준비시킬지 이제 알고 있다. 놀라움은 없다. 다시 돌아갈 길도 없다. 각 장은 결과를 최소화하는 방법에 초점을 맞춘다. 백 명보다 열 명이 죽는 것이 더 낫기 때문이다. 로켓 과학처럼 굉장히 이해하기 어려운 것은 아니지만 이 역시 일종의 과학이다. 사실 열 명의 사망자가 백 명의 사망자보다 과학적으로 더 낫다. **덜 나쁜** 것이 우리의 성공 기준이다.

더는 기다릴 수 없다. 계속해서 새로운 피해가 발생하기 때문이다. 각각의 피해는 전례가 없고 따라서 우리가 이전에 살아왔던 모

---

* 2020년 미국 대선에 출마한 조 바이든 캠프가 내건 슬로건. 제조업과 노동시장 재건을 경제정책의 최우선 목표로 천명한 구호이다.

든 경험을 넘어선다. 재난의 결과를 최소화할 수 있는 것보다 빨리 재난을 막을 수 없을지도 모른다. 2021년 9월, 저소득층 주민 몇 명이 뉴욕시 한 아파트 지하에서 갑작스럽게 불어난 물로 익사했다. 뉴욕에서 사망 사고는 자주 있다. 주거 목적에 적합하지 않은 공간에서 생활하는 사람도 그들이 처음은 아니었다. 그러나 그들이 가장 먼저 익사했다. 뉴욕의 역사적 빈곤은 기후 변화와 부딪혔다. 뉴욕시에서 보통 한 달 사이에 볼 수 있는 양의 비가 두 시간 만에 집중되어 내렸다. 폭풍은 계단, 지하도, 지하철을 덮쳤다. 더욱이 가장 강렬한 집중호우가 어두운 밤에 왔기 때문에 잠자는 사람들을 가두어 버린 것이다.[25]

입은 피해를 되돌릴 방법은 없다. 그 대신 우리는 더 잘 준비할 수 있도록 재난이 일어나는 다음 순간에 집중해야 한다. 앞으로 이야기할 여덟 단계는 수 세기에 걸친 재난을 연결하고, 우리가 지금쯤 확실히 알고 있는 주목할 만한 사실에 대비하는 교훈을 모아 줄 것이다. 악마가 돌아오면 피해도 오겠지만 우리가 다음에 더 잘하지 않을 경우에만 악마는 승리한다.

다음에는 우리가 승리할 시간이 분명 있을 것이다. 당신은 여기 있다.

1장 재난을 가정하라

비행기가 추락하기 시작할 때는 이미 늦었다

2018년과 2019년 인도네시아 라이언에어(Lion Air)와 에티오피아항공(Ethiopian Airlines)이 각각 운항한 보잉(Boeing) 737 맥스 항공기 두 대가 추락해 총 346명이 사망했다. 추락 사고는 새로운 기능의 설계 결함 때문인 것으로 밝혀졌다. 조종특성향상시스템(MCAS, Maneuvering Characteristics Augmentation System)으로 알려진 이 기능은 때때로 조종사를 압도하여 비행기 제어 능력을 제한할 수 있었다. 보잉은 이것을 알고 있었고 계획도 있었다. 조종사는 시스템이 불안정해지면 작동하지 않도록 직권으로 해제하면 되었다. 문제는 이 시스템을 훈련받지 않은 조종사가 비행기 기수를 제어하는 MCAS 작동을 해제하지 못하면 비행기가 추락할 수 있다는 것이었다.

보잉 737 추락 사고 이야기는 마치 공포 영화를 보는 듯하다. 살인마가 아래 숨어 있는 침대에 베개를 베고 누우려는 희생자를 보며 "안 돼! 무슨 일이 일어날지 몰라!"라고 소리치고 싶지만 아무도 듣지 않는다. 실제로 보잉에서는 MCAS 설계 결함의 심각성을 이해하고, 조종사 훈련에 의존하는 것 이상의 조치가 필요하다는 우려를 조심스럽게 말하는 내부 고발자들이 있었다. 보잉 엔지니어인 커티스 유뱅크(Curtis Ewbank)도 그중 하나였다. 그는 회사 경영진에게 MCAS가 부적합하다고 경고하고 비행기를 운항하지 않도록 주의를 당부했다. 그의 말은 무시당했다.[1] 보잉의 계획은 단 하나, 맥스를 빨리 출시하여 비행해야 한다는 것이었다.

이러한 보잉의 노력은 순전히 시장에서 승리하기 위해서였다. 경쟁사인 에어버스(Airbus)가 신형의 동급 비행기를 보잉의 737 맥스보다 먼저 출시했기 때문이다. 이를 빨리 따라잡으려면 많은 속임수가 필요했다. 우선 보잉은 판매를 위해서는 완전히 신형이라고 소개하는 반면, 새 항공기에 대해 매우 엄격한 미국 연방항공청(FAA, Federal Aviation Administration)에는 규제 절차를 거쳐야 할 정도로 새롭지는 않다고 했다. 따라서 보잉은 구매 항공사에 맥스가 날렵하고 독특하다고 발표하면서 규제 기관에는 맥스가 기존 항공기와 비교해 그리 독특하지 않아서 운항을 연기해야 할 정도는 아니라 주장했다. 보잉은 이전 737 디자인에서 유래한 많은 안전 기능이 새로운 FAA 표준으로 업데이트되지 않도록 맥스를 이전 디자인에 기반해 제작했다. 그리고 보잉은 항공사들의 비용 절감을 위해 '오래되었지만 새로운' 맥스를 비행하는 데 광범위한 교육이 필요하지 않다고 주장했다. MCAS 기능의 새로움은 최소화되어 처음에는 항공기 조종사에게 브리핑조차 되지 않았다. 보잉은 맥스가 737의 더 나은 버전일 뿐이고, 성형수술이라기보다 보톡스 시술로 생각하라고 세상

에 알렸다.[2]

라이언에어 추락 사고가 MCAS의 시스템 문제를 보잉이 알고 있었으면서도 숨긴 상황에서 벌어진 비극적이고 용서할 수 없는 재난이었다면, 이후 에티오피아항공 추락 사고는 끔찍이도 악마적이었다. 보잉은 두 추락 사고 사이에 조치를 취할 시간이 충분히 있었다. 하지만 보잉은 그러는 대신 라이언에어 추락 사고를 일회성으로 취급했다. 늘 그렇듯 뜻밖의 기회는 있었다. 확실히, 어떤 비극도 그 순간의 상세 상황들에서 줄일 수 있다. 예를 들어 라이언에어 항공기 610편은 MCAS를 작동시키는 받음각(AOA, angle-of-attack) 센서* 오류로 인해 정비를 받았다. 해당 항공기 수리 시 받음각 센서는 재보정했다는 중고 센서로 교체되었다. 이 교체는 보잉이나 FAA가 감독하지 않았다. 조종사들이 수동 전환 방법에 대해 전혀 알지 못했던 시스템의 작동을 촉발시킨 이 단건 교체는 플로리다의 정비 시설인 엑스트라 에어로스페이스(Xtra Aerospace)에서 수행했다. 문제는 이 새로 교체된 센서가 비극적으로 잘못 보정되었다는 점이다. 다시 말해 수리가 잘못되었다.[3]

엑스트라 에어로스페이스가 문을 닫았다는 것 말고는 온라인에서 해당 정비 회사에 대해 많은 걸 찾을 수 없다. 회사 웹사이트 성명서에서는 본인들이 아무 잘못도 하지 않았다고 주장한다. 하지만 비행기의 중요한 보호 장치 교정을 소규모 회사가 실수하지 않는 것

---

* 받음각은 기류에 대해 비행기 날개가 이루는 각이다. MCAS는 받음각이 정도를 넘어서서 속도를 잃는 실속 사태를 방지하는 시스템으로, 받음각 센서 판단에 따라 자동으로 작동한다.

에 전적으로 의존하는 복잡한 시스템은 어느 시점에서는 반드시 실패하게 된다. 보정 수리 후 첫 비행에서 비행기는 잘못된 받음각 센서 신호로 인해 강제 급강하하는 심각한 문제를 겪었다. 조종사들이 이러한 비상 상황에 대비해 제공된 체크리스트를 따르지 않아 적절하게 대응하지 못했을 수도 있다. 그들은 비행기가 자바해로 날아갈 때까지 기수 급강하를 극복하기 위해 스물여섯 번이나 시도했다. 비행기에는 189명이 타고 있었으며 모두 사망했다.

"라이언에어 추락 사고에 대한 최종 조사 보고서에 따르면 해당 센서가 잘못 보정되어 등록된 각도가 21도나 높았다."[4] 해당 보고서가 발표된 지 하루 만에 FAA는 정비 업체인 엑스트라의 항공 정비 인증서를 취소했고 문을 닫게 했다. 보잉은 기이한 상황들의 조합에 기인하여 추락 사고가 났다는 주장으로 탈출구를 찾았다. 받음각 센서가 그렇게 말도 안 되게 잘못 보정될 가능성은 얼마인가, 아마도 인도네시아 같은 국가 조종사는 미국 조종사만큼 잘 훈련되지 않아 제대로 대응하지 못했을 수 있다(이 인종차별적 주장은 이후의 충돌 분석에도 만연할 것이다), 등등. 이렇게 받음각 센서 오조정과 아시아 조종사의 조종 미숙 사이에서 보잉은 인도네시아 라이언에어 추락 사고 상황에 책임이 없다고 스스로 확신했다. 보잉은 새롭지만 그렇게 신형 같지 않은 이 비행기에서 급강하 가능성을 극복하는 방법에 대해 조종사에게 즉시 지침을 발표했다. 놀라운 것은 MCAS를 구체적으로 다시 언급하지 않았다는 점이다. 하지만 심각하게도, 두 건의 추락 사고 사이 기간에 FAA는 항공기 MCAS에 결함이 있다고 판단했다. 즉각적인 조치가 없다면 3년에 한 번꼴로 더 많은 사고가 발생

할 "높은 위험"에 처한다는 것이었다.[5]

3년이 채 되기도 전에, 라이언에어 추락 사고가 발생한 지 불과 4개월 뒤에, 에티오피아항공 302편이 2019년 3월 추락했다. 알려진 바로는 받음각 센서 기계가 조류 충돌로 인해 떨어져 나갔고 조종사는 MCAS 활성화를 보정할 수 없었다. 비행기 탑승객 157명이 전원 사망했다. 조종석의 블랙박스 오디오에 따르면 승무원들은 보잉의 새로운 지침을 따르려 했지만 제대로 했는지는 불분명하다. 두 번째 재난 이후 결국 737 맥스 항공기는 거의 2년 동안 운항이 금지되었다.

왼쪽으로, 왼쪽으로

모든 계획자, 리더, 관리자는 재난의 가능성을 당연하게 받아들여야 한다. 비행기가 흔들릴 것이고 센서가 잘못 보정될 것이며 조종사가 훈련을 덜 받아 상황 제어에 어려움을 겪을 것이다. 이는 변명 거리가 아니다. 이 모든 상황은 기정사실이다. 이러한 상황이 사실이 아닐 거라는 근거 없는 믿음을 바탕으로 우리의 안전을 구성하는 것은 절망적이다. 이러한 현실을 인정하는 것은 패배주의가 아니다. 현실 인정을 통해 우리가 재난을 어디에 두는지 재고하도록 동기를 부여해야 한다. 항공 전문가가 아니더라도 비행기가 땅으로 추락하기 시작하면 그때는 이미 늦었다는 걸 안다.

그런데도 많은 재난과 마찬가지로 보잉 맥스 위기는 종종 잘못된 이유로 연구된다. 첫째, 많은 사람이 이윤 추구에만 집착한 사악한 회사에 관해 이야기한다. 완전히 잘못 짚은 건 아니지만 더 중요한 점을 놓치고 있다. 회사는 흔히 이익에 집착하지만 결과적으로 모두가 재난을 불러오는 것은 아니다. 둘째, 많은 사람이 비극 이후 보잉이 어떻게 의사소통했는지 평가한다. 그건 본질적으로 중요하지 않다. 보잉이 상황을 그럴듯하게 제시했나? 더 잘 제시할 수도 있었을까? 아무리 미디어 대응과 상황 제시를 잘하더라도 맥스가 실패하면 보잉을 도울 수 없다. "어떤 논점도 허리케인 카트리나로부터 뉴올리언스를 구할 수 없다."라는 문장은 효과적인 대응이 가장 유일하고 최선의 홍보 계획임을 팀 전체에 상기시키기 위한 위기관리의 기본이다. 이는 커뮤니케이션 팀뿐만 아니라 재난 관리를 연구하는 데에도 도움이 된다.[6]

다른 견해로 결과 최소화에 초점을 맞출 수 있다. 탐욕스러운 CEO나 필요 이상의 피해를 초래한 부주의한 사고 후 커뮤니케이션 전략에 주목하는 것이 아니다. 비행기는 본질적으로 복잡하다. 복잡한 시스템에서 우리는 위험을 감수한다. 복잡한 시스템에는 최적의 성능을 항상 발휘하지는 못하는 인간이라는 구성 요소를 포함해 난제, 결함, 기계 장치가 있을 것이다. 이는 그러한 시스템을 설계하는 구조 엔지니어가, 높든 낮든 피해가 발생할 가능성을 모두 수용해야 하고 발생할 경우 그 결과를 최소화해야 함을 의미한다. 그리고 여기 망각된 사실이 있다. 보잉은 이미 결함을 알고 있었다. 이것이 핵심이다. 회사는 재설계된 비행기에 위험이 있음을 파악했다. 보잉은 조종사 훈련에 집중하겠다고 말함으로써 그러한 위험을 완화했다고 믿었다. 그럴 수 있다. 그게 정말 사실이었다면 나쁜 계획은 아니었다. 모든 복잡한 시스템에는 고장을 보완할 중복성이나 조치 또는 장비가 있어야 한다.

관점을 왼쪽으로 조금 이동해 보자. 우리는 비행기 추락이 재난이라고 생각하는 경향이 있지만 그것은 너무 늦었다. MCAS의 실패가 곧 재난이다. 일단 조종사가 비행기의 통제권을 잃으면 재앙적인 충격 외에 다른 선택지가 없다. 어떤 기관이나 조직도 실패의 결과가 전부 아니면 제로의 순간에 도달해서는 안 된다. 보잉은 본질적으로 불안정한 장치를 가지고 있었고 그것은 아주 특별한 게 아니었다. 그러나 이를 알고도 시스템의 불안정성에 훈련 가능한 대안을 제공하지 못한 것은 변명의 여지가 없다. 취약점을 인식했지만 사람들에게 알리지 않았다. 조종사들은 이러한 취약성이 불가피하게 노출되었을 때 매우 놀랐다.

보잉은 재앙적 손실을 피할 수 있는 전술을 수립하지 않았다. 만약 그랬다면, 조종사들이 더 잘 준비되었을 것이고, 훈련이 의무화되었을 것이고, 받음각 센서는 더 조심스럽게 다뤄졌을 것이다. 대다수 조종사는 MCAS에 대해 알지 못했고 오작동 시 관리하는 방법도 몰랐다. 라이언에어 조종사들은 MCAS의 존재나 이를 수동으로 전환할 수 있는 기능조차 알지 못했다. 전 세계 조종사들은 라이언에어 항공기가 추락한 지 2주가 지나서야 공식적으로 통보를 받았다. 오작동이 발생하면 전력을 차단하라는 지시였다. 보잉은 치명적인 손실을 피하기 위해 방법들을 숨기고 있었다.

비행기와 같은 기술의 경우, 조종사가 통제력을 잃고 비행기가 추락하기 훨씬 전에 결과 최소화가 실행되어야 한다. 맥스를 제작하는 데 잠재적 비운의 순간이 많이 있지만, 그것은 복잡한 엔지니어링 시스템이라면 모두 마찬가지일 것이다. 비행기가 위태로워진 것은 보잉이 결과 최소화를 진지하게 고려하지 않았기 때문이다. 만약 MCAS가 실패한다면 그 결과를 제한할 수 있는 유일한 방법이 조종사를 훈련시키는 것임을 보잉은 알고 있었다. 그 방법은 쉬운 해결책이었고 비용이 적게 들었으며, 결과적으로 영향을 미쳤을 것이다.

맥스는 구형처럼 판매된 신형 비행기였기 때문에 새로운 기능에 대해 적절하게 훈련되지 않았다. 비행기가 신형으로 간주되면 시장 출시가 지연될 수 있기 때문이었다. 도대체 보잉은 무슨 생각을 하고 있었던 걸까? 그중 일부는 시간이 지남에 따라 안전을 핵심으로 강조하지 않는 문화로 귀결된다. 지난 수십 년간 사망자가 발생한 대부분의 항공 사고가 운행 중인 비행기를 조종사가 통제하지 못하는 단순한 행동에서 비롯됐다는 사실은 업계에 잘 알려져 있었다. 동시에, 미국의 유일한 항공 안전 감독 기관인 FAA는 업계에 규제 권한을 주장하는 데 덜 적극적이고 더 수동적이었다. 보잉은 에어버스라는 주요 경쟁자의 행보에 두려워하면서 이에 맞서 시장 지위를 방어하기 위해 안간힘을 쓰고 있었다.

맥스 위기는 이미 1997년부터 시작되었다고 말할 수 있다.[7] 보잉이 경쟁사 중 하나인 맥도널 더글러스(McDonnell Douglas)와 합병했을 때였다. 세계 항공 분야의 두 리더가 결합한 이 합병으로 거대 기업이 탄생했다. 당시 미국 역사상 열 번째로 큰 합병 규모였다. 보잉은 회사 이름을 유지할 수 있었고 맥도널 더글러스는 회사 운영을 장악했다.[8] 보잉은 한때 미국 항공의 보석 같은 존재였다. 미 항공우

주국(NASA)이 분야에서 가장 똑똑한 사람들이 모여 근무하는 깨끗하고 부패하지 않은 기관으로 여겨졌던 것처럼 말이다. 합병 이후에 재무관리가 다른 모든 것을 능가하는 방향으로 조직 문화가 바뀌기 시작했으며, 한때 스스로 회사라는 가족의 일부로 여겼던 직원들은 소외되기 시작했다.

맥스 참사 취재로 퓰리처상을 수상한 《시애틀 타임스》 도미닉 게이츠(Dominic Gates) 기자는 합병 이후 새 지도부가 임직원을 명시적으로 "가족이 아닌 팀"으로 묘사하기 전까지 보잉의 "가족(family)"이라는 개념은 조직 결속력의 일부였다고 했다. 게이트 기자는 737 맥스 사고로 이어진 중요한 요인으로 아웃소싱과 극단적 원가절감에 초점을 맞춘 보잉의 문화 변화를 꼽았다. "그 변화가 무엇을 의미하는지 생각해 보세요." 그가 나에게 말했다. "가족은 누구도 버릴 수 없습니다. 함께 일하는 법을 배우고 차이점을 극복하는 법을 배우게 되죠. 팀이란 단어는 새로운 분위기를 풍깁니다. 그건 당신이 자기 무게를 짊어져야 한다는 것을 의미하죠. 그 무게는 기업이 정합니다. 하지만 이전에는 직원들이 감정적으로 연결되어 있었어요. 그들은 비행기를 만드는 일에 자부심이 있었습니다."[9]

이 분석은 몇몇 리더의 개인적 책임을 최소화하기 위한 것이 아니라, 그들의 실패가 종종 나쁘고 부주의한 사람이었다는 것보다 훨씬 더 복잡하다는 것을 강조하기 위함이다. 영화 「월스트리트(Wall Street)」의 고든 게코처럼 직원, 사회, 안전에 대한 영향에도 아랑곳하지 않고 오직 돈과 탐욕으로만 사업 결정을 내리는 사악한 CEO 캐릭터는 너무 단순하기 때문에 도움이 되지 않는다. 탐욕이 이런 많은 회사들을 고무하지만, 재난이 일어나는 이유는 훨씬 더 복잡하다. 리더십, 기업 문화, 기술, 돈, 행운 등. 재난은 사업 연속성에 지장을 주기 때문에 우리는 실제로 재난의 반대편에 진입하기를 원하는 리더는 없다고 가정해야 한다. 그렇다면 리더를 재난 반대편으로 강제할 수 있는 메커니즘(결함 있는 시스템, 부주의하게 세워진 구조, 취약한 사이버 네트워크)을 어떠한 재난이 발생하든 그 결과를 최소화하도록 구축하는 것이 마땅히 리더의 일차적인 동기가 되어야 할 것이다.

보잉 경영진은 앞서 내가 설명한 '허용 가능한 손실'에 상당하는 보잉 자체 정의에 의식적으로 도달하면서 위험을 고려했나? 도미닉 게이츠 기자는 그렇게 생각하지 않는다. "보잉의 전체 비즈니스는 제품이 안전하다는 걸 고객이 아는 것이었습니다. 보잉의 엔지니어들과 직원들도 비행기를 타고 여행합니다. 그들도 안전하다고 알았어요. 아무도 합리적으로 그런 계산을 할 수 없었고, 고의적인 위험을 무릅쓸 수 없었죠. 그 대신에 그것은 기업 문화의 일부인 집단 사고(groupthink)의 문제였습니다."[10]

보잉은 어느 정도 감당할 수 있는 손실을 계산한 것이 아니었다. 그들은 손실을 전혀 생각하지 않았다.

현실을 직시하라

내가 하는 일을 폄하하는 것도, 이 분야 종사자들이 세련되지 않거나 지식이 없다고 말하는 것도 아니지만 재해 대비는 로켓 과학처럼 굉장히 이해하기 어려운 주제가 아니라고 말해도 과언은 아니다. 우리는 백신을 개발하거나 친환경 자동차를 만들거나 로켓을 만들지 않는다. 우리가 하는 일은 지저분하고 혼란스럽고 결과적이지만 지적 측면에서 아주 어렵지는 않다. 한 가지 기본 원칙을 받아들이기만 하면 모든 것이 정말 관리하기 쉽다. 재난에 맞서지 마라.

재난 관리를 위해 우리는 종종 도상훈련(tabletops)이라고 하는 시뮬레이션과 연습을 실행하여 적합한 사람들과 테이블에 둘러앉아 정책과 테스트 시스템을 훈련한다. 나는 일부 모의 비상사태에 대한 조직 리더의 초기 반응이 왜 실제로는 그 위기가 결코 발생할 수 없는지를 설명하는 것이라는 데 놀라거나 어안이 벙벙해지곤 한다. 그들은 이 시뮬레이션이 제대로 구성되지 않았거나 너무 허구적이라고 말한다. 그들은 이미 스트레스 테스트로 인식한 익숙한 것에 집중하기를 선호하는데, 이는 무엇을 해야 할지 정확히 알고 있기 때문이다. 그들은 놀라고 싶지 않은 것이다. 그들은 자기들이 놀랄 것이라고 믿지 않는다. 그들은 재난을 부정하고 있다.

몇 번이고 반복되는 교훈은 재난이 오고 있다는 것이다. "현실을 직시하라."는 정신을 차리게 하기 위한 나의 간단한 후렴구이다. 실제 시나리오에서는, 지금 일어나고 있는 일이 일어날 가능성이 없다는 당신의 설명에 아무도 인내심을 갖지 않을 것이다. 재난은 일어나고 있다. 주위를 둘러보라. 현실을 직시하라.

보잉이 재난의 순간을 적절하게 정의하기 꺼리는 건 어떤 식으로든 재난 관리 연구에서 특별히 이상한 일은 아니다. 2014년 말, 소니 픽처스는 「인터뷰(The Interview)」라는 끔찍하지만 완전히 마음을 사로잡는(연구를 위해 여러 번 보았는데, 이는 칭찬이다.) 영화를 개봉할 예정이었다. 북한 지도자 김정은을 암살하려는 음모를 바탕으로 한 코미디 영화였다. 핵심 장면은 초현실적이다. 배우 세스 로건(Seth Rogan)과 제임스 프랑코(James Franco)가 베일에 싸인 북한 지도자를 찾기 위한 오랜 추적 끝에 마침내 행동을 시작하고, 케이티 페리(Katy Perry)의 「불꽃놀이(Firework)」가 흐르는 가운데 김 위원장의 헬리콥터를 향해 대탄도 무기를 발사하는 장면이다. 영화는 이보다 더 깊이 들어가려고 하지는 않는다.

북한이 이 영화를 어떻게 알게 되었는지는 여전히 할리우드의 가십거리다. 그러나 개봉 전인 11월 24일, 가디언스 오브 피스(GOP, Guardians of Peace)라는 해커 그룹이 소니 픽처스 영화 스튜디오의 기밀 데이터와 직원 개개인 이메일을 유출하기 시작했다. 그날 가디언스는 소니에 대해 '와이퍼 공격'을 개시하여 데이터를 삭제하고, 컴퓨터를 셧다운시키고, 민감한 정보를 유출하여 기자들에게 보냈다. 소니 직원들이 출근하여 컴퓨터를 켜자 'GOP' 서명이 있는 빨간 해골 이미지가 떴고 결국 소니 픽처스 컴퓨터의 70퍼센트가 고장 났다. 소니 직원들은 펜과 종이를 사용할 수밖에 없었다. 한편, 일반 대중은 임원 연봉, 미래 소니 영화에 대한 아이디어, 아직 배급되지 않은 영화의 개봉, 배우와 유명 인사에 대한 개인적인 의견들과 가십에 대해 세부 내용을 즐길 수 있었다. 결국 해커는 컴퓨터 시스템 전체 인프라를 마비시켰다. 그다지 기술적이지 않은 용어로 말하면, 소위 그들은 네트워크를 삼켜 버렸다.

해킹은 단순한 골칫거리가 아니었다. 그것은 또한 국가 안보 상황과 맞닿아 있었다. GOP 해커들은 이 영화가 상영될 예정인 영화관에 테러 공격을 가하겠다고 위협했다. 이에 대응하여 많은 미국 영화관이 「인터뷰」를 상영하지 않기로 결정했다. 소니 픽처스는 공식 시사회와 결국엔 주요 영화관 개봉까지 모두 취소했고, 영화는 디지털 다운로드로만 이용할 수 있게 되었다. 미국 정부는 범인을 식별하기 위해 정보력을 가동했다. 소프트웨어와 네트워크를 철저히 검토한 후 해킹이 북한 정부로부터 직접 후원받아 진행된 것이라고 확인했다.[11]

몇 년 후 이 책을 쓰면서 제임스 클래퍼(James Clapper)를 인터뷰할 기회가 있었다. 클래퍼는 소니 해킹 당시 미국 정보기관의 수장인 국가정보장(DNI)이었다.[12] 정보기관 수장 중 임기가 가장 길었던 최장수 국장으로 남아 있다. 돌이켜 보면 클래퍼는 소니 해킹 공격 당시 무슨 일이 일어났는지에 대해 신중했다. 그는 말했다. "인생에는 단 두 가지 조건밖에 없습니다. 정책 성공 아니면 정보 실패(intelligence failure)죠. 인생에서 이 두 가지 말고 다른 조건은 없습니다. 나는 사람들이 자신에게 한 번도 일어난 적이 없는 일을 이해하는 것이 매우 어렵다는 걸 발견하고 관찰했습니다."[13] 나는 그가 사용하는 용어를 좋아한다.

모두가 보안이 끔찍할 정도로 어렵다고 생각하지만 실제로는 그렇지 않다. 위협이 그다지 똑똑하지 않기 때문이다. 해킹을 고안한 북한의 아인슈타인은 없었다. 영화는 북한에서 거의 신적인 존재인 집권자 김씨 일가에 대한 모욕으로 여겨졌다. 그 사실은 널리 알려져 있었다. 소니는 그것이 위험하지 않고, 위기에 영향을 받지 않는다고 가정했다. 이것은 희망 사항이었고 잘못된 생각이었다. 그리고 역사를 무시했다. 소니는 이전에도 표적이 된 적이 여러 차례 있었다. 영화가 공개적으로 발표되기 전에도 이에 대한 구체적인 위협이 있었지만, 그것이 소니가 추가적인 보안 예방 조치를 취하도록 움직이게 하는 것 같지 않았다.

소니는 자신이 잠재적인 목표물이 될 것으로 생각하지 않았다. 놀라운 일은 없을 거라 생각했다. 따라서 회사는 만약의 공격에 대비하기 위해 특별한 노력을 기울이지 않았고, 탐지해 보려는 시도는 더더욱 하지 않았다. 북한이 민감한 데이터를 수집하는 3주 동안 침입은 감지되지 않았다. 해킹은 '12345' 및 'ABCDE'와 같은 비밀번호로 보호되는 쉬운 진입 지점을 통해 시작되었다. 쉽게 표적이 된 이러한 비밀번호는 전체 시스템을 다운시키고 기업 위기는 물론 국가 안보 문제로 이어졌다. 세계적인 엔터테인먼트 회사 전체가 그렇게 쉽게 침투될 수 있다는 것은 기본적인 사이버 보안(cyber hygiene, 당연히 계층적 방어 체계가 적용되어 있어야 한다는 지극히 상식적인 보안 정책을 설명하는 무시무시한 표현이다.)을 거스르는 것이다.[14] 회사의 경영진이 주의를 기울이지 못한 경우에만 말이 되는 상황이다.

재난 대응의 일련의 동작

재난의 불가피성에 대한 주의 환기의 일환으로, 재난 때 발생하는 일들의 운영 기본 사항을 이해하는 게 필요하다. 이 무서운 재난에 대한 대응 노력 전체를 모두에게 더 명료하게 인식시키는 동시에 더 긴급한 일로 만드는 것이 나의 목표다. 더 이상 전문가는 없어야 한다. 달리 말하면 우리 모두가 전문가다. 따라서 재난이 발생했을 때 해야 하는 긴급 대응 활동에 대한 기본 지침서는 어느 정도 명료성을 제공할 수 있다. 대응이 활성화되었다는 것은 무엇을 의미하는가? 강조점과 명칭의 차이는 있겠지만 재난 관리의 구조는 공공과 민간 부문 모두 대체로 같다. 이 시스템의 기반은 사고 지휘 체계(ICS, Incident Command System)라고 한다. ICS의 세부 사항은 일반적으로 현장 대응 요원 사이에서는 잘 알려져 있지만 그 외는 잘 모른다. 나는 리더 위치에 있는 사람 모두가 이 대응 절차를 이해하는 것이 필수라고 오랫동안 믿어 왔다. 다시 말하지만, 우리 모두가 현장 대응 요원이 되라는 것이 아니라 다음 재난을 관리할 수 있을 만큼 충분히 똑똑해야 한다는 것이다.

ICS는 위기에 대한 대규모 대응을 위해 인력과 자원을 구성하는 조직화된 계층 체계다. 이를 통해 사고 지휘관과 함께 리더십을 발휘하여 물자(장비)전담반, 대응계획수립반 및 재정담당반에서 즉각적인 대응을 준비할 수 있다.[15] ICS 모델은 화재 규모가 더 커지고 대응 인력에게 시간적으로나 지역적으로 확장할 수 있는 능력이 필요함에 따라 1970년대 소방관들에 의해 처음 채택되었다. 산불이나 공장 전체의 화재에 직면하면서 집, 건물 화재 시 소방을 유도하던 동일한 프로세스를 유지하는 것이 불가능해졌다. 이 모델의 장점은 연결만 하면 별도의 설정 없이 곧바로 사용할 수 있는 플러그 앤드

플레이(plug-and-play) 측면이 있다는 것이다. 뉴욕의 소방관들은 캘리포니아의 대형 산불 현장으로 날아갈 수 있으며 무엇을 해야 하는지 정확히 알 수 있다.[16] 시간과 지역에 제한이 없는 세상에서 보편성이 핵심이다.

ICS는 몇 시간 정도만 집중하면 배우기 어렵지 않다. 관리자, 언론인, 정치인을 위한 온라인 과정도 있어 현장에서 운영되고 있는 기본 사항을 이해할 수 있다. 이 도표는 프레임워크를 보여 준다. 따로 설명이 없어도 매우 명백하다. 다시 말하지만 로켓 과학처럼 복잡한 게 아니다. 겉으로 보기엔 마구 얽힌 것처럼 보여도 조직적이다. 그러나 ICS 역시 복잡해질 수 있다. 2010년 딥워터 허라이즌(Deepwater Horizon) 석유 유출 사태 때 실시간으로 구성된 ICS는 텍사스, 루이지애나, 앨라배마, 미시시피 및 플로리다 해상 전역에 걸

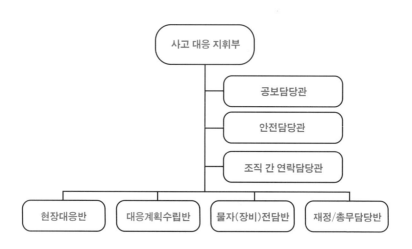

사고 지휘 체계(ICS)

쳐 며칠째 기름 유출이 확산하면서 재난 규모와 함께 커져 최종적으로는 78쪽 도표와 같은 모습이 되었다.

그래도 여전히 기본 윤곽은 같다. ICS는 유연하기 때문에 여전히 유효하다. 재난 대응에 춤과 같은 일련의 동작이 왜 필요하냐면, 위기 대응의 다양한 측면을 조정할 뿐만 아니라 실시간으로 상황에 맞게 적응할 수 있기 때문이다. 재난 현장에 있는 사람들이 사건이나 위기에 대비하는 훈련과 연습을 이야기할 때, 단지 ICS를 통해 일하는 것과 문제가 발생하면 어떻게 되는지에 대한 꼭 필요한 말만 한다. 그들은 자원을 이동하고, 수용 능력을 확장하거나, 지원을 요청하는 방법을 파악한다. 프레임워크에 의해 지시되는 동안 그들은 어떤 일이 펼쳐질지 예상하려고 노력한다.

이러한 기술적, 운영 노하우가 다는 아니다. 전형적인 반응이 어떤 것인지 알고 그 반응을 이끄는 토대를 인식하는 것이 핵심이다. 앞에 놓인 과제는 위기가 거듭되는 세계에서 리더가 이러한 대응을 어떻게 더 잘 인식하고 소통하며 적응할 수 있는지에 관한 것이다. ICS는 재난이 다가온다는 걸 알고 있기 때문에 대응 조직을 돕기 위해 존재한다. 하지만 그게 전부이다. 그것은 '누가', '무엇을', '왜', '어떻게' 대응해야 하는지에 대해서는 불가지론적이다.

당연히 '언제'도 마찬가지다. ICS 대응은 자동으로 실행되지 않는다. 담당자가 작동시켜야 한다. 위기 대응에서는 타이밍이 가장 중요하다. 예를 들어, 비행기가 추락하는 시점이 아닌 MCAS 실패 시점처럼 재난을 올바른 위치에서 정의하면, 피해 영향과 결과를 제한시키고 지연시킬 재난의 오른쪽 투자를 활성화하고 대응하는 데

딥워터 허라이즌 위기 대응 조직도

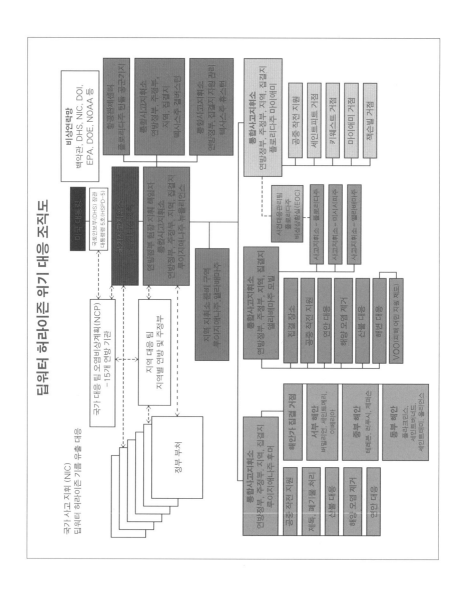

국가 사고 지휘 (NIC)
딥워터 허라이즌 기름 유출에 대응

국가 대응 팀 오염비상계획(NCP)
－15개 연방 기관

미국 대통령

국토안보부(DHS) 장관
대통령령 5호 (HSPD-5)

비상연락망
백악관 DHS, NIC, DOI,
EPA, DOE, NOAA 등

국가 사고지휘소
(선임 연방 책임자)

플로리다주 론빌리등 공군기지

통합사고지휘소
연방정부 주정부
지역, 집결지
텍사스주 갤버스턴

통합사고지휘소
연방정부, 집결지 자원 관리
텍사스주 휴스턴

지역 대응 팀
지역별 연방 및 주정부

연방정부 협장·자체 해일자
통합사고지휘소
연방정부, 주정부 지역, 집결지
루이지애나주 뉴올리언스

지역 지휘소 준비 구역
루이지애나주, 앨라배마주

정부 부처

통합사고지휘소
연방정부 주정부 지역, 집결지
앨라배마주 모빌

집결장소

공중 작전 지원

연안 대응

해양 오염 제거

신물 대응

해변 대응

VOO(피해 연안 지원 제도)

사건대응관리팀
비상상황실(EOC)
플로리다주

사고지휘소－플로리다주

사고지휘소－미시시피주

사고지휘소－앨라배마주

통합사고지휘소
연방정부 주정부 지역, 집결지
플로리다주 마이애미

공중 작전 지원

세인트피트 거점

키웨스트 거점

마이애미 거점

재슨빌 거점

통합사고지휘소
연방정부 주정부 지역, 집결지
루이지애나주 후마

해안가 집결 거점

서부 해안
버밀리언, 세인트메리,
이베리아

중부 해안
테리본, 라푸시, 제퍼슨

동부 해안
플라크민, 세인트버너드
세인트테미, 올리언스

공중 작전 지원

제독, 폐기물 처리

신물 대응

해양 오염 제거

연안 대응

국가 사고 지휘 체계

더 빠르게 집중할 수 있다.

타이밍이 전부였던 코로나19 사태로 돌아가 보자. 감염병 대유행은 공식적으로 2020년 1월 17일 WHO가 질병을 더 이상 억제할 수 없다고 발표하면서 시작되었다. 조금 늦었을지 모르지만 재난을 공개적으로 발표했다. WHO의 평가는 모든 국가가 일어날 가능성이 있는 사태에 대비해야 한다는 경고를 받았음을 의미했다. 재난은 이미 일어났다.

코로나19 바이러스에 대한 미국 정부의 대응은 사태를 부정하는 것이 더 큰 비극으로 이어질 수 있다는 전형적인 사례였다. 대통령은 중국 우한에서 새로운 바이러스가 발생하고 세계적인 감염병이 될 가능성이 있다고 통보받았을 때, 미국 대중에 대한 위험을 경시했고 실시간으로 대응할 수 있었던 연방 조직의 엄청난 힘을 동원하는 데 실패했다. 특히 미국 전역에 대규모 집단 감염이 확산되기 전인 2020년 1월부터 3월까지 미 행정부는 대응 시간을 허비했다. 4월이 되자, 미국은 50개 주 전체를 포함한 사상 초유의 전국적 재난을 겪었다.[17] 이는 모든 주가 비상 대응 시스템을 활성화했고 ICS를 통해 전염병에 대처하기 위해 노력했다는 걸 의미한다. 겉으로 보기에는 분명치 않았지만, 미국 역사상 처음으로 모든 주가 사고 지휘 모드에 들어갔다. 하지만 4월은 이미 너무 늦었다.

2020년 내내 대통령은 대중을 기만하고 바이러스 확산에 대응하려는 주정부들을 비난했으며 개인 보호 장비(PPE)와 같은 방역 자원을 제공하는 계획을 실행하지 못하고 마스크 착용 같은 공중 보건 정책 실행도 정치하듯 이랬다저랬다 했다. 대통령이 겁을 먹었나?

위기관리 5단계 : 미국의 코로나바이러스 (COV-19)

— 줄리엣 카이엠

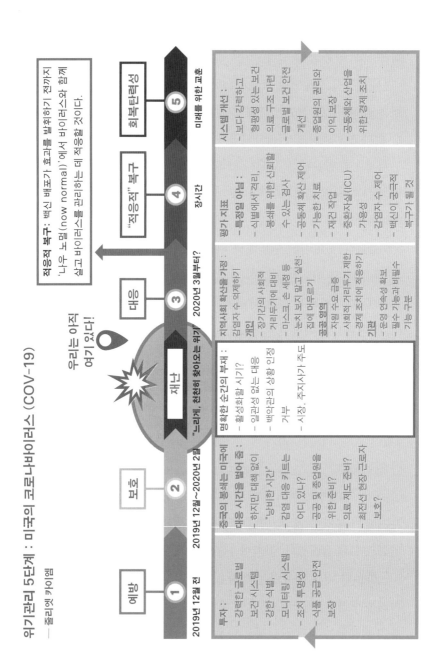

미국의 코로나바이러스 대응 프레임워크(저자 제작)

공포에 압도당했나? 그가 할 수 있는 일이 없었나? 아니면 신경 쓰려 하지 않았나? 동기가 무엇이든 트럼프 대통령은 바이러스를 무시하면 그것이 사라질 것처럼 행동했다.[18]

나는 그해 봄 학기 하버드 케네디 스쿨에서 위기관리 과정을 가르치고 있었다. 1월 첫 수업에서 학생들에게 현재 전개되고 있는 (그리고 과소평가된) '코로나 문제'를 실제 사례로 사용할 것이라고 말했다. 한 주 한 주 지날수록 코로나바이러스는 점점 더 초점이 되었다. 수업을 듣는 학생들과 나는 표류하고 있었다. 그래서 나는 그 과정에서 (서문에서 설명한) 재난 프레임워크 도표를 업데이트하여 우리모두가 앞으로 일어날 일과 최악의 경우 기대할 수 있는 일에 대비할 수 있도록 노력했다. 나는 달리 무엇을 해야 할지 몰라 정신을 바짝 차렸다. 3월이 되면서 학생 모두가 캠퍼스에서 사라졌고 나는 원격으로 수업을 진행했다.

도표는 일반적인 재난의 왼쪽과 오른쪽 그림보다 더 자세하고 복잡하지만 꽤 잘 유지되었다. 여기서 나는 예방, 보호, 대응, 복구 및 회복탄력성과 같은 여러 위기관리 단계를 강조했다. 전염병이 발생한 지 1년 반이 지난 시점에서 도표를 되돌아보니, 이와 같이 천천히 굴러오는 위기에서는 책임자들이 현재 심각한 위기 상태로 진입했고 헤쳐 나갈 유일한 방법은 정신을 바짝 차리고 상황을 뚫고 나가는 것이라고 모두에게 알려야 했다. 하지만 전문적인 지식이 거의없는 사람도 정부가 전혀 말을 듣지 않았다는 걸 알 수 있었고 나는이 점에 너무 화가 났다. 지구상에서 가장 힘 있는 국가의 정부는 그중요한 초기 몇 주 동안 거의 아무 말도 하지 않았고 아무 조치도 취하지 않았다.

미 행정부는 무슨 일이 일어날 것이라고 생각했을까? 이것이 궁극적으로 국가적 대응에서 용서할 수 없었던 부분이다. 대통령이 바이러스를 막지 못한 것을 말하는 게 아니다. 세계적인 대유행병이었다. 사망자가 나오고 있었고 대통령은 결과 최소화에 초점을 맞추지 않았다. 맞췄더라면 성공의 척도는 75만 명 이상의 목숨을 잃는 대신 10만 명일 수도 있었을 것이다. 그것이 재해가 반복되는 세상에서 승리를 측정해야 하는 방법이다. 트럼프는 전염병이 우리를 덮치도록 내버려 두었다.

재난의 왼쪽으로 이동해 보자. 코로나19 재난은 2020년 1월과 2월에 일어났다. 부정할 수 없는 것이었다. 대규모 지역사회 감염 확산은 확실한 증거였다. 그리고 만약 그 당시에 우리가 재난으로 빠르게 정의했다면, 결과 최소화를 위한 본격적 대응은 그때부터 시작되었을 것이다. 그렇게 많은 시간을 낭비하지 않았을 것이다. 빠르게 마스크를 착용할 수 있게 하고, 사회적 거리두기 노력을 하고, 모든 사람이 더 잘 준비할 수 있도록 대중에게 경고할 수 있었을지 모른다. 어떤 리더십 역할이든 첫 번째 단계는 재난의 오른쪽 측면을 충분히 일찍 정의하고 주의하고 집중할 수 있게 하는 것이다. 재난을 가정함으로써, 성공이라는 오류는 거부될 수 있다. '그래, 나쁜 일, 재앙 수준의 나쁜 일은 일어날 수 있고, 나는 그렇게 되는 것을 막기 위해 가능한 모든 것을 할 것이다. 하지만 현실을 직시하자. 재난은 발생할 것이고 그것이 일어날 때, 나는 재난이 일어나지 않을 거라 침착한 척하지 않고 상황을 더 낫게 만들거나 적어도 더 나빠지는 것을 막기 위한 책임이 있다.' 마음속에서 매일 스스로 말하고 있다.

'성공'의 조건 설정

보잉, 소니, 미국 정부, 그리고 여러 조직들. (항상) 부주의한 리더가 이끄는 바보 같은 회사나 기관이 아니다. 하지만 똑똑한 기업과 신중한 리더도 위기를 겪는다. 나쁜 일이 일어나는 이유를 알아내면 우리 스스로를 더 잘 보호하는 방법을 이해할 수 있다. 그러나 재난이 잇따르는 시대에 미국 정보기관의 수장이었던 제임스 클래퍼의 말을 빌리자면 더 명확한 해결책은 간단하다. "인터넷에 연결되어 있으면 본질적으로 안전하지 않다고 가정해야 합니다. 당신은 취약해요. 그러니 공격받을 거라고 가정하세요. 중요한 건 그로부터 어떻게 회복하느냐입니다."[19]

제임스 클래퍼와의 대담 중에는 눈치채지 못했지만, 녹취록을 읽고 나니 그가 말한 내용이 얼마나 중요한지 알 수 있었다. 공격을 막고, 예측하고, 보호를 위해 존재하는 미국 정보기관의 수장은 공격의 불가피성에 대비하기 위해 안전장치를 촉구했다. 주위를 둘러보고 정신을 바짝 차리자. 성공의 척도는 우리가 얼마나 공격으로부터 잘 회복할 수 있느냐이다. '다시는 안 된다'? 아니다. 이제는 달라야 한다. 클래퍼도 이를 믿지 않는다.

이제 우리는 모두 위기 관리자다. 가정에서, 직장에서, 그리고 세상에서도 말이다. 물론 ICS 운영의 세부 사항과 같은 기술적 노하우의 일부는 위임할 수 있다. 그러니 재난의 오른쪽으로 이동할 것을 예상함으로써, 그 결과를 최소화하는 방법에 더 중점을 둬야 할 것이다. 누구나 할 수 있다. 『광기의 리더십(*A First-Rate Madness*)』의 저자 나시르 가에미(Nassir Ghaemi)는 나에게 이렇게 설명했다. "저는 리더십을 위기와 위기가 아닌 두 가지 유형으로 나눕니다. 일반적인 리더십은 없다고 봐요. 두 가지 상황에서의 리더십이 있다고 생각합니다. 두 개의 크게 다른 환경이고, 두 개의 매우 다른 기술입니다."[20]

가에미는 또 이렇게 말했다. "좋은 리더십은 간단합니다. 위기가 다가오고 있음을 아는 것이죠."[21]

일어난 재난의 맥락에서 볼 때 보잉이 부주의하고, 이익에 굶주리고, 태만했던 것은 이제 너무나 명백해 보인다. 그러나 일이 벌어진 것은 (보잉, 소니, 그 밖에 다른 여러 곳에서) 안전 임무가 일상 업무가 아닌 미래 계획 중 하나가 되는 도중이었다. 그들은 결코 임무를 받아들이지 않았고, 기업의 미래와 핵심 역량(보잉의 경우 비행기 제작, 소니는 영화 제작)과 일치하지 않아 잠재적인 피해가 그냥 사라지기만을 바랐으며, 결국 번쩍이는 경고등은 즉각적인 정지 신호로 간주되지 않았다.

문제는 사후에 맹목을 바로잡을 수 있는지 여부가 아니라(결국 기관은 교훈을 얻을 수 있다.) 사전에 인지했는지 여부다. 악마가 계속해서 다시 돌아온다는 것을 안다면, 모든 나쁜 사건들이 우연이라고 생각하면서 두더지 잡기 게임식 철학으로 계획을 짜는 건 실현 가능성이 낮아 보일 것이다. 궁극적으로 해결책은 어떤 표어나 기업의 진부한 문구가 아니다. 최악의 시나리오가 반복해서 발생할 수 있음을 받아들여야 하는 기본적인 설계 기능이다. 그러면 어떻게 하겠는가? 당신은 여전히 비행기를 공중에 띄우고 문제의 영화를 스크린에 띄우려 할 것이다. 하지만 또한 당신은 위기가 목표에 명중하는 것에 대비하기 위해서라도 위기가 오고 있음을 가능한 한 빨리 확인해야 한다. 재난 관리는 하늘에서 비행기가 추락하기 시작할 때 시작되지 않는다. 그러면 너무 늦다.

팬데믹 기간 동안 수행된 한 연구에서, 두려움과 불안을 연구하는 한 학자 그룹은 어떤 부류의 미국인이 코로나19에 더 잘 준비되어 있는지 확인하려고 했다. 그들은 시민들이 봉쇄에 대비해 보급품과 식량을 확보했는지 여부뿐 아니라 심리적 회복탄력성과 적응 능력도 고려하여 준비 상태를 측정했다. 그들은 가장 잘 준비하고 극복하는 방법을 결정하는 데 도움이 될 수 있는 일관된 성격 유형이 있다고 생각했던 듯하다.

콜탄 스크리브너(Coltan Scrivner) 연구원은 《포브스》에서 이렇게 말했다. "이 연구에서 우리는 좀비 영화와 다른 종말론적 유형의 영화를 많이 본 사람들이 팬데믹에 더 잘 대비하고 있다고 느낀다는 사실을 발견했다."[22] 그는 이것을 재난과 죽음에 대한 매혹인 "병적 호기심(morbid curiosity)"이라고 일컬었다. 일어날 수 있는 나쁜 일에 대해 많이 생각하고(내가 이 범주에 속할까 봐 두렵다.) 재난의 오른쪽에 어느 정도 집착하는 사람들은 조기에 행동하도록 자극받고 다음 전개될 재난에 대해 정신적으로 더 많이 준비하는 것으로 나타났다.

영화와 책을 통해, 그들은 최악의 상황을 예상하는 것에 더 편안해졌다. 재난과 죽음을 다룬 내용이 그들을 놀라게 한 것이 아니라 오히려 동기를 부여하고 준비하게 했다.

현실을 직시하라. 좋은 리더십은 위기가 다가오고 있음을 아는 것이다. 당신은 여기 있다.

2장 무슨 일이 벌어지고 있는가

정확한 상황 파악에 집중하라

1949년 8월 5일, 몬태나주 헬레나 국유림 게이츠오브더마운틴스(Gates of the Mountains) 야생 보호 지역을 통과해 흐르는 미주리강 상류 지역인 만굴치(Mann Gulch) 협곡에서 산불이 시작되었다. 화재가 보고되자, 인근 캠프장에 있는 사람들을 돕기 위해 열다섯 명의 삼림 소방대원 팀이 낙하산으로 투입되었다. 강풍이 불고 있었고 대원들이 화재 현장 가까이 걸어 들어가기 시작하자 갑자기 불길이 위험할 정도로 걷잡을 수 없이 커져 출구를 모두 막아 버렸다. 대원들은 어쩔 수 없이 오르막길로 올라 착륙 지점으로 돌아가야 했다. 그곳에서, 드물지만 치명적인 급속 확산*이 벌어져 10분 만에 12제곱킬로미터가 넘는 면적으로 불이 번졌다. 소방대원 중 열두 명이 사

---

*   임야 화재가 대기압의 상승, 낮은 습도, 바람 등의 원인으로 매우 빠르게 널리 퍼지는 것을 말한다.

망했다. 불은 결국 1949년 8월 10일에 진압되었다.[1]

화재는 나무에 낙뢰가 떨어지면서 발생한 불을 산림 관리인이 끄려고 하면서 시작되었다. 네 시간을 혼자서 진압하던 관리인은 도움이 필요하다는 것을 깨달았다. 삼림 소방대원 팀은 몬태나주 미줄라에서 더글러스 DC-3를 타고 지원을 위해 파견되었다. 산불은 경사도가 75퍼센트인 비탈에서 발생해 대피가 더욱 어려웠다. 소방관의 무전기가 고장 나서 통신도 잘 되지 않았다. 화재가 점점 더 위험해지자 이루어진 마지막 순간의 탈출 시도가 일부 소방관에게 잘못 이해됐던 듯하고, 결국 그들은 사망했다.

여러 대원과 함께 갇힌 현장 대장 와그너 도지(Wagner 'Wag' Dodge)는 제시간에 탈출할 수 없음을 알아차렸다. 그는 신화에 나올 법한 매우 기이한 행동을 시도했다. 그는 탈출구를 더 잘 정리하기 위해 눈앞의 잡초들을 태우고자 성냥에 불을 붙였다. 도지는 화재를 피해 도망칠 계획이 아니었다. 그는 잡풀이 정리된 공간에 누워 큰 불이 그들 주변을 태우도록 기다릴 계획이었다. 다른 사람들은 이런 의도를 전혀 몰랐을 것이고, 아마도 그를 오해해 그가 하는 행동을 보고는 탈출을 시도하기로 결정했을 것이다. 그들은 성공하지 못했다. 포크 가수 제임스 킬러핸(James Keelaghan)은 나중에 도지의 노력에 대해 다음과 같이 썼다.[2]

이유는 모르지만, 그냥 생각났어.
나는 시간이 없어 허리 높이의 풀에다 성냥을 그었어.
그들에게 말하려고 했어. "내가 놓은 이 불 속으로 들어가!

우리는 탈출할 수 없어, 이게 네가 얻을 수 있는 유일한 기회야."

그러나 그들은 나를 저주하고 대신 위에 있는 바위를 향해 달렸어.

나는 차가운 미주리 강물 위에서 엎드려 기도했어.

노먼 매클린(Norman Maclean)은 자신의 저서 『청년과 불(*Young Men and Fire*)』에서 이 비극을 재조명하고 실수를 고찰한다. 킬러핸의 노래에 영감을 준 것은 도지의 이야기이다. 매클린은 재난 당시 대원들의 사고방식을 이해하는 과정, 재난이 발생한 순간에 그들이 무엇을 인지했는지 상황 인식을 조사하는 과정을 통해 우리가 무엇이 잘못되었는지 더 잘 이해하게 되기를 바랐다. 이러한 교훈은 미래의 소방 활동에 도움이 될 수 있다.

사람을 죽인 것은 불이었지만 그 원인은 바람(그리고 바람에 대한 추정)이었다. 매클린은 바람이 강 상류가 아닌 강 하류로, 즉 북쪽으로 이동하고 있었음을 제시했는데, 이는 일반적인 현상이었다. 이성가신 바람은 갈라졌다가 바로 협곡에서 재결합하여 열과 불을 증가시키고 급속 확산으로 이어질 것이었다. 급속 확산 발생은 대원들이 직면한 위험에 중대한 변화를 일으킬 것이었다. 주로 지상의 불, 즉 땅의 풀과 가지를 태우던 불은 곧 나무의 가지나 무성한 부분만 태우며 지나가는 수관화(樹冠火)가 되어 꼭대기의 나뭇가지, 우거진 숲 윗부분을 불태웠다.[3] 대원들은 비탈에 있었기 때문에 높은 곳의 불이 아래쪽 그들에게로 쏟아져 내렸다.

그 재난 이후 소방은 바뀌었다. 1957년 미래의 재앙을 피하고 산불을 진압하는 능력을 향상시키기 위해 '열 가지 표준 소방 지침서'

가 채택되었다. 체크리스트와 유사한 이 지침은 모든 소방관이 알고 이해한다. 특정한 순서나 우선순위가 없으며, 화재를 진압하는 방법보다는 화재 상황을 이해하고 전달하는 방법에 더 중점을 둔다. 목록에는 잠재적 위험이 도래할 수 있는 경우 지속적으로 경계 근무를 배치하고, 예상되는 화재 양태를 이해하고, 자신 및 인접 화재 진압대와 신속한 통신을 유지하고, "화재 상황을 항상 파악하라"는 주의사항이 포함되어 있다.[4]

화재는 인식 시점이 중요한 자연재해다. 인간이 만든 공포, 주로 테러리즘의 경우에도 인식의 측면에서 이야기하지만, 이는 정보 실패라고 부른다. 수사관과 의회 청문회에서는 사망이나 파괴로 이어진 사건 이전에 놓쳤을 수 있는 단서가 무엇인지 알아내려고 한다. 예를 들어, 2021년 1월 6일 미국 연방의회 의사당 공격이 바로 그런 이유로 조사되었다. 현장의 공무원들에게 알려진 것과 알려지지 않은 것은 앞으로 수년간 연구될 것이다. 정치적 문제는 제쳐 두고, 심지어 군중이 건물로 걸어들어와 결국에는 입구를 부숴 다른 사람들이 종을 울리는 동안에도 의회 의사당 경찰이 완전히 방심했다면 어딘가에 이해와 소통의 공백이 있었다는 뜻이다. 그런데 이것을 정보 실패라고 부르는 것은 확보했어야 할 정보가 없었다고 가정하는 것이다. 실제로는 그렇지 않았다. 버지니아주 FBI를 포함한 많은 기관이 잠재적 폭력에 대해 경고했다.[5] 이것은 재난 관리에서 진실인 경우가 많다. 중요한 문제는 아무것도 알려지지 않았다는 것이 아니라 알려진 것이 실행되지 않았다는 것이다. "화재 상황을 항상 파악하라"는 다음 재난을 준비할 때 좋은 조언이다.

백신이 개발되기 전 천연두는 전 인구를 휩쓸며 남녀노소를 가리지 않고 사망자를 발생시켰다. 천연두 증상은 가벼운 발진에서 독감 유사 증상에 이르기까지 다양하며 감염된 사람의 최소 30퍼센트는 사망한다. 희생자가 겪는 작은 물집을 묘사하는 그 이름은 결코 가공할 파괴력을 제대로 반영하지 않았다. 그 어느 것도 작지 않았다. 천연두는 미국의 초기 식민지에서 드물지 않게 발생했고 아마도 보스턴과 같은 밀집된 도시 지역에서는 최악이었을 것이다. 1702년과 1703년에 뉴잉글랜드 도시에서 천연두가 발병했으나 이에 대처할 준비가 되어 있지 않았다. 통제가 불가능했다. 정부 관리들은 눈앞에 닥친 재난에 대해 독특한 접근 방식을 취하기로 결정했다. 주민들 사이의 공황을 최소화하고 정상 상태를 유지하기 위해 도시의 지도자들은 일어나고 있는 사건의 실체를 부인했다. 그들은 교회가 죽은 자를 추모하기 위해 종을 울리는 것을 금지함으로써 대중에게 무슨 일이 일어나고 있는지 숨겼다. 사망자 수가 꾸준히 늘어나는 와중에도 도시는 타종을 금지했다.[6]

천연두는 인간에서 인간으로 전염되는 질병이므로 천연두가 광범위하게 퍼져 있다는 사실은 잠재적으로 취약한 시민들에게 알려져야 하는 사실이다. 그러나 종소리는 조용했다. 보스턴시 관계자들은 종소리 없이 조용히 넘어갈 수 있기를 바랐다. 아무도 듣지 못하는 침묵의 종소리가 울린다고 생각했다.

보스턴은 그 발병으로 고통을 겪었다. 이 비극은 혁명 이전 시대에 발자취도 남기지 못한 채 역사 속으로 사라진 비극으로 끝날 수도 있었다. 그러나 천연두는 그것으로 끝난 게 아니었다. 한 세대 후에 배를 타고 도착하여 감염될 준비가 된 새로운 보스턴 사람들을 맞이했다. 1721년 4월 22일, 바베이도스에서 온 HMS 시호스(Seahorse)라는 영국 여객선이 도착했다. 보스턴 항구의 스펙터클섬에는 천연두에 노출되었을 가능성이 있는 사람들을 위한 세관 검역 병원이 있었다. 시호스호의 한 선원이 곧 천연두 증상을 보였는데, 발견되어 검역소에 있을 시점에는 다른 선원 아홉 명을 감염시킨 뒤였다.[7] 그들은 5월에 병에 걸려 격리되었지만 때는 너무 늦었다. 이미 마을에 천연두가 퍼졌다. 1722년까지 보스턴 인구의 8퍼센트 이상이 사망했다. 교회는 결국 신도들을 보호하기 위해 제한된 예배만을 행해야 했다. 그러나 이번에는 그들의 종이 울렸고 멈추지 않았다.

이전 보스턴시 관계자들은 무슨 생각을 하고 있었을까? 그들의 속임수를 가장 우호적으로 설명하자면 그들이 공황을 억제하려고 노력했을 수 있다는 것이다. 에드거 앨런 포(Edgar Allen Poe) 소설에 나오는 '고자질하는 심장(tell-tale heart)'처럼 이 도시가 시민을 보호하지 못했다는 사실을 끊임없이 상기시키는 것이 바로 종소리였다. 당시에 종소리가 없었다는 것은 도시 주민들이 피해 규모를 명확하게 인식하지 못했음을 의미했다. 종소리가 없다면 지도자들은 주민들에게 치명적인 바이러스라기보다는 독감처럼 이 전염병을 관리할 수 있다고 설득할 수 있었다. 아마 천연두는 저절로 사라지고 재난은 지나갈 것이었다. 보스턴은 정상으로 돌아갈 수 있었다. 물론 천연두는 추모 종소리에 덜 신경 쓸 수 있었다.

일이 다 벌어진 뒤 되짚어 보는 시점에는 재난이 어떻게 전개되었는지 이미 기록되어 있다. 시간, 장소, 사건은 신속하게 보고되고 평가되고 이해된다. 실시간으로 적절하게 대응하지 못하는 것은 나중에 보면 부주의하거나 어리석게 비친다. 그러나 실시간으로 실제 일어나고 있는 일을 알기란 그리 쉽지 않다. 정보와 허위 정보, 데이터, 소문 및 의혹이 모두 패닉의 순간에 주목받기 위해 싸운다. 우리가 재난 발생 직전에 있다고 가정하면 어떤 기관, 공동체, 개인도 본질적으로 WTW를 포착하는 구조를 만들기 위해 과도하게 준비된 것처럼 보이지 않을 것이다.

WTW는 복잡한 약어가 아니다. 나는 내 아이에게서 이것이 "어떻게 됐어?(What's the word?)"의 이니셜이라는 것을 배웠다. 아이가 내게 뭘 할 계획인지 모른다고 말한 지 2분 만에 갑자기 계획을 알게 되었다고 해서 내가 놀라움을 표하자 설명해 준 것이다. 2분 만에 상황이 바뀐 것은 아이가 친구들에게 보낸 문자 하나 때문이었다. WTW? 어떻게 됐어? 잠시 후 아이는 계획을 알았고 친구들을 만나러 떠났다.

반복되는 재해에 대비하려면 WTW, 즉 언제, 무슨 일이 일어나고 있는지에 대한 지식이 필요하다. 이는 글에서는 당연한 것처럼 보이지만 실제로는 종종 무시된다. 우리는 재난이 전개될 때 우리의 대응을 주도하고 더 효과적이며 결과를 최소화하는 정보를 수집할 수 있는 충분한 메커니즘을 구축하지 않았다. 우리는 피해가 오는 것을 막을 수 있었던 '정보 실패'에 더 집중하고 위기 전개와 손실 완화 방법에 대해서는 신경을 덜 쓴다.

상황에 따른 인식 또는 상황 인식(SA, situation awareness)은 시간과 장소에 따라 발생하는 사건의 기억 또는 기록, 해당 데이터가 의미하는 바, 그리고 계획자가 단 몇 시간 후의 상황이라도 미래의 상태를 준비하는 방법으로 정의된다. 이것은 초동 대응 요원이 무슨 일이 일어나고 있는지, 그 순간에 대응하기 위해 어떤 일이 일어나야 하는지 문서화하는 방법이다. 또한 다음에 일어날 수 있는 일과 필요한 일을 문서화하려는 예측적 시도이기도 하다.

상황 인식은 효과적인 결과 관리(consequence management)에 필수적이며, 부재 시 더 큰 손실로 이어진다. 이것은 물론 대비하는 것과 데이터 및 정보가 알려 주는 내용에 맞게 기능을 조정하여 재앙을 피하는 것이지만, 그러한 정보가 예방 목적으로만 사용되는 것은 아니다. 피해를 예상해야 하는 세상에서 상황 인식은 피해가 전개됨에 따라 무슨 일이 일어나고 있는지 평가하는 방법과 프로세스를 설명함으로써 리더가 피해를 최소화하기 위해 가장 잘 준비할 수 있도록 한다.

일반적으로 효과적인 상황 인식 문서 또는 데이터베이스에는 세 부분이 있다. 이러한 템플릿은 지금 만들 수 있으므로 재해가 발생할 때까지 기다릴 필요가 없다. 세 부분은 무슨 일이 일어나고 있는지(인식), 그것이 무엇을 의미하는지(이해), 그리고 무슨 일이 일어날 가능성이 있는지(추정)다. 결과를 최소화하기 위해 리더는 리소스가 필요한 곳(이해)에 집중되고 미래에 필요할 수 있는 곳(추정)으로 이동될 수 있도록 무슨 일이 일어나고 있는지 파악하는 메커니즘(인식)이 필요하다.

상황 인식 요소들

재난 왼쪽의 인식(위험 평가, 정보 보고서)은 재난 이후 사건이 진행되는 동안의 인식과 상호 배타적이지 않다. 그들은 서로 연관되어 있다. 2021년 1월 6일로 이어지는 사건을 다시 상상해 보라. 앞으로의 위협을 평가하기 위해 진지한 노력을 기울였다면 사전에 더 많은 자원과 인력을 배치했을 뿐만 아니라(나는 의회 의사당에 주 방위군이 주둔하는 것만으로도 폭도 전부는 아니더라도 대다수를 단념시켰을 것이라고 오랫동안 생각해 왔다.) 그날의 실시간 요구 사항을 평가할 수 있는 상황 인식 능력을 구축하는 데 더 주력했을 것이다. 사전 정보를 이해하고 그에 따라 조치를 취함으로써, 대응해야 하는 사람들은 피해를 제한하기 위해 더 나은 위치를 정할 시간을 갖게 될 것이다.

장군님, 좋은 생각입니다

재난이 발생하면, 위기 상황에 대처하는 사람들이 얼마나 형편 없는지에 대해 누구나 의견이 있을 것이다. 재난 관리 분야에서 일 하는 사람들은 모든 것이 엉망이라는 현실을 받아들이고 이해한다. 재난은 정의상 너무 비참하고 끔찍하며 고칠 수 없어 보이는 상황에 서 대응을 주도하는 사람들이 아무 일도 제대로 할 수 없음을 의미 한다. 군대에서는 외부인이 들어와 심오한 지혜는 있지만 통찰력은 거의 없는 의견을 제시하는 현상을 고비(GOBI), 즉 장군의 훌륭한 아이디어(General Officer, Bright Idea)라고 한다. 마치 다른 아무도 그 런 생각을 못했다는 듯 "우린 이 문제를 정말로 해결해야 한다."라며 상황에 발을 들이고 거들먹거리는 장군 등 고위 관리들을 군인들이 조롱하는 표현이다. 이 문제는 정말로 해결해야 한다.

상황 인식을 나쁜 일이 일어나지 않도록 하는 정보 장치를 설명 하는 용어로 볼 것이 아니라, 재난이 전개되는 동안 실시간으로 어 떤 일이 일어나고 있는지를 포착하는 메커니즘을 구축해야 한다. 책 임 있는 리더십이 즉시 적응할 수 있도록 정보는 신뢰할 수 있고 신 속해야 한다.

나는 주요 기업들이 실시간으로 발생하는 사건들을 이해하기 어려워하는 경우가 많다는 사실에 매번 충격을 받는다. 재난이 올 줄은 상상도 못한 듯 허를 찔린 모습이다. 아무리 정교한 기업이라 도 투명성이 떨어지면 적발될 수 있다. 2018년, 승객 수백 명이 JFK 공항에 세워진 제트블루(JetBlue) 비행기 안에서 최대 10시간 30분

동안 발이 묶였다. 빙판길과 게이트 혼잡 때문이었다. 격분한 승객들은 음식이나 적절한 화장실을 제공받지도, 비행기가 움직이지 않는 이유에 대한 합리적인 설명을 듣지도 못한 채 터미널이 보이는 곳에 앉아 있었다. 무슨 일이 일어난 것인가? 케이블 뉴스에서 재난이 실시간으로 중계된 후 장애 관리에 3000만 달러를 투자하겠다고 발표한 제트블루 CEO 데이비드 닐먼(David Neeleman)은 이 사건에 대해 "굴욕적이었고, 몹시 당황스러움"을 느꼈다고 인정했다. 그 장애는 역량 문제가 아니라 소통 문제였다. 닐먼은 자신의 팀이 공항 관계자에게 승객이 비행기에서 내릴 수 있도록 도움을 요청했다고 생각했으나 그런 요청은 없었다. 의사소통 장애는 닐먼과 공항과 닐먼의 팀이 각자 다른 생각을 하고 있었음을 뜻한다. 일관된 상황 인식만 구축했다면 쉽게 해결할 수 있는 문제였다. 결과는 3000만 달러의 사과 투어였다.

밸런타인데이였다는 점도 도움이 되지 않았다. 제트블루는 여기저기 산재된 인력이 제어하는 예약 시스템에 전적으로 의존했기 때문에 예보된 폭풍우가 결빙되었을 때 수천 명의 승객이 한꺼번에 재예약해야 하는 상황에서 밀려드는 인원을 수용할 수 없었다. 실제로 닐먼에게 장애 사실을 알린 의사소통 수단은 정교한 데이터 관리 시스템이 아니었다. 승객들이 배고프고 목말라하고 화장실은 넘쳐흐르고 승무원은 더 이상 승객을 안전하고 편안하게 해 줄 수 없다는 기장의 화난 전화 한 통이었다.

재난은 일반적으로 예측 가능하다. 악마가 올 것이다. 그러나 재난 이후에는 매우 독특한 방식으로 전개된다. 유일한 상수는 재난이 발발했다는 것이다. 다들 화가 나 있다. 누군가는 겁에 질렸고, 누군가는 충격을 받았고, 누군가는 분노했다. 아무리 위험하거나 피해가 크더라도, 가정은 말할 것도 없고 대기업이나 중소기업의 리더가 이러한 상황에 닥치면 방어적이 되거나 앞을 똑바로 보지 못할 수 있다. 따라서 불만을 제기하는 사람은 상황의 정도를 알지 못하는 반대론자 및 비전문가일 뿐이라고 생각하는 경향이 있다. 그러나 가끔은, 아주 가끔은 잡음(noise) 속에 지혜가 있다. 그리고 리더는 잡음을 듣고, 귀 기울이고, 흡수하고, 적응할 수 있는 방법이 필요하다. 하지만 먼저 잡음을 포착해야 한다.

다행히도 이를 수행할 기본 구조가 이미 마련되어 있다. 다국적 기업의 경우 실시간 정보를 제공하는 직원이 현장에 배치되어 있다. 정부는 현장에 초동 대응 인력 또는 법 집행기관을 배치할 것이다. 데이터베이스나 슬랙(Slack)과 같은 웹 서비스는 실시간으로 정보를 제공하는 데 자주 사용된다. 그러나 재난 상황에서 좋은 정보와 나쁜 정보를 가리기란 까다롭다. 재난은 잡음이 너무 많아서 처리하기 어려운 현상이다. 생생한 정보를 얻는 방법은? 그냥 TV를 켜면 되지 않을까? 가끔은 그게 효과가 있다. 트위터는? 그럴 수도 있다. 이러한 플랫폼을 무시하지 마라. 다만 불만을 제기하는 사람(민간인 GOBI)이 아마도 항상 주목을 받고 가장 많은 팔로워를 보유하겠지만 그 사람이 지식이 많은지는 종종 불분명하다. 수백만 명의 팔로워와 소통하기 위해 단편적 정보나 허위 정보를 퍼뜨리는 트위터의 허풍쟁이들(보수적인 텔레비전 해설자 피어스 모건(Piers Morgan)은 재난 관리자가 아니다.)은 재해 시 이용할 만한 가이드가 아니다. 볼륨은 종종 좋은 지표가 되지 못한다. 그리고 정보 수집 및 의사소통 메커니즘이 사전에 육성되지 않으면 큰일, 정말 큰 일을 놓칠 수 있다.

2005년 허리케인 카트리나가 발생한 뉴올리언스의 제방 붕괴를 예로 들 수 있다. 카트리나가 뉴올리언스를 관통한 후 도시가 최악의 상황은 면한 것처럼 보였던 조용한 기간이 있었다. 카트리나는 상륙할 당시만 해도 파괴적인 카테고리 5가 아니라 카테고리 3 허리케인이었기 때문이다. 안정이 가능할 것 같았다. 그러나 그 물방울들은 홍수가 되었다.

백악관과 국토안보부 장관 마이클 처토프(Michael Chertoff)가 제방 붕괴 및 범람에 대해 통보받기까지 열두 시간이 넘게 걸렸다. 그러나 실제로 뉴올리언스에 있었던 사람이면 미리는 아니더라도 그때쯤은 상황을 알았을 것이다.[8] 이러한 시간 차이는 연방 정부가 재난 후 인식을 위해 자체 자원에 전적으로 의존하고 있었고, 어떻게든 그 명백한 상황을 파악할 수 있는 충분한 능력이 현장에 없었다는 사실로 설명된다. 케이블 뉴스 발표에 최악의 타이밍일 수도 있는 상황에서, 처토프는 뉴스 피드가 범람을 보여 주는 동안에도 제방이 무너진 사실을 모르는 것처럼 보였다.(처토프는 자신만의 인식 시스템, 즉 국가 운영 센터(National Operations Center)로 알려진 연방 인식 기구를 통해 제방 붕괴를 통보받지 못했다.) 뉴올리언스 주민들은 말 그대로 옥상에서 도시가 침수되고 있다고 비명을 지르고 있었다. 처토프가 현장에 있는 연방 팀으로부터 받은 정보는 너무 느리고, 너무 높은 상급자의 보고였고, 실제로 일어나고 있는 일에서 너무 떨어져 있었다. 대응 시간이 중요하다. 그 정도의 지연은 생명을 앗아 간다. 모든 것이 잘되고 있다는 연방 정부의 주장은 대중에게 그대로 머물러도 된다는 잘못된 확신을 주었다. 잡음은 연방 정부에 물이 차오르고 있다고 말하고 있었지만 그들은 귀 기울이지 않았다.

잡음과 침묵 속의 지혜

잡음이 꼭 시끄러울 필요는 없다. 성공적인 정보 적응의 잘 알려진 사례에서 잡음은 사실 침묵이었다. 2020년 3월 초에 사회적 거리 두기와 자택 대피령을 촉진하기 위한 규칙을 서둘러 설정한 사람은 샌프란시스코 시장 런던 브리드(London Breed)였다. 비록 다른 지역들도 곧 뒤따를 것이었지만, 이는 "전례 없는 일"로 묘사되었다.[9] 브리드 시장이 들은 '잡음'은 도시의 중국계 미국인 주민들이 매년 참석하는 춘절 행사였다.

2020년 축제는 달랐다. 그해 2월 10일 행사는 눈에 띄게 덜 붐볐다. 사람들이 거의 행사장에 나오지 않았다. 일부 축제가 취소되었다. 브리드가 도시에 대해 확립된 인식 프로토콜을 따랐다면, 연방 정부가 모든 것이 괜찮다고 말하고 있었으므로 조용한 잡음을 놓쳤을 것이다. 그러나 그렇지 않았고, 브리드는 알아챘다.[10]

브리드의 호기심은 1892년 셜록 홈스의 실버 블레이즈(Silver Blaze) 미스터리의 현대판 같다. 작가 아서 코넌 도일(Arthur Conan Doyle) 경은 큰 대회 전날 밤 실종된 유명한 경주마와 그 조련사의 죽음에 대해 썼다. 탐정은 사건을 해결해 달라는 요청을 받고는 잡음보다 고요함에서 지혜를 찾는다. 홈스는 경시청에서 나온 형사에게 야간 경비견의 행동이 이상하다는 것을 알아냈다고 말한다. 형사가 그날 밤 개가 무언가를 했다는 증거는 없다고 말하자, 홈스는 "그게 바로 이상한 점입니다."라고 설명한다. 개의 침묵은 범인이 개가 잘 아는 사람임을 의미했다. 수색은 쉽게 해결되었다.[11]

2020년 중국 춘절 축제도 조용했다. 브리드 시장은 무슨 일이 일어나고 있는지 평가하기 위해 팀을 배치했다. 그 결과, 중국계 미국인 시민에게는 미국보다 몇 주 앞서 중국에서 코로나19의 영향을 겪으며 살고 있는 가족과 친지들이 많았다. 샌프란시스코 주민들은 중국에 있는 사랑하는 사람들을 염려했고 이곳에서도 어떤 일이 일어날지 두려워했다. 그들은 시 공무원들에게 이 코로나바이러스가 이전과 다르다는 중국 가족들의 말을 전했다. 그들은 2020년 3월 초에 편안하게 축제를 즐기지 못했다.

보이는 것도, 보이지 않는 것도 믿어라. 어떤 방식으로든 이야기되고 있는 것에 귀를 기울여라. 무슨 일이 벌어지고 있는지 포착하는 능력은 필수적이다. 잡음은 종종 정확하고 지혜롭기 때문이다. 단순한 GOBI나 괴짜 무리만은 아니다. 잡음과 고요함은 우리 모두가 희망적인 생각의 땅에 갇히지 않는 데 도움이 될 수 있다. 잡음에 귀 기울여라.

더 적은 정보보다 더 많은 정보를 흡수할 수 있는 우리의 능력을 확장한다는 이 개념은 잡음이 반사실적, 반입증적이라는 의미와 모순되는 것처럼 보일 수 있다. '잡음'은 종종 나쁘고 방해가 되며 무작위적인 것으로 여겨진다. 사람들이 인종 또는 성별 고정관념에 따라 행동하게 만드는 편견과 마찬가지로 신뢰할 수 없는 것으로 간주된다. 그러나 잡음은 표준 절차로 포착할 수 없는 영향을 드러냄으로써 도움이 될 수도 있다. 우리는 잡음과, 잡음이 우리에게 말하고 있는 것에 열려 있어야 한다.

잡음을 관리하고 이해하는 방법에 대한 이러한 딜레마는 대니얼 카너먼(Daniel Kahneman), 올리비에 시보니(Olivier Sibony), 캐스 선스타인(Cass Sunstein)의 최근 저서 『노이즈(Noise)』에서 적절하게 다루고 있다. 이들의 주장은 잡음이 "원치 않는 변동성이고, 만약 원하지 않는 것이 있다면 그것은 아마도 제거되어야 한다."라는 것이다.[12] 이 책에서 이들은 시스템의 너무 많은 잡음, 즉 의사 결정자와 관련이 없는 무작위성은 다른 편견과 마찬가지로 나쁜 의사 결정으로 이어질 수 있다고 주장한다.

이 개념은 보험 청구에서 형사재판 선고에 이르기까지 편견만으로는 설명할 수 없는 의사 결정의 불가해한 차이에 맞서는 방법으로 매력적이다. 그러나 잡음 줄이기의 목표가 정확성을 높이기 위한 객관적 판단을 촉진하는 것이라면, 그것은 재난이나 위기 상황에서는 존재하지 않을 수준의 안정성과 수치 기반 분석을 전제한다. 저자들이 잡음의 영향을 평가하기 위해 사용하는 사례는 의료계나 법조계와 같이 장기간에 걸쳐 데이터 세트와 행동에 관해 검토한 것이다. 위기 상황에서는 대응 시간이 단축되고 정확도가 다르게 측정되며 손실을 최소화하는 것이 최선의 방법일 수 있다.

또한 잡음에 귀를 열어 둠으로써 메가폰을 가진 사람들(또는 팔로워가 많은 파워 트위터리안)과 같은 힘이나 자원이 없는 사람들의 목소리를 들을 수 있다. 공중 보건, 의학 또는 법률과 같이 해당 기관이 어떻게 체계적으로 편향되어 있는지 보여 주는 결정적 증거가 있는 다른 분야와 달리, 결과 관리는 종종 한꺼번에 작동한다. 재난 관리자는 개개인이 아니라 일반적인 생존자나 희생자의 관점에서 생각한다. 그들은 고객이나 환자가 없다. 그리고 그러한 지표로 작업하는 것은 거칠고, 심지어 지독스럽게 보일 수 있다. "모 아니면 도(Go Big or Stay Home)"는 재난 관리자가 자주 듣는 모토로, 집에 갈 시간이 되거나 자원이 필요하지 않을 때까지 그저 모든 것을 급증시키라는 의미다. 그러나 이러한 양적 접근은 효과적인 결과 관리에 필수적인 형평성 또는 공정성의 격차를 숨길 수 있다. 예를 들어, 성공적으로 백신을 접종하고 있는 국가라도 소수 민족이나 서비스가 부족한 지역사회가 캠페인에서 누락되어 있다면 성공했다고 말할 수 없다. 따라서 상황 인식은 자원이 불평등한 기준에 따라 지원될 경우 드러날 수 있는 불평등의 종류를 포착할 수 있을 만큼 자잘해야 하며 심지어 떠들썩해야 한다.

발언권 없는 뒷자리

1986년 우주왕복선 챌린저호 참사는 기관 전체가 앞으로 닥칠 위험을 잘 알면서도 어떻게 이기심과 정치적 이유로 경고 신호를 묵살했는지에 대해 가장 많이 연구된 재난 중 하나이다. 이 사고는 외부 엔진을 고정하는 O링이 불안정해서 발생한 것으로 추후 확인되었다. O링이 발사 전 결빙 온도를 견디지 못했던 것이다. 그러나 O링 문제는 미스터리가 아니었고, 심지어 비밀도 아니었다.

평범한 미국인들은 챌린저호 참사가 그저 위험한 우주여행의 결과일 뿐이라고 생각했을 것이다. 불가피하고 비극적이지만 이상하게도 이해는 할 수 있는 일이다. 하지만 챌린저호의 모든 분석에서, 임박한 재난에 대한 우려가 분명히 드러났다. 문제는 챌린저호가 비행하면 안 된다는 것을 알아채고는 비행 전 마지막 확인 절차 통화에서 그 사실을 말한 가장 위대한 잔소리꾼이 그럴 권한이 없던 외부자였다는 점이었다. 직원도 아닌 단순한 하청업자에 불과한 그의 말은 나사(NASA)에겐 잡음이었다.

엔지니어이자 내부 고발자인 앨런 맥도널드(Allan McDonald)의 이야기는 너무 많은 것을 알고 있었던 한 남자의 이야기다.[13] 맥도널드는 챌린저호에 작동하는 부스터 로켓 프로젝트의 책임자였다. 그는 엔지니어링 회사인 모턴 티오콜(Morton Thiokol)에서 일하다가 나사와 계약을 맺고 우주왕복선 작업을 맡게 되었다. 1986년 1월 27일 아침 케네디 우주 센터에서 그는 비행해서는 안 되는 우주선이 허공에서 폭발하는 것을 목격했다. 전날 그는 비행 전에 제출해야 하는 공식 양식에 서명하기를 극구 거부했다. 맥도널드는 "내 인생에서 가장 현명한 결정을 내렸다."라고 말했다. "나는 서명을 거부했다. 나는 우리가 감수해서는 안 될 위험을 감수하고 있다고 생각했다."[14]

맥도널드는 똑똑하고 헌신적이며 서명 거부가 그의 가족과 직장에 어떤 영향을 미칠지 걱정하는 지극히 평범한 사람이었다. 그는 O링이 버틸 수 없다는 것을 알고 있었다. 발사 당일 아침에 발사대에 얼음이 형성되어 섭씨 10도 미만의 조건을 고려해 제작되지 않은 타일에 스트레스를 가했다. 맥도널드는 섭씨 12도에서 우주왕복선의 기계를 테스트하고 그 후의 O링 탄성을 측정했다. 더 추운 조건에서는 로켓 내부에서 연소되는 폭발성 연료가 억제되지 않을 것이었다. 그는 일찌감치 이런 말을 했다. "이번 발사에 무슨 일이 생긴다면, 나는 왜 우리가 발사했는지 설명하기 위해 조사 위원회 앞에 서야 하는 사람이 되고 싶지 않아."[15] 그의 팀인 티오콜 엔지니어들과 함께 발사에 격렬히 반대했으나 그는 외부자였다. 그는 내내 "발언권 없는 자리에 있었다." 나사 관계자들이 서명을 요구한 후 결국 티오콜 임원들에 의해 그의 반대가 기각되었다. 나사가 그를 배제하는 건 어렵지 않았다.

맥도널드의 용기는 더 나아갔다. 폭발을 조사하는 독립 위원회가 있기 전 그의 유명한 순간은 영화로 만들어졌다. 청문회에서 나사의 거듭된 기만 발언을 듣던 맥도널드는 자리에서 일어섰다. 그는 증인이 아니었다. 증인으로 출석할 예정도 아니었고 그저 참관인석에서 지켜보고 있을 뿐이었다. 그가 청중 사이에서 말했다. "그래서…… 저는 이 대통령 위원회에 모턴 티오콜이 매우 우려하고 있다는 것을 알려야 한다고 말했습니다. 우리는 섭씨 12도 이하에서는 발사하지 말라고 권고했습니다. 그리고 그것을 서면으로 작성해 나사에 보냈고요." O링, 발사를 막으려는 맥도널드의 노력, 나사의 은폐에 대한 조사가 시작된 것은 바로 그 순간이었다. 그럼에도 불구하고 맥도널드는 좌천되었고 정치적 개입이 있고 난 뒤에야 복귀했다. 일종의 변명 조치로, 그는 결국 O링 부스터 로켓 조인트를 재설계하는 일을 맡게 되었다.

물론 챌린저호 참사 이슈는 하청업자, 즉 발언권이 없었던 사람인 맥도널드의 지위보다 훨씬 더 크다. 나사는 처음으로 교사를 우주에 보내야 한다는 엄청난 압박을 받고 있었다. 나사의 우주 교사 프로그램에 선발된 크리스타 매콜리프(Christa McAuliffe)는 이미 유명 인사였다. 연두교서가 발사 다음 날 있었고, 로널드 레이건(Ronald Reagan) 대통령이 이에 대해 말할 수 있도록 우주왕복선을 띄우려는 정치적 동기가 있었다. 나사는 어떻게든 임무를 완수할 작정이었다. 맥도널드는 자신의 지위가 발사를 중단하는 데 도움이 되지 못한다고 느꼈다. 그는 자신이 그토록 사랑했던 기관을 바꿀 힘도 없이 쉽게 무시당해서 항상 뒷전이었던 것을 회상한다. 그는 그저 잡음일 뿐이었다.

그렇다고 모든 외부인의 주장에 타당성이 있다는 말은 아니다. 우리가 팬데믹 전반에 걸쳐 보았듯이 잘못된 정보의 시대에는 과학과 현실이 지배해야 한다. 그러나 이것은 위기 상황에서 정보를 수집하고 평가하는 방식이 잡음을 흡수하고 반영할 수 있을 만큼 유연해야 한다는 경고다. 기관은 정보 수집 방식을 살펴보고 정보가 영향을 받는 다양한 커뮤니티(직원, 고객, 학생, 시민, 계약자 및 권한이 없어 아무 말도 못 하는 사람들)를 포함해야 한다. 그러면 많은 것을 알게 될 것이다. 모든 괴짜가 정확하지는 않지만 그들은 때때로 다른 사람보다 먼저 깜박이는 빨간 불빛을 볼 수 있다.

카산드라의 저주를 피하라

WTW(어떻게 됐어?)는 위기 상황에서 어떤 정보를 수집하는지에 관한 것만이 아니다. 어떤 정보가 전달되는지에 관한 것이기도 하다. 다음 단계는 재난 이후의 광기, 고통, 그리고 공포 속에서 정보를 길잡이로 이용하는 것이다. 이에 대한 최고의 교훈은 셜록 홈스 시리즈나 나사 하청업자의 영웅적인 노력에서가 아니라 그리스 신화에서 찾을 수 있다.

예언자 카산드라는 재앙에 대한 경고, 미래에 대한 지식, 자신의 백성과 그녀를 데려간 포획자들에게 닥칠 피해에 대한 예언으로 유명하다. 그녀는 단순한 선지자가 아니라 저주받은 예언자였다. 미래를 볼 운명이었지만, 또한 아무도 그녀를 믿지 않는 모욕을 당할 운명이었다. 그녀는 모든 것을 알고 있었다. 닥칠 운명에 대한 최고의 상황 인식을 가지고 있었지만 아무도 귀를 기울이지 않았다. 호메로스와 에우리피데스 등이 기렸듯이 미래의 죽음, 살인, 감금에 대한 그녀의 지식과 다른 사람들에게 경고하려는 그녀의 시도는 항상 무시되었다.[16]

카산드라의 지식은 10대의 단순한 가십이 아니었다. 그녀는 거대한 트로이 목마가 단순한 선물이 아님을 그리스 이웃들에게 알리려고 노력했다. 그러나 결코 남들로부터 신뢰받지 못한다는 그녀의 저주는, 그녀가 지식은 있으면서도 그 지식과 연관시켜 경고할 방법은 없는 저주였기 때문에 사태는 더 악화되었다. 오래된 그리스 신화에 대한 이러한 해석은 펜실베이니아대학 에밀리 윌슨(Emily

Wilson) 교수의 연구를 기반으로 한 NPR 팟캐스트 '히든 브레인 (Hidden Brain)'에 설명되어 있다. 에밀리 윌슨은 적절하고 효과적인 인식을 제공하지 못한 카산드라의 실패가 어떻게 그녀에게 묵살당하는 유명인의 운명을 지웠는지 설명한다.[17]

재난 발생 이후에 우리가 가진 정보를 더 잘 전달하여 다른 사람들이 그 정보를 따라갈 수 있도록 하는 데 카산드라의 저주는 경고의 이야기이자 도움 되는 가이드이다. 그녀의 성공을 좌절시키는 여러 요소를 포함한 그 저주는 잔인했다. 윌슨은 "카산드라가 주변 사람들에게 경고하려 한 시도의 실패는 경고가 어떻게 들리는지, 언제 심각하게 받아들여지고, 언제 조치가 취해지는지에 대한 통찰력을 준다."라고 말한다.[18]

저주를 구성하는 세 가지 요소는 다음과 같다. 그녀의 메시지는 너무 불투명했고, 메시지를 전달할 수 있는 공식적 권한이 없었으며 (챌린저호 사고의 오명인 맥도널드와 매우 유사하다), 사람들이 진지하게 받아들이기에는 그녀가 말하는 것이 가능성의 영역을 너무 벗어났다는 점이다.

예를 들어 카산드라는 자신을 포획한 미케네의 아가멤논 왕에게 그의 아내가 바람을 피우고 있으며 어느 날 밤 그를 죽일 것이라고 경고했다.[19] 그녀는 비유와 일반화를 통해 경고하려 했는데, 그녀의 말이 너무 은근해서 왕은 메시지를 알아듣지 못했다. 그녀는 앞으로 일어날 일에 대해 명확하게 진술해야 했다. '외부인'이라는 지위, 즉 포로가 된 젊은 여성이라는 것도 카산드라의 경고를 무색하게 만들었다. 그녀를 배경 잡음에 불과한 것처럼 회의적인 시선으로 보게 했기 때문이다. 윌슨이 설명한 것처럼, 아가멤논에게 '현실을 직시하라'는 개념을 환기한 것과 같다. "그(왕)는 자신을 강하고 의기양양한 도시 약탈자로 생각하고 싶어 한다. 그리고 자신에 대한 믿음을 확인하는 정보만 처리할 것이다. 또 그 현실이 유일한 현실이 아님을 암시할 만한 (중략) 모든 징후를 무시할 것이다."[20] 결국 카산드라의 예지는 사실이었고 아가멤논 왕은 살해당했다.

나는 고대 카산드라 저주를 재구성하여 사용한다. 오늘날의 재난을 명확히 하는 데 도움이 되기 때문이다. 이것은 잘못된 정보와 소셜 미디어 조작이 난무하는 시대에 구식처럼 보일 수 있지만, 거짓말에 맞서는 유일한 방법은 말하는 순간에 이해되는 진실을 완전히 이해하고 그것을 계속해서 반복하는 것이다. 저주의 세 번째 부분은 카산드라가 듣는 이들에게 너무도 개연성 없는 사건을 설명하고 있었다는 것이다. 그러나 우리가 재난이 드물지 않고 개연성이 있다는 사실을 받아들일 수 있다면 그 어떤 것도 불가능해 보이지 않을 것이다.

그녀의 실패에서 얻은 교훈은 위기의 시기에 더 나은 상황 인식

카산드라의 저주를 극복하기

>> 직접적으로 표현하라.
>> 잡음을 포착할 방법을 찾으라.
>> 개연성 없는 부분을 친숙하게 만들라.

을 만드는 데 도움이 될 수 있다. 카산드라를 괴롭혔던 저주의 세 부분에 대응하기 위해서는 투자가 필요하다. 똑바로 말하고, 잡음을 포착할 방법을 찾고, 일어날 것 같지 않은 일이 일어날 수 있다고 믿으며, 실제로 일어나고 있는 일(사람이 덜 죽거나 피해가 덜할지에 따라 성공이 측정될 재앙)이 일어나고 있다고 믿어야 한다. 이미 파멸이 도래했다는 가능성을 리더십이 외면할 수는 없다는 점이 결과 최소화 노력을 뒷받침한다. 발언권 없는 뒷자리 사람이 그 점에 대해 중요한 할 말이 있을지 모른다.

숫자와 희망

효과적인 상황 인식은 의사 결정자들이 재난의 영향을 관리하고 제한하는 데 있어 두 가지 핵심 요구 사항, 즉 대응을 안내하는 기본 데이터(숫자)와 상황이 실제로 위험하지만 나아질 것이라는 공감적인 인식(희망)으로 이끌 것이다. 우리가 CEO든, 정부 관료든, 교사든, 부모든 상관없이 우리에게 지침을 구하는 사람들은 현재 무슨 일이 일어나고 있는지, 그리고 어떻게 내일을 더 낫게 만들거나 덜 형편없게 만들지 알아야 한다.

흔히 상황 인식은 사람들이 숫자를 시각화한 다음 자원을 동원하는 데 도움이 될 수 있는 단일 문서로 제공된다. 숫자를 먼저 강조하고 난 다음 미래를 안내하기 위해 그 숫자들을 무엇으로 만들 것인지를 강조한다. 단순하고 명확하며 감정이 없도록. 군대에서는 이것을 BLUF(Bottom Line Up Front, 핵심 요약)라고 부르기도 한다. 쉽게 접근할 수 있는, 그냥 사실들이다. 현장 상황에 적응하는 지속적인 인식이 없으면 결론 없이 혼란만 가중될 것이다. 본론으로 들어가자. 피해 상황이 어떠한가? 재해 관리 담당자의 경우, 다음과 같은 수치화된 용어로 이 작업을 수행할 수 있다. 사망자, 부상자, 영향받은 사람은 몇 명인가? 배포 중이거나 계획 중이거나 동원 중인 자원의 수는 얼마인가? 언제까지 이 상태가 지속될 것이며, 나아질 때까지 얼마나 걸릴 것인가? 마지막 부분이 바로 희망이다. 숫자와 희망이라는 이 간단한 두 단어 프로세스가 재난이 닥칠 때를 대비하여 우리의 모든 커뮤니케이션을 이끌어야 한다. 앞으로 몇 시간, 며칠, 몇 주 동안 대응과 노력을 안내하기 위해 어떤 일이 일어나고 있는지 더 잘 이해할 수 있다면 피해가 최소화될 것이다.

재난 왼쪽에 대한 인식은 상당히 정교해졌다. 정보 보고서와 법집행기관은 어떤 범죄 또는 테러 위협이 있을 수 있는지를 알려 준다. 미국 국립기상청(NWS)은 더 잘 대비할 수 있도록 허리케인이나 토네이도가 다가오고 있다는 관측 정보를 제공한다. 바다의 부표는 쓰나미가 오고 있는지 알려 준다. 새로운 기술은 주민들에게 지진에 대해 몇 초 전에라도 경고를 준다. 코로나19 이후에도 잠재적인 팬데믹에 대한 강력한 조기 경보 시스템을 구축하여 우리가 너무 무방비 상태에 빠지지 않고 더 일찍 더 나은 결정을 내리고 공중 보건 위기를 예상하여 공급망을 준비할 수 있도록 하려는 움직임이 있다.[21]

재난 발생 이후 지식도 마찬가지로 정교해질 수 있다. 예를 들어 단순한 가계도에서 복잡한 물류 공급망 차트에 이르기까지 결과 최소화를 위한 더 나은 역량을 구축할 수 있다면 당면한 위기에 따라 응답 및 해당 숫자가 어떻게 좋아지거나 작아지거나 커지는지를 관리하는 게 더 쉽다. 상황 인식은 그 순간에 무슨 일이 일어나고 있는지 아는 것만이 아니다. 다음 날을 어떻게 맞이할지 아는 것이기도 하다. 숫자와 희망. 아니, 숫자 없이는 희망도 없다는 말이 더 적절할 수도 있다. 그렇지 않으면 위기 대응은 그저 두더지 잡기 게임처럼 보일 것이다.

크든 작든 모든 기관은 지금 위기 상황에서 정보를 성공적으로 흡수하고 처리하는 커뮤니케이션 시스템을 구축할 수 있다. 이러한 인식 문제를 해결하면 재난의 결과를 최소화하기 위해 더 잘 준비할 수 있다. 정보는 불길한 예감뿐 아니라 그것이 무시되고 결과가 참담할 때에도 관련이 있다. '기타' 정보로 두지 마라. 우리의 안전지대는 우울하고 파멸적이어야 한다. 이 다소 끔찍한 정보 흐름은 조치를 취할 기회가 조금이라도 있다면 받아들여야 한다. 그렇지 않으면 아무리 많은 계획이나 준비를 하더라도 제방에 물이 넘쳐나는 것을 지켜보고만 있게 될 것이다.

우리가 직면한 문제는 뉴스가 나쁘고 중대할 수 있다는 것이 아니라, 우리가 얼마나 나쁘고 중대한지 알고 그것에 대해 무언가 조치를 취할 수 있도록 정보 수집 노력을 확립했는지 여부이다. 나는 분명 프로세스의 열렬한 팬이다. 아니면 사람들이 사전에 가치 있는 시스템을 만들 수 있었음에도 그렇게 하지 않아 무방비로 꼼짝없이 당하는 것을 용납할 수 없다고도 말할 수 있겠다. 프로세스로 모든 걸 해결할 수 있는 건 아니지만 재해 후 초기 몇 분, 몇 시간, 며칠 동안의 공황 상태를 최소화하는 것은 확실하다. 상황이 재난의 특정 요구 사항을 견디거나 가정하도록 훈련하고 테스트하면 의사 결정이 더 정확해진다. 그리고 올바른 결정을 내리기 위해 우리는 잡음 속에 지혜가 어디 있는지 이해해야 한다. 악마가 오기 전에 두 가지 핵심 프로세스를 확립할 수 있다.

첫째, 위기 상황 전체에 걸쳐 촉발되고 뒤따를 정보 수집 프로세스를 수립한다. 이 프로세스는 일관되고 예측 가능해야 하므로 '전투 리듬(battle rhythm)'이라고 한다. 다시 말하지만, 이 중 어느 것도 놀라운 일이 아니기에(재해는 더 이상 무작위적이고 드물지 않다.) 이 프로세스는 지금 수행할 수 있다. 사실 우리는 무슨 일이 일어날지 알 필요가 없다. 다만 재난이 발생하면 도대체 무슨 일이 일어나고 있는지 모든 사람이 알고 싶어 할 것이다. 노련한 언론 매체는 이것이 핵심임을 알고 있으므로 내부 관리에도 신경을 써야 한다. 그들은 일관된 방식으로 정보를 얻을 필요성을 인식한다. 경찰은 "세 시간 뒤에 돌아올 것", "내일 아침에 자세한 내용을 밝힐 것"이라며 정기적으로 기자회견을 마친다.

이 프로세스를 흔히 상황 보고 또는 SITREP(situation report)라고 부르며, 제2차 세계대전 동안 군대에서 자주 사용했다. 허리케인 에타(Eta)와 요타(Iota)에 대한 인포그래픽이 좋은 예이다. 운영 중단 시에는 민첩성이 매우 중요하므로 정보를 신속하게 평가하여 환경 변화에 따라 올바른 결정을 내릴 수 있어야 한다. 리더는 SITREP 프로세스를 사용하여 더 나은 정보를 얻는 방법을 교육함으로써 이에 대비할 수 있다. 좋은 SITREP은 상황, 취해야 할 조치, 완료해야 할 조치를 포함할 뿐 아니라 내일을 위해 결정해야 하는 문제와 위험도 제공한다. 효과적인 SITREP는 향후 발생할 수 있는 문세(예를 들어, 공급망 부족)와 기타 잠재적 실패를 제시한다.

SITREP에서는 행동해야 하는 사람들을 위한 전투 리듬의 내용을 결정하고 속도를 설정할 수 있다. 시간별 또는 일일 이메일(매번 같은 시각), 전체 회의(매번 같은 시각), 줌(Zoom) 브리핑(매번 같은 시각) 등은 가십이나 잘못된 정보로 너무 자주 처리되는 공포와 걱정의 공백을 채우는 방법이 될 수 있다. 팩트에 대한 숙달은 구조, 응답 및 경청하려는 의지를 위한 열린 포럼을 만들기 때문에 필수적이다. 모든 계획의 일환으로 상황 인식 시스템을 사전에 배치하고 실행할 수 있다. 재해가 발생했을 때 무엇을 알고 싶은가? 물론 모두 다 알고 싶겠지만, 진짜 꼭 알고 싶은 건 무엇인가? 대다수 조직은 재난이 오기 전에 답을 알게 될 것이다.

둘째, 모든 관련 당사자와 인식을 공유해야 한다. '알 필요'가 없다는 건 (정보가 이너서클 내에서만 배포되어야 한다는) 정보기관의 변명이다. 재난의 오른쪽에서는 완전히 반대다. 모든 사람이 도움을 줄 수 있는 잠재력이 있기 때문에 정보를 공유해야 한다. 같은 방식으로 정보에 대해 배우는(잡음과 침묵과 현장에 없거나 의사 결정권이 없는 사람들에게 귀를 기울이는) 과정이 더 포용적이어야 하고, 또한 더 포용적인 방식으로 정보를 분산시켜야 한다.

나는 딥워터 허라이즌 기름 유출 사건 동안 더 나은 상황 인식의 필요성과 그것이 어떻게 운영 결정을 더 잘 조정할 수 있는지에 직면했던 것을 기억한다. 그 긴 여름 동안 정부의 주요 초점은 석유 오염

HURRICANE ETA & IOTA
Situation Report No. 9

December 2– 6pm

HIGHLIGHTS

- **Honduras:** 414 health facilities have reported damage, of which, 120 health facilities are reported inoperative, 27 health facilities are collapsed and 12 report damage to cold chain equipment. Additionally, 99 health facilities report health personnel directly affected, complicating the continuity of health services. Approximately 2 million people have limited or no access to health services due to damage to the health services network, of which at least 500,000 have health needs. Furthermore, around 94,000 people remain in shelters, decreasing 81,000 since last week.

- **Guatemala:** 206 health facilities have reported damage, including: 79 in Alta Verapaz, 13 in Izabal, 36 in Quiche, 65 in Huehuetenango and 13 in Peten. No major health facility has reported damages. Furthermore, around 30,000 people remain in 317 shelters, decreasing 2,000 since last week. It is estimated the health sector requires at least USD$ 2 million to restore the operational functions of its service network in the five most affected departments (Alta Verapaz, Quiché, Petén, Izabal and Huehuetenango).

- **Colombia:** Providencia reports 1 health facility completely damaged and non-operative. Medical teams were deployed, mental health first aid has been provided and a field emergency hospital has been installed including outpatient services, emergency rooms with isolation capacity, and clinical lab. Furthermore, around 800 people remain in shelters.

Figure 1: La Lima, one of the most affected municipalities in Honduras
Source: PAHO Honduras

Figure 2: Inoperative health facility in Yoro, Honduras.
Source: PAHO Honduras

SITUATION IN NUMBERS

2 hurricanes
Impacted the Central America region in November: Eta and Iota

Affected
>9M[1,2,3,4,5,6]

Deaths
#205 [1,2,34,5]

Damaged
#716[1,2,5]

Missing
#113 [1,2,5]

Evacuated
>1M[1,2,3,4,5,6]

Sources
1. CONRED report December 2 - Guatemala
2. PAHO PWR Update December 1 - Honduras
3. Govt of Panama report November 18
4. Govt of El Salvador December 2
5. PAHO PWR Sitrep December 1 – Colombia
6. PAHO PWR Sitrep November 19 - Costa Rica

1

상황 보고의 사례(WHO와 PAHO의 허락을 받아 게재)

법(Oil Pollution Act)의 법적 틀에 따라 연방 대응의 접점이었던 주와 주지사를 지원하는 것이었다. 미국은 모든 데이터가 있었고 그 데이터를 주 정부 리더들과 공유하고 있었다. 시간이 지나면서 우리는 그것을 완벽하게 만들었다. 100일이 넘는 기간 동안 매일 아침 9시 15분에 텍사스, 루이지애나, 앨라배마, 미시시피, 플로리다 등 다섯 개 주에서 전화가 걸려 왔다. 여기서 우리는 우리가 보고 있는 것, 각 주에 미치는 영향, 우리가 배포하고 있는 자원을 공개했다. 그 숫자들은 최소한 누군가에게 희망을 주었을 것이다.

문제는 우리가 1989년 엑슨 발데즈(Exxon Valdez) 기름 유출 사고 이후 만들어진 작전을 가지고 작업하고 있었다는 것이다. 당시 캘리포니아 롱비치(Long Beach)로 향하던 유조선이 프린스 윌리엄(Prince William) 해협의 블라이 리프(Bligh Reef)에 있는 암초에 부딪혀 석유 4200만 리터가 유출되었다. 정화 작업과 논란으로 인해 기업이 정화 비용을 지불해야 하는 새로운 법률인 석유 오염법이 제정되었다. 그러나 엑슨 유출 사건에 근거한 이 법은 우리가 여러 주에 집중하는 것을 제한했다. 엑슨은 한 주에서, 주요 인구에 영향을 미치지 않고, 케이블 뉴스가 나오기 전에, 알려진 양의 기름을 유출했다. 멕시코만 정치의 역동성은 규모에 따라 달랐다.[22]

결과적으로 모든 정보를 통제하고자 하는 주지사 사무실 외에는 그 숫자들이 공유되지 않았다. 이것은 지역 관할권(카운티, 타운 및 도시 그리고 시장 및 카운티 위원 그리고 교구장)이 구조화된 정보 흐름의 일부가 아님을 의미했다. 연방 정부는 그들에게 알려 주지 않았다. 주 정부도 그들에게 알려 주지 않았다. 그들은 순환 고리 밖에 있었고, 이는 우리의 운영 대응과 다른 사람들에게 권한을 부여하려는 리더의 요망에 지장을 주었다. 우리는 정보(잡음)를 받아들일 뿐만 아니라 앞으로 나아갈 길(지혜)을 제공하는 개방형 네트워크를 만드는 데 실패했다.

나는 어느 날 루이지애나의 한 교구를 걷고 있었다. 아마도 그해 여름에 열린 수백 개의 지역사회 봉사 활동 중 하나나 회의가 있었을 것이다. 교구장이 나에게 달려왔다. 나는 오바마 행정부의 대표이자 정부의 지원노력 책임자로서 공격당하기 쉬운 표적이었다. 그는 화를 내기는커녕 속상해하는 표정이었고, 오히려 좌절감이 더 커 보였다. 그는 나에게 "당황스럽다"고 말했다. 그해 여름에 많은 단어가 사용되었지만 당황스러움은 새로운 단어였다. 전혀 예상하지 못했다.

그가 특히 강조한 부분은 현장 연소라고 하는 것이었다. 현장 연소는 바다 표면 기름에 불을 붙여 해안에 오기 전에 태워 버리는 것을 뜻한다. 그날 우리는 바람이 거세게 불어 연기가 해안으로 퍼져와 주민들에게 피해를 줄 수 있기 때문에 현장 연소를 하지 않기로 결정하고 주 정부에 알렸다. 우리가 왜 그렇게 하는지 안다면 현명한 계산이었다. 하지만 이유를 모르면 우리가 원인을 내버려 두는 것처럼 보였다. 내가 그에게 악의적인 건 없다고 설명하자 그는 만족하기보다는 짜증을 냈다. 그는 나에게 '당신은 우리가 그것을 알고 싶어 한다고 생각하지 않는가?'라는 눈빛을 보냈다.

그가 옳았다. 우리는 우리가 구축한 시스템에 너무 매료되어 재난의 가장 큰 영향을 받은 바로 그 사람들을 놓치고 있었다. 우리는 그를 당황스럽게 만들었다. 우리는 곧 적응하고 보다 전술적인 상황 인식을 수용하고 흡수하는 방법을 찾을 수 있었다. 이는 조금 독특했다. 우리는 해안 경비대 사관생도들을 멕시코만에 인접한 62개 지역 관할 구역으로 배치하여, 각 지역 리더에게 그들만의 BLUF 정보를 제공했다. 그들은 더 이상 당황하지 않았고 우리는 그들의 커뮤니티를 보호하기 위한 노력으로 동맹을 되찾았다.

교구장의 항의를 잡음으로 간주하는 것은 오해의 소지가 있다. 연방 정부가 알고 있는 것을 지역 주민들에게 공개하는 것이 중요한 만큼이나, 그들이 포착하고 보고 있는 것을 자세히 살펴보고 성공적으로 잘 대응해야 했다. 우리는 우리가 만든 진공 상태에서 일하고 있었다. 불만을 제기하는 사람들은 괴짜가 아니었다. 그들은 완전히 정확했다. 재난 관리에서는 엄청난 규모의 정보 실패가 있을 수 있다. 그러나 종종 실패는 나중에 온다. 우리는 정보를 흡수하고 소화할 수 있는 형태로 만들고 가장 영향을 받을 가능성이 있는 사람들과 관련시키는 능력을 키우지 못했다. 그래야만 피해를 최소화할 수 있을 것이다.

그리고 우리는 지금 그렇게 할 수 있다. 왜냐하면 내일 재난이 벌어질 수도 있기 때문이다. 종은 항상 울리고 있다. 당신은 여기 있다.

3장 노력을 통합하라

조직의 구조와 우선순위를 점검하라

그것은 평범한 사람들이 컴퓨터 화면에 나타날 때 무시하곤 하는 일상적인 소프트웨어 업데이트였다. 수락하면 하룻밤 사이에 소프트웨어가 어떻게든 변경되어 업그레이드되거나 오류가 수정되었다. 2019년과 2020년에 소프트웨어 기술 회사인 솔라윈즈(SolarWinds)의 고객들은 소프트웨어 업그레이드 요청을 받았다. 솔라윈즈는 정부 및 민간 부문에서 탄탄한 고객층을 보유한 텍사스주 소재 기업이다. 오리온(Orion)이라는 가장 인기 있는 제품이 업그레이드 대상이었다. 오리온은 기업의 사이버 역량을 감독하고 자산을 정리하고 극적인 변화를 평가하는 내부 관리 및 탐지 시스템이다. 솔라윈즈 고객들은 오리온의 업그레이드에 대한 메시지를 받았고 비밀번호를 입력하면 수정 사항이 적용된다고 안내받았다.

시작이 좋지 않았다.

업그레이드 요청을 보낸 건 솔라윈즈가 아니었다. 이후 미국 정부가 러시아 대외정보국(SVR)으로 식별한 해커가 해당 시스템에 침투하여 오리온의 소프트웨어에 악성 코드를 심었다는 사실이 밝혀졌다. 일단 침투한 악성 코드는 귀중한 기밀 자산을 가진 고객 1만 8000명에 대한 주요 사이버 공격의 통로가 되었다. 마이크로소프트, 인텔, 시스코와 같은 기업과 법무부, 에너지부, 국방부 같은 연방 기관이 모두 피해자였다. 해커들은 거의 9개월 동안 들키지 않고 미국의 시스템에 숨을 수 있었다. 물론 그들은 스파이 활동을 하고 있었고, 솔라윈즈의 고객들이 가치 있다고 생각하는 정보를 수집했다. 그것은 "디지털 생활의 부드러운 약점인 일상적인 소프트웨어 업데이트를 겨냥한 정교한 적"이었다. 솔라윈즈가 고용한 사이버 포렌식 팀을 이끈 애덤 마이어스(Adam Meyers)는 "스파이 활동에 필요한 지식은 경이로웠다."라고 말했다. 그 코드는 독특하고 비교적 단순하면서도 혁신적이었다. 마이어스에게 그것은 "내가 본 것 중 가장 환장할 만한 것"이었다.[1]

침입을 발견한 곳은 솔라윈즈가 아니라 솔라윈즈의 고객사 중 하나인 파이어아이(FireEye)라는 유명한 사이버 보안 회사였다. 자체 보안 검토 중에 파이어아이 보안 전문가가 회사 직원 중 한 명이 네트워크에 접근하기 위해 두 대의 전화를 등록했다는 사실을 우연히 발견했다. 그 직원은 한 대만 알고 있었다. 두 번째 번호는 그의 이름으로 등록되었지만 다른 사람의 것이었다. 한 달에 걸친 내부 조사 결과 마침내 오리온의 업그레이드 요청이 그 기회를 제공한 것으로 밝혀졌다.[2]

침입의 성격이 매우 정교하고 근본적이어서 다른 회사들도 감지하지 못했을 수 있었음에도 불구하고 모두가 솔라윈즈를 비난했고 그럴 만도 했다. 솔라윈즈는 고객이 누구인지를 공개했는데, 이는 흔한 마케팅 도구이지만 적들에게는 훌륭하고 생산적인 목표라는 느낌을 확실히 주었다. 서버 암호 중 하나가, 농담이 아니라 'SolarWinds123'이라는 소문도 돌았다.(제발 이러지 마라!) 그리고 예전 직원 중에는 솔라윈즈가 보안을 충분히 심각하게 생각하지 않는다는 우려 때문에 회사를 떠난 사람도 있었다. 이유가 무엇이든 간에, 단순한 시스템 업그레이드는 사상 최대의 사이버 침해 중 하나가 되었다. 안내 메시지는 업데이트가 가능하다고 말했다. 사실은 그 업데이트를 통해 의도치 않게 데이터 보물 창고 사용이 가능해진 것이었다.

그리고 적들은 보물을 가지고 곧장 떠나 버렸다.

문, 경비원, 무기

공통 인식된 목표를 향해 동원 가능한 모든 노력을 결집하는 행위, 즉 노력의 통합(unity of effort)은 재난 발생 시점에 집합성을 보장하기 위해 우리 모두가 할 수 있는 계획을 설명한다. 너무나 자주 대비가 분산되고 보안 노력이 취약한 상태로 남아 있는 것은 시스템이 너무 단절되어 있기 때문이다. 보안 아키텍처란 조직이 안전과 보안 계획을 극대화하기 위해서는 먼저 모든 참여자와 역량을 포괄하는 거버넌스 구조를 성공적으로 구축해야 한다는 개념이다. 보안 장치에 권한을 부여하면 가장 필요할 때 기능을 극대화할 것이다.

보안 아키텍처는 대응 능력의 거의 모든 부분을 포함해야만 한다. 그러나 많은 기업과 기관에서는 모든 다양한 부서 간 이기주의(사일로)를 통합하고 권한을 부여하여 결과 관리를 위한 계획을 중심으로 연결 조직을 만들려는 시도가 거의 없었다. 책임은 내부적으로 너무 분산되어 있고, 때로는 외주화되어 있으며, 라이선스 소유자와 고객은 명령 계통에서 벗어나 있고, 이를 지시하는 경영진이나 이사회의 리더십이 없는 경우도 있다.

많은 기관에서 안전은 오로지 문(gate), 경비원(guard), 무기(gun)라는 세 가지 G의 어떤 조합으로 간주된다. 늘 구매와 장비를 이야기하지 지속 가능한 프로토콜을 이야기하지 않는다. 기업들은 본사로 이동하여 인력을 고용하고, 네트워크와 시스템을 구축하고, 공급망과 제조 역량을 강화하며, 준비에 대해 크게 생각하지 않고 사람과 상품을 연결한다. 보안 문제가 발생하면 그들은 그 일을 할 수 있는 직원 또는 컨설턴트나 프리랜서 팀을 고용하여 공백을 메운다. 이런 종류의 계획은 반복되는 문제를 처리하기에 충분하지 않다.

예산이 기꺼이 지불할 의향이 있다는 가치의 반영인 것처럼, 아키텍처는 우선순위의 반영이다. 예를 들어 미국 산림청(US Forestry Service)은 동물, 식물, 그리고 역사적 지역, 부족 지역 및 휴양지를 보호하기 위한 기관인 내무부(DOI)에 속해 있다고 생각하는 것이 합리적일 것이다. 그러나 사실 산림청은 농무부(DOA)에 있다. 그게 무슨 말일까? 그것은 정부가 소나 옥수수 또는 콩을 보는 것과 마찬가지로 숲을 자연 보존보다는 상품 관점으로 보는 것을 의미한다. 나는 이와 같은 거버넌스 구조에 초점을 맞추고 있다. 왜냐하면 거버넌스 구조는 기관이 준비성과 회복력에 중요성을 두었다는 신호라고 믿기 때문이다. 조직이 어디에 위치하는가는 의미가 있다.

보안 아키텍처는 조직 설계를 추상적으로 반영하는 것이 아니라 문자 그대로 구현할 수 있다. 오클랜드시는 프로 야구팀인 오클랜드 애슬레틱스를 도시에 유지하기를 원했다. 메이저 리그 베이스볼(MLB)은 팀을 위해 더 빛나는 경기장을 요구하고 있었고, 오클랜드 애슬레틱스 투자 그룹(Oakland Athletics Investment Group, LLC)은 해안가의 산업 불모지에 위치한 하워드 터미널(Howard Terminal)을 새로운 경기장 부지로 가장 먼저 선택했다. 이 프로젝트는 1년 중 최대 103일까지 경기와 콘서트가 개최될 것으로, 연간 총 354회의 다양한 행사가 진행될 것으로 예상했다. 제안된 개발의 다른 요소에는 최대 3000개의 주거 단위, 14만 제곱미터의 사무실 공간, 최대 2만 5000제곱미터의 할인점 부지, 그리고 400개의 방이 있는 호텔이 포함되었다.[3]

이 프로젝트는 엄청난 지지를 받았지만, 비판도 상당했다. 경제적, 사회적, 정치적 논쟁에도 불구하고, 심지어 부지에 대한 약식 검토조차도 문제를 드러냈다.[4] 오클랜드는 화재와 지진을 경험한 곳이고, 대규모 행사는 대량 총기 난사의 표적이 되며, 심지어 아무리 신량한 군중이라도 엄청난 인파가 몰려들 수 있었다. 한쪽이 물로 둘러싸여 있고 출구 도로가 몇 개뿐인 데다 그중 일부는 서해안 공급망을 유지하기 위해 철도와 화물로 계속 막혀 있었기 때문에 만일의 사태가 발생할 경우 사람들이 안전하게 대피할 방법이 없었다. 그러나 이러한 사실은 부지에 많은 투자가 이루어진 후에야 인식되었다. 나중에 생각하자니, 그것은 이미 전열이 짜인 상황에서 팀 경영진에게 심각한 도전 과제가 주어진 것이었다. 여기에 짓는다면 망할 수도 있고, 여기에 짓지 않는다면 팀이 다른 곳으로 갈 리스크를 감수해야 했다. 보안 아키텍처에 대한 문제가 명확해졌을 때는 이미 늦었다.

사업 계획에서 발언권을 갖는 안전장치의 역량을 보안 분야에서는 **가용성**(availability)이라고 한다. 가장 중요한 순간에 팀을 사용할 수 있는가? 많은 기관의 경우 가장 기본적인 분석으로 이 질문에 대답한다. 그렇다, 우리는 누구에게 전화해야 하는지 알고 있다. 하지만 가용성은 기본적으로 접근성과 관련이 있다. 야구장 위치를 결정하기 전에 그들을 사용할 수 있는가?

우리 모두는 핵심 역량, 임무에 집중하는 경향이 있다. 우리는 보안을 조력자로 여기지 않고, 오히려 귀찮은 일이나 부가 기능으로 본다. 그건 실수다. 대응 능력을 비즈니스의 핵심 역량의 일부로 고려한 다음 해당 기관이나 커뮤니티에서 가장 보호가 필요한 기능이 무엇인지 파악해야 한다. 국토안보부 사이버 인프라 보안국(Cyber and Infrastructure Security Agency)의 전 책임자인 크리스 크레브스(Chris Krebs)는 내게 말했다. "대형 은행이라서가 아니라 그 은행이 하는 일이 중요합니다."[5]

크레브스는 은행의 현금 가용성은 사실 대단한 일이 아니라고 말했다. "현금을 찾을 수 있겠죠. 하지만 예를 들어 JP모건 은행이 일 단위 도매 대금 결제(고용주가 직원에게 급여를 지불하는 방법) 능력을 상실했다면…… 그러면 우리는 세계적인 경제 위기를 맞게 될 것입니다."[6] 이것이 핵심이다. 대형 금융 기관의 핵심 가치는 고용주에게 많은 돈을 분배하고 고용주가 다시 그 돈을 우리에게 분배하는 것이다. 대형 금융 기관은 은행 업무를 쉽게 처리할 수 있도록 ATM 사업을 하고 있지만, 이것이 꼭 필요한 것은 아니다. 문, 무기, 경비원은 ATM 기계를 보호할 수 있지만 그것이 대형 은행의 강력한 안전 요구 사항은 아니다. 가장 큰 가치를 보호하기 위해 결과 관리 투자가 어디에 필요한지 파악하지 못하면 더 큰 피해를 입을 위험이 있다.

콜로니얼 파이프라인(Colonial Pipeline)의 사례를 보라. 2021년 5월, 콜로니얼 파이프라인 에너지 유통 회사에 대한 랜섬웨어 공격은 극적이었지만 필요한 대응으로 이어졌다. 콜로니얼은 전체 시스템을 폐쇄했다. 러시아 정부와 연계된 것으로 보이는 사이버 공격자들은 랜섬웨어 공격 대상이 된 시스템을 풀어 주는 대가로 많은 돈을 원하지 않았다. 보상금을 상대적으로 낮게 책정하여 회사가 돈을 지불하고 법 집행기관에 알리지 않도록 했다. 이것이 랜섬웨어가 작동하는 방식이다. 간단히 말해서, 모두가 이 불쾌한 일을 빨리 끝내버린다. 그것은 사업을 하는 대가다. 보험 업계는 심지어 랜섬웨어 방호 서비스도 제공한다.

그러나 콜로니얼은 기술 회사가 아니다. 이 회사는 동부 해안의 거의 45퍼센트에 달하는 지역에 가스와 석유를 공급하는 것을 책임지고 있다. 핵심 기반 시설로는 충격적인 의존도로 보이지만, 그 유통망은 오랜 시간에 걸쳐 다변화를 거의 생각하지 않은 채 구축되었다. 공격이 발견되자 회사는 시스템 전체를 중단할 수밖에 없었다.

콜로니얼 파이프라인 폐쇄 시 중단 범위

그렇게 하지 않으면 수천 킬로미터의 배관을 포함한 물리적 자산이 위험해질 것이기 때문이다. 콜로니얼은 네트워크에 대한 통제력을 잃었다. 그 상태가 계속된다면 투명성 없이 (업계 용어로) '눈 감고 퍼내는 격(pumping blind)'이 될까 봐 우려했다. 나중에 콜로니얼은 실제로 보상금을 지불했지만 그 후에도 사이버 공격자들이 콜로니얼의 네트워크를 풀어 준다고 신뢰할 수 없음이 판명되었다고 털어놓았다. 그래서 콜로니얼은 모든 것을 폐쇄해야 했던 것이다.

콜로니얼이 어떻게 해킹을 당할 수 있었을까? 그것은 온당한 질문이지만 잘못되었다. 재앙의 시대에 더 중요한 질문은 다음과 같다. 보안 계획에 그렇게 많은 투자를 하고서도 콜로니얼은 어떻게 폐쇄 외에 다른 비책이 없었을까? 폐쇄는 지속 가능한 대응이 아니다. 하루나 이틀 정도의 휴업은 이해할 수 있었다. 하지만 더 오래라면? 그 대신, 콜로니얼이 핵심 기능에 차질을 빚을 가능성에 초점을 맞췄다고 상상해 보라. 그렇다. 네트워크를 더 잘 보호하고 싶겠지만, 일단 네트워크가 뚫리면 일부 또는 모든 재난 계획을 고려했을 수 있다. 피해를 확인하기 위해 즉시 폐쇄할 수 있다손 해도 일주일을 더 기다리는 것은 용납할 수 없는 시간이다. 이러한 경우에 대비해 백업 이중화 네트워크를 구축할 수 있었고, 운영 및 배포와 관련된 주요 요구 사항과 네트워크상의 급여 지급과 같은 비즈니스 요구 사항을 분리할 수 있었다. 대형 파이프라인을 신속하게 이동시키는 데 초점을 맞추고 현지 배송을 위해 트럭과 다른 형태의 운송에 의존하는 복구 노력을 계획할 수도 있었다. 회사가 사이버 보안과 물리적 보안을 분리하지 않았다면 여러 선택지를 사용할 수 있었을 것이다. 파이프라인의 사이버 네트워크에 대한 공격이라고 부르기에는 너무 온건하다. 그것은 파이프라인에 대한 공격이자 회사의 가치에 대한 공격이었다.

갑판 의자 재배치

타이타닉호에서 갑판 의자를 재배치하는 것이 쓸데없다는 옛말은 거대한 빙산에 부딪혀 침몰하는 것과 같은 더 큰 사건에 의해 묻힐 가능성이 있는 무의미한 일을 하는 것을 표현한다. 설계에 초점을 맞추어 보면, 이 말은 문제를 더 산만하게 만드는 것이다. 이러한 '데크 의자' 배치 중 일부는 사실상 겉모양만 그럴듯하게 보일 수 있지만, 대다수는 구조가 재난을 견딜 수 있도록 보장하기 위해 필요하다. 좀 더 직설적으로 말하자면, 혼란을 최소화하기 위해서는 전체 그림을 보는 것이 중요하다. 틀림없이, 위기나 재앙 후에 정부는 종종 약간의 재장식을 함으로써 대응할 것이다. 정부는 마치 그 한 사무실이나 부서가 피해를 막았을 것처럼 새로운 사무실이나 관료 기구를 만든다. 이러한 정서는 9·11 테러 공격 이후 국토안보부를 창설하도록 밀어붙였다. 다른 부서 24개 이상의 관청과 기관이 통합되어 종종 능력과 역량을 세세히 검토받는 거대한 조직체가 탄생했다.

많은 회사가 9·11 이후 시대에 발맞춰 최고 보안 책임자(CSO)와 CSO가 이끄는 직원들을 새로 고용했다. 그 후 10년 동안 기업이 점점 더 많은 사이버 공격을 경험하면서 새로운 유형의 리더가 등장했다. 바로 최고 정보 보안 책임자(CISO)다. 나중에 국가가 코로나19 팬데믹에 대응함에 따라 이러한 회사 중 일부는 최고 의료 책임자(CMO) 또는 최고 보건 책임자(CHO)라는 새로운 유형의 임원까지 고용하는 것으로 나타났다. 이처럼 C 레벨 임원이 많이 생겼다.

그 정서는 많은 경우에 칭찬할 만했지만, 그 직책들은 응집력 있는 조직 없이는 거의 의미가 없다. 더 중요한 노력은 이 모든 다양한 독립체들이 조정되고 통합되는지 여부이다. 흔히 전직 FBI나 비밀 경호국 요원 출신인 CSO는 주로 배지, 물리적 경계 보호, VIP의 소재 파악과 같은 것들에 초점을 맞추고 있다. 그들은 신입 직원과 기존 직원이 총기 난사나 지진에 대비할 수 있도록 훈련하고 연습한다. 대부분 기술자인 CISO는 대체로 암호 및 계층화된 방어 제어를

C 레벨 임원들의 다양한 보안 역할

통해 네트워크가 중단되는 것을 방지하기 위한 예방 노력(즉 재난 왼쪽)에 초점을 맞춘다. 일반적으로 공중 보건 전문가인 CMO 또는 CHO는 이제 회사나 공급망에 영향을 미칠 수 있는 어떤 나쁜 세균이나 다른 악성 바이러스가 세상에 잠복해 있는지를 평가하기 위한 전반적인 노력의 일부가 되었다. 노력, 초점, 인력이 분산됨으로써 이들은 종종 서로 다른 위험으로부터 회사를 보호하려는 서로 다른 벽을 쌓고 있다. 이제는 문제가 분명해졌기를 바란다. 배가 침몰한다는 것은 배 전체가 가라앉는다는 것이다.

우리는 나쁜 구조를 세우고는 모든 사람이 같은 가치를 공유하고 같은 이해관계를 가진 것처럼 의제를 상정하는 경향이 있다. 지난 10여 년 동안 사이버 보안 분야에서 일어난 일들은 이 나쁜 습관을 명백히 드러낸다. 우리는 물리적 위협의 세계에 살고 있으며, 비록 온라인에서 많은 시간을 보내더라도 이 사실은 변함없다. 반대의 경우도 마찬가지다. 물리적인 것과 사이버적인 것은 차이를 둘 수 없을 만큼 밀접하게 연결되어 있다. 적들은 시스템에 침입하고, 그 시스템은 수행할 수 있는 일에 영향을 미칠 것이다. 그것이 비행기를 조종하든 물건을 배달하든 동부 해안 전체에 가스를 퍼트리든 말이다.

책임 분산은 종종 상부에 중점이 없기 때문에 악화된다. 보안 분야의 C 레벨들은 보고 구조와 지휘 계통이 다를 뿐 아니라 리더십이나 이사회에서 발언권을 갖는 경우도 거의 없다. 주식회사 이사회 중 보안 또는 사이버 보안 영역의 이사가 단 한 명이라도 있는 경우는 거의 없다.[7] 이는 단순히 상징적인 도전 과제가 아니다. 직원들에게 그들의 기술이나 전문 지식이 회사의 비즈니스 모델에 필수적이지 않다고 말하는 것이다. 그것은 또한 회사 내 보안 조직에 있는 사람들이 의제 설정이나 의사 결정을 위해 최고 경영진에 접근할 수 있는 어떠한 기회도 부여하지 않는 것이다. 사내에서의 입지가 중요하다. 대응 능력은 비즈니스 조력자로 간주되지 않는 경우가 많다.

'하지만 우리는 보안 산업에 종사하는 게 아니다'라는 식의 이러한 태도는 새로운 경제에도 많은 영향을 미친다. 실리콘밸리와 벤처 캐피털리스트 세계에서 보안에 대한 모든 논의는 정말로 발목을 잡는다. 그들은 틀에서 벗어나 생각하고 세상을 파괴하고 변화시키는 것을 좋아한다. 그들 중 많은 이가 이런 진부한 태도를 가지고 거대한 제국을 건설했다. 공유 경제도 마찬가지다. 공유 경제에서는 플랫폼이 모두 연결에 관한 것이며 나쁜 일이 발생할 수 없다고 태평스럽게 가정한다. 공유 경제 기업인 우버, 리프트, 위워크, 에어비앤

비 등의 모토는 본질적으로 사람들을 하나로 모으는 것이다. 자유롭고 유연하게 커뮤니티를 구축할 수 있는 능력이 비즈니스 모델이다. 그 비즈니스 모델이 초래할 수 있는 위기에 대해 생각하는 것은 아니다.

사람들을 한데 모으는 것은 더 큰 위험을 초래할 수 있다. 이 사실은 좋지도 나쁘지도 않다. 그러나 위험이 증가함에 따라 회사들은 스스로 준비가 부족하다는 것을 알게 되었다. 승차 공유 및 거주 공유 상황은 안전하지 않은 행동을 하는 승객, 운전자, 호스트, 게스트에 관해 많은 불만을 낳기 시작했다. 이러한 불만 중 일부는 범죄 수사의 대상이 되었다. 우버는 2020년까지 자사 운전자에 대한 성희롱 또는 성폭력 신고가 3000건 이상이라고 발표했다.[8] 독립 계약자라는 운전자 지위가 아무리 그럴듯한 책임 회피 구실이 됐을지라도 회사는 그 문제를 피해 갈 수 없었다. 우버 운전자는 법적 고용 상태와 상관없이 우버 운전자다.

하지만 실리콘밸리 세계의 많은 부분은 여전히 안전 설계자들에게 자리를 내주지 않았다. 시행된 많은 구조들은 발생할 수 있는 일에 대한 통합된 노력이나 투명성과 일관되지 않았다. 자문단 혹은 새로운 사고를 하는 스타트업 세계에서 '신뢰 자문' 위원회(신뢰라는 말이 보안이라는 말보다 덜 무서워 보이기 때문에)가 설립되었다.[9] 화려한 사람들, 전직 내각 관료들, 정부에서 특별한 직책을 맡았던 고위급 인사들이 테이블에 둘러앉아 '신뢰'를 논의한다. 신뢰란 말은 듣기 좋고, 위협적이지 않고, 감성적으로 들린다. 그게 문제다. 보안 아키텍처는 심각한 것이다. 추수감사절에 아이들이 모여 앉은 테이블처럼 가볍게 여겨서는 안 된다.

다시 말하지만, 지식이나 역량의 부족보다는 거버넌스 구조가 대응 계획에 집중하는 것을 방해하는 경우가 많다. 우리는 위험 평가에 충분한 시간을 할애하고 잠재적 취약성에 대해 추가 시간을 들이면 충분하다고 생각한다. 그러나 우리는 엄격한 결과 관리를 완전히 배제한다. 많은 사람이 스스로를 보안 사업에 종사하고 있다고 여기지 않기 때문이다. 하지만 선택하든 안 하든 종사하고 있다. 콜로니얼 파이프라인에 사이버 보안 침해에 대비하는 재난 관리자가 없었다는 사실은 어리둥절할 수도 있지만 충격적이지는 않았다.

통합된 노력을 위해서는 대비 대응의 전체적인 성격을 주시하고 회사 정책을 추진할 수 있는 사람과 시스템을 찾아야 한다. CEO, 소규모 자영업자 또는 어떤 일을 담당하는 모든 사람이 계획이나 전술 운영 전문가일 필요는 없지만 회사나 기관에서 이러한 시스템이 완전히 육성되도록 해야 한다. 보안 팀에서 이사회 구성원, 공급업체에 이르기까지 모든 플레이어가 재난 관리 팀의 일원이다. 실제로 가장 큰 서비스 중단 사태 중 일부는 네트워크에 대한 직접적 공격이 아니라 백도어(back door)를 통해 적이 들어왔기 때문에 발생했다. 솔라윈즈 건도 백도어 공격 중 하나였다.

이러한 노력의 통합은 특히 문 자물쇠를 겨우 살 형편인 소규모 자영업자나 기업에게 벅차 보일 수 있다. 그럴 필요는 없다. 앞서 나는 결과 관리에 대한 모든 위험한 접근법에 대해 썼다. 기본적으로 나는 악마가 실제로 어떤 형태를 취할지 미리 판단해야 한다는 개념을 중단할 것을 요청했다. 우리는 악마의 도착으로 인한 결과를 최소화하는 데 초점을 맞춰야 한다. 성공의 기준은 우리의 대응 결과가 덜 나쁘다고 말할 수 있는 어떤 지표를 만드는지 여부이다. 이러한 공유 위험 개념은 공유 대응에 적용될 수 있다. 이를 수행하는 가장 좋은 방법은 이중 사용(dual-use) 기능에 초점을 맞추는 것이다.[10] 이중 사용이라는 용어는 국제 관계 및 수출 통제의 분야에서 유래했다. 위성이나 열화상과 같이 평화적 목적과 군사적 목적 모두에 사용될 수 있는 모든 기술을 말한다. 이러한 품목은 일반적으로 제조 및 유통 과정에서 더 강력한 보안성 검토를 받고 있다. 이중 사용은 9·11 테러 공격 이후 몇 년 사이에 대응 및 대비의 분야에 널리 적용되기 시작했다.

그날의 즉각적인 여파와 이후 몇 년간 지방, 주, 연방 대응 인력들을 위한 수많은 장비를 사기 위해 엄청난 자원이 소비되었다. 이것들은 생물 테러 마스크와 같은 매우 독특한 특수 장치여서 사용될 것 같지 않았다. 지속 가능하지 않았다. 결국, 대응 기관들은 다목적으로 사용할 수 있는 품목을 구매하는 것이 가장 유용하다는 것을 이해하기 시작했다. 이것은 고압 호스처럼 간단한 것일 수 있다. 소방관들은 테러 위협을 위한 특수 호스, 방화를 위한 별도의 호스, 자연 화재를 위한 또 다른 호스가 필요하지 않다. 그냥 호스면 된다. 대응 기관들이 상황에 상관없이 사용하기에 익숙해질 정도로 자주 쓰인다는 것이 좋은 구식 호스의 장점이다.

우리는 나누거나 전문화하기보다는 통합한다는 비슷한 맥락에서 준비 아키텍처를 생각할 필요가 있다. 코로나19가 미국의 산업에 영향을 미치기 시작하면서 이러한 분열이 다시 부각되었다. 팬데믹 기간 동안, 나는 미국 전역에 수천 개의 오프라인 매장을 보유한 대형 소매업체의 경영진과 전화 통화를 했다. 나는 CEO와 그의 팀이 아직 전화에 연결돼 있는지 모른 채, 우리 팀만 있는 듯 평소처럼 떠들고 있었다.(우리가 모두 화상 회의로 전환하기 직전이었다.)

"모든 시설을 폐쇄하라고 말하는 건 제 몫인 것 같죠?"

나는 전형적인 빈정거리는 유머로 말했다.

"그럴 리가 없습니다."

전화 반대편에서 목소리가 울렸다. CEO였다.

내가 코로나19가 가져올 수 있는 결과를 30분 동안 설명한 후, 마침내 CEO는 그 사실을 이해했다. 내가 특별히 선견지명이 있거나 현명해서 CEO가 듣기 꺼렸던 어떤 숨겨진 사실을 드러낸 것이 아니다. 놀랍게도 그는 이전에 모든 매장을 폐쇄할 가능성에 대해 듣지 못했다. 회사의 계획에 전혀 없었던 것이다. 어떻게 그럴 수 있었을까? 내가 알 수 있는 바로는 수천만 달러가 회사를 위한 보안 노력에 쓰였지만, 그것은 문, 경비원, 무기에 집중되어 있었다. 발생 가능성은 낮지만 피해 영향은 큰 새로운 잠재적 위협이 포춘 100대 기업의 계획에 전혀 반영되지 않았다. 다른 CEO들과 그들의 친구들로 가득 찬 이사회는 종종 그렇듯 회사로 하여금 어떤 상황이 전개되고 있는지 보게 할 수 있는 광범위한 전문 지식을 가지고 있지 않았다.

초동 대응 요원들이 흔히 하는 상투적인 말이 있다. 재난 현장에서 명함을 나눠 주고 싶지 않다는 말이다. 철 지난 표현이긴 하다.(우리는 이제 명함을 돌리지 않는다.) 그러나 이제 모든 리더는 기관의 아키텍처가 노력의 통합을 위해 정렬되도록 보장할 수 있는 능력이 있다. 물리적 보안 담당자가 재난의 순간에 사이버 대응 담당자를 만나는 일은 없어야 할 것이다.

수하물을 검사하는 여성

미국 교통안전청(TSA, Transportation Security Administration) 청장을 지낸 피터 네펜저(Peter Neffenger)는 유니폼에 줄무늬가 세 개 달린 여성이 누군지 몰랐다. 2015년 여름, TSA가 내부 비밀 검색 테스트에 실패했고 위기에 처했다는 보고서 내용이 공개적으로 유출된 직후, 대통령에게 직통 전화를 받은 네펜저가 근본적으로 망가진 이 기관을 맡게 되었다. 그해의 나머지 기간 동안 TSA는 완전히 통제할 수 없는 광범위한 장애를 경험했고, 이로 인해 전국 공항에서 엄청난 줄이 생기고 승객들은 당황했다. 비행기 이용객이 예상보다 많았고 프리체크(PreCheck) 프로그램 신청자는 예상보다 적었다. TSA에는 공석이 너무 많았고 항공사가 위탁 품목에 요금을 부과하기 시작하면서 더 많은 사람이 더 많은 물건을 가지고 보안 검색대를 통과하려고 했다.[11] 네펜저가 취임한 이후 문제가 발생했다. 수하물을 검사하며 승객들을 이쪽에서 저쪽으로 통과시키는 최일선에 있는 보안 요원들은 보안이라는 단어가 들어간 기관에서 소외감을 느꼈다. 그리고 네펜저는 방금 막 그 이유를 알게 되었다.

그 여성은 최일선 보안 감독관을 나타내는 숫자인 세 개의 줄무

닉 제복을 입었다. 그녀는 주요 공항의 보안 검색대를 감독했으며, 매일 수백만 명의 여행자가 통과하는 그곳에서 TSA는 그들을 대면하는 정부의 얼굴이 되었다. 네펜저는 속담에서 말하듯 "배가 어떻게 만들어졌는지" 직접 현장에서 확인해야겠다고 마음먹었다. 그 여성은 새로 온 상사를 노려보았다. 네펜저는 청장직이 공식적으로 확정되기 전 후보 지명 과정에서 그녀를 만난 적이 있다고 내게 말했다. "그 여성이 나를 보고는 말했습니다. '당신은 이 방에 들어오는 다른 정장 차림 남자들과 똑같습니다. 여기에서 당신이 우리에게 얼마나 마음을 쓰고 있으며 어떻게 돌보는지에 대한 이 모든 행복한 이야기를 들려주죠. 그러다가 나쁜 일이 생기면 가장 먼저 버스에 내 이름을 쓰고 나를 다그치는 사람이 당신입니다.'"[12]

여성은 진지하고 도움이 되는 생각들을 가지고 있었다. 그녀는 항공 여행을 보호하는 일을 담당하는 조직의 선두에 있었지만, 조직의 비공공 부문과의 정체성이나 일체감은 없었다. 그녀는 그들을 언제든 비난을 퍼부을 준비가 된 사람들로 보았다. 그 단절은 노력의 통합이라는 의미를 불가능하게 만들었다. 그녀는 자신에게 기회가 왔음을 알고 있는 것처럼 보였다. 그녀는 네펜저에게 일주일에 며칠 동안 같이 일해 달라고 부탁했다. 네펜저는 텔레비전 프로그램 「언더커버 보스(Undercover Boss)」*에 나오는 조직 수장 모습으로 도착했다. 그녀는 네펜저에게 훈련생들은 대부분 흰색 셔츠와 검은색 바지를 입고 왔다고 말했지만, 네펜저가 카키색 옷을 입은 걸 양해해 주

---

* CEO가 신분을 속이고 자신의 회사에서 사원 체험을 하는 프로그램.

었다. 네펜저는 세 줄무늬 여성과 함께 그곳에서 며칠을 보냈다. 그는 화요일까지 제대로 된 유니폼을 입었다. 원래 말이 많은 네펜저는 승객들에게 그들이 어떻게 지내는지 어디로 가는지 물어보며 쉽게 대화를 나눴다. 그는 그것을 좋아했다.

그러나 그 여성은 생각이 달랐다. "사람들과 얘기하면 안 돼요. TSA와 문제를 일으킬 겁니다."

"내가 TSA 사람이잖아요." 네펜저가 대답했다.

이러한 정서는 보안 요원들이 모든 승객은 잠재적 테러리스트라고 생각하도록 훈련받았기 때문에 그들을 대화에 끌어들이는 것을 원치 않는다는 현실에 근거하고 있었다. 반면 TSA 지도부는 대테러뿐 아니라 원활한 흐름, 친절도, 고객 참여도 등 다른 측정 지표로도 평가되고 있음을 이해했다. 그런데 공항의 실제 TSA 요원인 보안 요원들은 그런 훈련을 받은 적이 없었다. TSA는 실제로 고객 개입이 지나치면, 즉 상호작용이 과도하면 일선 직원의 급여를 동결할 수 있다는 규칙을 세웠다. 그것은 관련된 모든 사람에게 비참한 경험이었다.

네펜저가 시행한 변화는 근본적으로 노력의 통합을 더 이끌어내기 위한 구조적 변화였다. 세 줄무늬 여성은 안전과 보안 노력을 위해 어떤 훈련과 규칙이 필요한지 더 잘 이해할 수 있도록 돕기 위해 네펜저를 대고객 부서로 데려왔지만, 그녀 또한 친절과 참여가 대중에게 더 나은 경험을 제공할 수 있다는 점을 이해했다. 네펜저는 보안과 사업 운영을 연계시켰다. 그는 고객 접점 부서와 지원 부서를 조율했다. 그녀와 그녀가 대표하는 팀들은 의사 결정에 참여하게 되었다. 채용부터 교육까지 보안 장비 전반에 변화가 생겼다. 그리고 가장 중요한 것은, 네펜저가 이 실험이 잘못되면 자신이 비난받을 것이라는 점을 분명히 했다는 사실이다.

통합의 과정은 지금이라도 시작할 수 있다. 종이 한 장을 들고 문제점을 고려하라. X, Y 또는 Z가 발생한다면, 당신이 어디에 있건 즉시 활용할 수 있는 중앙 집중식 대응 시스템이 있는가? 그것을 매핑해 보면 격차와 중복이 드러날 것이므로 유용한 연습이 될 것이다. 누가 의사 결정에 참여하는가? 그들은 의사 결정 테이블 어디에 앉는가? 디자인은 문화를 주도하고, 가치는 맨 위에 설정된다. 노력의 통합은 기본이지만, 먼저 그것을 구축해야 한다.

악마는 우리 중 누구라도 기꺼이 버스 밑으로 던져서 비난받게 만들어 버릴 것이다. 우리는 이제 더 나은 디자인을 시작할 수 있다. 당신은 여기 있다.

4장 최후의 방어선이라는 함정

다양한 실패와 다양한 대응을 상상하라

그들은 이것이 효과가 있을 것이라고 말했다. 해양 시추를 수행하는 모든 에너지 회사는 절대적으로, 긍정적으로, 작동할 것이라고 말했다. 그들은 규제 기관과 입법자들에게 "문제없습니다."라고 말했다. 해저에서 문제가 발생하면(그리고 당연히 그럴 것이다. 어쨌든 해양 시추이기 때문이다.) 해저 아래의 석유가 포획되어 폭발 방지 장치(BOP, blowout preventer)가 작동하고, 유출 손상으로부터 바다를 보호하기 위해 시스템을 자동으로 종료시킨다. 그들은 이것이 효과가 있을 것이라고 말했다.

그러나 그렇지 않았다.

그후에 일어난 일은 모두가 아는 이야기다. 2010년 초 딥워터 허라이즌이라는 석유 시추 장비가 멕시코만의 마콘도 시추 후보지에 배치되었다. 2010년 4월 20일, 굴착 장치는 통제되지 않은 석유 채굴 압력으로 인해 폭발했고 결국 억제할 수 없었다. 굴착 장치가 침몰하면서 작업자 열한 명이 사망했다. 백업 계획인 BOP는 실패했고, 이는 미국 역사상 가장 큰 규모의 기름 유출로 이어졌다.[1] "게임 체인저(game changer)가 있습니다." 해안경비대 메리 랜드리(Mary Landry) 함대사령관이 폭발 며칠 후 불안한 오바마 행정부에 전화를 걸어 말했다. 그녀는 기름을 도로 담을 수는 없다고 했다. '게임 체인저'는 절제된 표현으로 판명될 것이었다. 기름은 텍사스에서 루이지애나 습지로, 미시시피와 앨라배마 해변을 가로질러 플로리다 서부지역까지 멕시코만 전역으로 퍼졌다. 바다 대부분은 어업이 금지되어 미국 전역에 생선을 공급하는 식품 공급망에 영향을 미치고, 여름 관광은 중단될 것이었다.

평범한 진공청소기를 상상해 보자. 플러그가 꽂혀 있고 카펫에서 먼지와 흙을 빨아들인다. 꽤 완벽한 발명품이다. 먼지 봉투가 부풀어서 차면 먼지가 사방에 쏟아지지 않도록 청소기를 끈다. 그런데 먼지 봉투가 부풀어서 차도 기계가 꺼지지 않고 청소기의 플러그를 뽑는 최종 안전 기능조차 작동하지 않는다고 가정해 보자. 진공청소기는 먼지를 가차 없이 빨아들이다 먼지 봉투가 터지고 먼지와 부스러기가 방 전체에 날아다니며 엉망진창이 된다. 이것이 역사상 가장 큰 석유 유출 사고를 일으킨 사건이다. 진공청소기의 먼지 봉투가 찢어졌고 장치의 플러그를 뽑지 못했다.

그 결과는 역사에 남을 일이 되었다. 최종적으로 490만 배럴의 석유가 배출되었다. 4만 8200명의 대응 요원이 기름 유출 대응에 참여했다. 기름이 해안에 도달하기 전에 기름을 정화하기 위해 선박 9700척이 배치되었다. 1800만 갤런의 유처리제가 기름을 분해하기 위해 바다나 공기로 방출되었다. 정찰기 127대가 위에서 난장판을 감시했다.[2] 기름은 도처에 있었다. 나는 루이지애나 주지사인 보비 진덜(Bobby Jindal)과 함께 비행 중 굴착 장치가 침몰한 곳을 보았다. 해안경비대가 배치한 보트 몇 척이 밀려오는 기름의 파도에 맞서는 작은 모래 점처럼 보였다.[3]

딥워터 허라이즌 기름 유출은 정치적, 환경적, 경제적, 역사적 위기였다. 수년에 걸쳐 석유 시추는 한층 공격적으로 진행되어 더 많은 석유를 채취하기 위해 바다로 확장되었다. 회사는 멕시코만의 마콘도 시추 후보지가 얼마나 큰지조차 몰랐다. 우리 모두가 알고 있는 것처럼 유정은 몇 년 동안 흘러나올 수 있다. 유출의 영향을 받은 주를 운영하는 공화당 주지사 다섯 명 중 세 명, 루이지애나의 보비 진덜, 텍사스의 릭 페리(Rick Perry), 미시시피의 헤일리 바버(Haley Barbour)는 결국 2012년 두 번째 임기를 위한 대선에서 오바마 대통령을 교체하려고 했다. 미래의 녹색 경제와 일치하지 않는 산업인 해양 대형 석유 산업이 위험에 처했다. 또한 이 유출 사고 이후 오바마 행정부는 전국의 모든 해양 시추를 중단했다. 더러운 바다와 모라토리엄으로 멕시코만 전체가 얼어붙었다. 낚시도, 시추도, 관광도 없어졌다.

그들은 이것이 효과가 있을 것이라고 말했다.

실패 모드

1~3장에서는 악마가 다시 올 때를 대비하기에는 내일이 너무 늦기 때문에 지금 할 수 있는 구조적, 전략적 투자에 초점을 맞췄다. 우리가 항상 재난의 문턱에 앉아 있는 방법을 강조하고, 침해를 가정하고, 잡음을 포착하고, 피할 수 없는 상황에 대비하는 데 도움이 될 통합 대응 메커니즘을 구축할 필요성을 검토했다. 모든 것이 필요하지만 어떤 것이라도 좋다. 피할 수 없는 재난에 대해 각자가 주인의식을 더 많이 가질수록 피해는 줄어들 것이다. 다음 장에서는 재난이 닥치기 전에 이루어져야 하거나 피해야 할 모범 사례에 중점을 두어 발생할 수 있는 손실을 제한하는 더 많은 기회를 제공하고자 한다. 이 역시 내일은 너무 늦기 때문에 지금 바로 실행할 수 있다.

돌이켜보면 모든 재난은 더 이상 억제할 수 없는 순간, 재난의 오른쪽이 무너진 순간이 있었던 것처럼 보일 것이다. 이를 단일 실패 지점(SPOF, single point of failure)*이라고 하며 시스템이 다운될 때 전체 시스템이 흔들리게 되는 메커니즘을 설명한다. BOP는 결국 최후의 방어선이었다. 실패했을 때 혼란은 걷잡을 수 없었다. 최후의 방어선은 궁극적으로 지나치게 의존하게 된다. 그것을 찾아내는 순간, 당신은 곤경에 빠진다. 재난이 일어났거나(최후의 방어선이 실패했거나) 그렇지 않았다(최후의 방어선이 작동했다)라는 식으로 준비에

---

* 이중화되지 않아서 해당 시스템에 장애가 생길 때 전체 또는 일부 서비스의 중단을 일으키는 시스템 자원.

대한 이분법적 개념을 강화하기 때문이다. 최후의 방어선은 함정이 며 세 가지 중요한 이유로 개념적으로 해롭다.

첫째, 그것은 최후의 방어선이 무너지지 않는다면 모든 것이 잘 되고 있다는 잘못된 감각을 심어 줄 수 있다. 재난이 닥쳤을 때 우리 는 종종 '우리가 무엇을 놓쳤을까?' 하나만 생각한다. 여러 가지 이 유로 시스템이 다운된다. 한 가지 이유만 있다고 생각하면 다른 모 든 이유를 무시하고, 그중 하나 또는 모두가 흔들리는 경우 영향을 최소화하기 위해 할 수 있는 조치를 무시하는 경향이 있다. 결과 최 소화에 집중해야 하는 세상에서 단일 실패 지점을 보호하는 것은 정 말 최소한의 조치다. 다른 오류가 존재할 수 있으며 누적적으로 단 일 오류가 야기하는 것과 동일한 피해를 초래할 수 있다.

엔지니어는 종종 실패 모드 분석을 활용하여 계획의 많은 부분 을 둘러싸고 있는 이러한 희망적인 생각에 대응하려고 한다. 더 공 식적인 이름은 실패 모드 및 영향 분석(FMEA, failure mode and effects analysis)이지만 흔히 실패 모드라고 부른다. 시스템, 하위 시스템, 조 립라인, 구성 요소를 평가, 테스트 및 검토하여 잠재적인 오류와 궁 극적으로 그 영향을 사전에 식별하는 프로세스를 말한다. FMEA는 매우 정형화된 시스템이다. 엔지니어는 워크시트와 정성적 점수, 수 학적 비율, 통계적 실패 비율을 매우 구조화된 기술로 사용한다.

기본적으로 1950년대에 시작된 이 프로세스는 새로운 발명의 제품 수명 주기의 여러 지점에서 사용된다. FMEA는 발명의 잠재적 인 실패를 파악하고 그 신뢰성을 테스트한다.[4] 이 프로세스는 비즈 니스 노력과 생산성을 향상시키는 데 사용되는 평가 도구인 6시그마(Six Sigma) 도구로 알려진 더 큰 검사 시스템의 일부다.[5] FMEA 외에도 관리도(control chart) 및 시스템 검사(system check)가 포함된다. 이것은 고도로 기술적인 노력이지만, 전반적인 목표는 실패할 운명에 처한 시스템에 너무 많은 투자를 하기 전에 실시간 분석을 제공하는 것이다. 시스템 동적 분석, 시나리오 플래닝, 위해 요인 분석과 중요 관리점(hazard analysis and critical control point, HACCP)과 같이 조직에서 테스트 준비를 강조하기 위해 자주 사용하는 다른 이름이 있다.[6] 마지막의 HACCP는 원래 우리 몸에 들어오는 잠재적 위험을 더 잘 식별하고 평가하기 위해 식품 안전 및 공급망 보호를 위해 설계되었다. 푸드 체인(food chain)의 '중요 관리점' 테스트에 중점을 두어 매우 엄격하기에 현재 다른 분야에서도 활용되고 있다.[7] 이러한 프로세스에는 지속적인 개선 문화에 적응하도록 한다는 부차적인 이점도 있다.

심지어 엔지니어링 사업에 종사하지 않는 회사들도 실패할 수 있다. 단일 실패 지점을 피한다는 생각에 전적으로 의존하는 것은 우리의 주의를 한 가지 솔루션에만 집중하는 경향이 있고, 재난으로 이어질 수 있는 더 크고 체계적인 약점을 무시하게 만든다. 딥워터 허라이즌 장비에는 완벽하게 적합한 BOP가 있다고 믿었지만 안전장치가 고장 났을 때를 위한 안전장치는 없었다. 단일 안전 기능은 장애의 영향과 완화 방법에 대한 시스템 분석에 부합할 수 없다. 덜 나쁜 것이 우리가 항상 여기에서 목표로 하는 기준이다. 하나의 마지막 방어선은 기관으로 하여금 여러 방어선이 확실히 닥칠 피해를 최소화하는 데 어떻게 도움이 되는지 생각하지 못하게 한다.

방어 계획에서 최후의 방어선에 대한 전적인 의존을 피하는 두 번째 이유는 그 단일 방어에 많은 부담을 가하기 때문이다. BOP는 안전 계획에 대한 상당한 투자이다. 해양 시추에 안전 기능이 없다고 주장하는 것은 정확하지 않다. 내부 안전 문서에 따르면 "석유 시추에 정통하고자 하는 사람이라면 폭발 방지 장치(BOP)의 중요한 역할을 이해해야 한다."라고 되어 있다.[8] BOP의 역할은 잘 알려져 있다. "본질적으로 BOP는 위험한 폭발이나 킥(kick)*으로 액체가 표면에 떠오르는 것을 막기 위해 기계 아래로 이어지는 밸브를 차단한다." 새 제품과 중고 제품을 판매하는 키스톤 에너지 툴스(Keystone Energy Tools) 웹 사이트의 블로그 게시물에 나오는 설명이다.[9] 결국 BOP는 본질적으로 석유 시추에서 많은 역할을 한다는 의미이다. BP사의 BOP는 무게가 400톤이었고 높이는 거의 5층에 달했다. 그 자체로 괴물이었다. 해저를 모니터링할 때 수압으로 동력을 얻는 장치로 설계되었다. 이 장치는 단순히('단순히'라는 것은 그렇게 많은 작업을 수행한 적이 없다는 것을 의미한다.) 통과하는 기름을 차단한 다음 유정을 밀봉하거나 진공을 차단한다.

BP의 BOP는 가장 작동해야 할 때 작동하지 않았다. 폭발, 사방에 퍼진 석유와 가스, 불붙은 굴착 장치, 지금 유정에서 분출되는 잔해가 머리 위로 떨어져 내려 놀란 승무원들, 이것이 BOP가 작동해야 할 순간이었다. 어쨌든 BOP는 부주의하게 설계되지 않았다. 업계 비평가들은 이러한 회사의 안전 및 보안 노력을 쉬이 일축해 버

---

* 유정 폭발 시 발생하는 고압의 가스와 오일을 말한다.

린다. (BOP가 효과가 있을 거라고 생각하는) 그들의 마음이 진심이기 때문에 안전을 위해 노력하지 않을 수도 있다. 비즈니스 및 산업 연속성이 가장 중요하다. 동기가 무엇이든, 2011년 캘리포니아대학 버클리캠퍼스(UC Berkeley)에 기반을 둔 재난 위험 관리 센터(CCRM, Center for Catastrophic Risk Management)*에 따르면 BP의 BOP에는 활성화할 수 있는 최소한 여섯 개의 중복(즉, 추가) 수단이 있는 것으로 나타났다. 그것이 바로 스마트 디자인이다. 그러나 이러한 시스템은 낱낱이 모두 고장이 났고 658억 달러의 피해가 뒤따랐다.[10]

　BOP의 실패는 사실상 단 한 가지가 아니었다. 이 최후의 방어선에는 여러 취약점이 있었다. 검토 결과, 수많은 연구에서 모든 BOP의 설계에 중대하고 근본적인 결함을 발견했다. 2012년 미국 국립학술원(National Academies)의 연구에 따르면 파이프를 절단하고 밀봉하기 위한 구성 요소인 "블라인드 시어 램이 존재할 수 있는 모든 유형과 크기의 파이프를 전단하도록 설계되지 않았다."[11] 산업 재해를 조사하는 미국 화학물질 안전 및 위험 조사 위원회(US Chemical Safety and Hazard Investigation Board)의 2014년 후반기 연구는 BOP가 종종 작동하지 않게 된다는 점에 주목했다. 이 연구는 차단되도록 설계된 배관의 일부가 구부러지거나 꼬이면 BOP가 작동하지 않는 경우가 많다고 언급했다.[12] BOP가 필요한 경우라면, 배관이 일부 흐트러지고 응력(stress)이 가해지는 치명적인 상황에서 필요할 터이

---

* 허리케인 카트리나 이후 결정된 조직으로, 비극적 사건의 회피와 완화를 위한 초학제적 해결책의 필요성을 인식하는 학술 연구자와 실무자들의 그룹.

다. 그러나 그 상황은 작동하지 않을 가능성이 크다고 판명된 경우인 것이다.

정부 감시 프로그램(Program on Government Oversight)*은 다음과 같이 간결하게 설명한다. "볼트가 불가사의하게 부러진다. 봉인이 누출된다. 구성 요소가 막힌다. 급류의 가스와 모래가 강철을 관통한다. 장치가 작동된 지 몇 년이 지난 후에 설계 결함이 표면에 나타난다. 전해진 바에 따르면 사찰관들은 사찰을 줄인다. 에너지 회사들은 안전 테스트를 위조한다. 오류에 대한 여지를 거의 남겨 두지 않은 작동 명령은 지저분하고 압도적인 힘과 충돌한다."[13] 정부는 이에 대해 어느 정도 책임이 있다. 정부는 "규정된 테스트 빈도를 양보해 절반으로 줄였다." 모든 연구가 규정을 업데이트해야 한다는 결과를 내놓았음에도 정부는 그러지 않았다. 2012년 5월 안전 및 환경 집행국(Bureau of Safety and Environmental Enforcement)이 개최한 폭발 방지 장치에 대한 포럼에서 국립 공학 아카데미(National Academy of Engineering)의 로저 매카시(Roger McCarthy)는 다음과 같이 기본적인 논평을 했다. "지옥이 무너지고 있는 상황에서 이러한 것들이 작동할 것으로 예상하려면 모든 지옥이 열려 펼쳐지는 것을 시뮬레이션하는 조건에서 테스트해야 합니다."[14]

언제나 조만간 지옥이 열릴 것이기 때문이다.

이는 방어 계획에서 최후의 방어선을 거부하는 세 번째이자 가장 중요한 이유로 이어진다. 일단 한번 뚫리면 그 실패가 안정 상태

---

* 미국의 민간 정부 감시 단체 POGO.

라고 생각하게 된다. BP의 경우에도 그랬다. BOP가 손상되면 치명적인 상황을 관리하고 중단을 최소화하기 위해 할 수 있는 일이 없었다. 최후의 방어선이 뚫린 후에는 아무런 방어책이 없었다.

BP 산업 재해는 2010년 4월 20일 BP가 운영하는 딥워터 허라이즌이 폭발하고 BOP가 실패하면서 시작되었다. 회사가 유정을 효과적으로 폐쇄할 수 있을 때까지 기름이 유출되었다. 그것은 BP가 이러한 만일의 사태, 해저 1.6킬로미터에 있는 유정을 어떤 방법으로 폐쇄할 것인가에 대해 훈련하거나 계획하지 않았기 때문에 문제가 되었다. 9월 3일, 고장 난 300톤짜리 BOP를 유정에서 제거하고 대체 BOP를 설치했다. 그 유정은 9월 19일에야 '실질적으로 폐쇄된' 것으로 평가됐다.

4월과 9월 사이에 BP는 순환 이수(drilling fluid), 시멘트 '탑 킬(top kill)', 격리 돔 등 상상할 수 있는 모든 장치와 기술을 사용하여 유정을 폐쇄하려 했지만 실패했다. BP는 7월 15일 장치가 마침내 흐름을 멈출 수 있었을 때 약간의 안도감을 얻었지만 일시적인 조치였으며 크게 안전하지 않았다. 유정이 마침내 폐쇄되었다는 선언은 두 달이 넘어 나왔다. 심야 코믹스와 소셜 미디어는 유정을 폐쇄하려는 BP의 공개적인 시도를 조롱하는 데 많은 재미를 주었다. BP도, 업계도, 도움을 주려는 정부도 최후의 방어선이 언제 흔들릴지에 대한 계획이 없었다.

BP 유출에 대한 독립적인 의회 위원회는 업계가 너무 오랫동안 규제 기관들에게 BOP가 신뢰할 수 있고 폭발의 압력에서 살아남을 수 있다고 말했고, 그것을 믿기 시작했다는 것을 발견했다.[15] BP는

BOP가 효과가 있을 것이라고 말했고, 그래서 BOP가 효과가 없을 때를 계획하지 않았다. 그들은 최후의 방어선이 맹목적인 희망이라기보다는 일종의 보장이라는 신화를 믿었다. 덜 나쁜 전략은 전혀 양성되지 않았다. 재난 발생 이후에는 몇 달 동안 해저에서 내뿜는 석유를 지켜보는 것 외에는 아무 전략도 없었다.

그들은 그곳이 아름답다고 말했다

복잡한 안전 시스템이 작동하는 방식은 먼저 단일 실패 지점이 아니라 여러 실패 지점을 해결하는 보안 계층을 구상하는 것이다. 재난 왼쪽에서의 방지 계획은 악마가 목적지에 도달하는 것을 더 어렵게 만들기를 기대한다. 장벽이 많을수록 좋다. 어렵게 들리지만 개념적으로는 이해하기 쉽다. 우리는 장애물과 장벽의 미로를 만들어 파괴의 길이 훨씬 더 어려워지도록 노력한다. 재난이 지연되면 성공이다. 그러나 재난은 올 것이다. 우리는 재난의 오른쪽에 대한 연속적인 대응에 대해 생각하기 시작해야 한다. 마지막 방어선이 실패할 경우 영향을 제한할 수 있는 계층화된 대응(layered responses)을 마련해야 한다.

캘리포니아의 패러다이스(Paradise)는 이름과 어울리는 곳이었다. 한때는 그랬다. 새크라멘토 북쪽의 이 작은 마을은 이제 2018년 11월 8일에 발생한 대규모 화재와 떼어 놓고 생각할 수 없다. 화재로 인해 마을 주민 여든다섯 명이 사망했으며 그들 중 상당수는 패러다이스 산등성이로 통하는 편도 1차선 도로에서 자기 차에 타고 있었다. 불은 기세가 최고조에 달했을 때 1분에 축구장 80개 면적을 태우고 있었다. 건물 1만 8000채, 그중 주택이 1만 4000채 파괴되었고 시카고 크기와 비슷한 면적이 불탔다.[16]

패러다이스는 단순히 아름다운 곳만이 아니라, 하나의 실험이었다. 패러다이스의 성장은 산림-도시 인접 지역(WUI, Wildland-Urban Interface)으로 알려진 국가적 운동의 일부였다. WUI는 1990년에서 2010년 사이에 미국에서 가장 빠르게 성장한 토지 이용 유형이었다. 미국에서는 은퇴한 베이비 붐 세대가 경치와 레크리에이션 자원을 갖춘 더 작은 지역사회와 생활비가 덜 드는 곳을 찾아 이주한 것이 WUI의 성장에 기여했다. 또한 기후 변화로 인해 더 성난 바다와 침식되는 해안에서 사람들이 멀어지면서 이러한 인구 이동을 주도했다. WUI는 산불이 발생하기 쉬운 숲에서 주거 지역과 상업 지역이 만나는 곳이다.[17]

사람들이 패러다이스와 같은 개발 지역으로 이사하면서 생활 방식에 대한 선호도가 자연이 의도한 방식과 충돌했다. 그리고 패러다이스의 설계는 자연에 무관심했다. 그것은 자연이 전입자들의 조경 선호도에 적응할 것이라고 가정하는 것 같았다. 여기에는 숲과 나무를 가능한 한 무성하게 유지하는 것이 포함되었다. 패러다이스를 낙원으로 만들기 위해 설계자들은 사람들이 기꺼이 떠나고 싶어 하는 바로 그것, 즉 넓은 고속도로, 다차선 도로, 교통 체증을 피했다. 패러다이스로 가는 길은 대부분 스카이웨이라고 불리는 단일 도로를 통해 이루어졌으며, 이 도로는 산등성이를 가로질러 마을까지 이어졌다. 그곳에 사는 사람들을 제외한 모든 사람에게 환영받지 못하는 일이었고, 그것이 핵심이었다.

나는 화재 후에 패러다이스를 방문했다. 마을은 정신적 충격을 받았고, 주민 대다수가 다시는 돌아오지 않을 것 같았다. 보험금이 지급되었고, 많은 사람이 보험금을 수령해 이사했다. 그러나 또 다른 놀라운 일이 일어나고 있었다. 패러다이스는 다음 화재와 그 이후의 모든 화재를 준비하고 있었다. 그리고 지난 몇 년 동안 패러다이스는 피해를 면했지만 산불은 다른 WUI 지역사회에 타올랐다. 놀라운 일이 아니다. 지구가 더 따뜻해질수록 토양은 더 건조해지고 화재는 더 치명적이다. 그것을 부정하는 것은 아무 소용이 없다. 대비를 위해 할 수 있는 일을 해야 한다.

최후의 방어선, 주로 화재 진압이 실패할 경우 지역사회가 무엇을 할 수 있는지 재구상하는 데 도움이 된 세 가지 핵심 영역이 있다. 이상하게 들릴지 모르지만 지역사회는 불 속에서 살아가는 법을 배우고 있다. 첫 번째는 간단하다. 땅을 존중하는 방식으로 주택을 설계하고 집 주변에 화재를 흡수할 수 있는 다양한 구역을 만든다. 내화성 재료, 관개가 잘 된 초목, 쓸모없는 부스러기가 제거된 구역은 화재 발생 시 거주자가 안전하게 내부에 머물 수 있음을 의미한다.

패러다이스에 있는 뷰트 카운티 화재 안전 위원회(Butte County Fire Safe Council in Paradise)의 선임 디렉터 캘리제인 디안다(Calli-Jane DeAnda)는 가연성 물질을 건물에서 멀리 떨어뜨리고 불에는 먹이를 주되 사람에게는 접근할 수 없도록 하는 생각을 내게 알려 주었다. "집 마당 범위 내에서 우리가 보고 있는 것은 건물에서부터 1.5미터

거리 사이의 정말 깨끗한 공간입니다." 초목의 관점에서 그녀가 말했다. "그리고 가장 중요한 부분은 물을 잘 주는 것입니다." 물을 잘 준 식물은 더 건강하고 가연성이 낮기 때문에 화재의 속도를 늦춘다.[18]

두 번째 영역은 접근성이다. 능선 도로는 해발 610미터 높이에 이어져 있다. 놀랍지만 치명적이다. 사람들이 고립되어 살게 하려는 것 말고는 거기에 도로를 건설할 합리적인 이유가 없었을 것이다. 패러다이스에 있는 도로 대부분은 누군가 절벽으로 차를 몰아가지 않도록 막다른 길이다. 대피 경로가 제한되어 있다. 첫 번째 화재 당시 이러한 설계상 한계가 치명적이었다. 그러나 그것을 해결할 수 있는 방법도 있다. 설계자들은 열을 더 잘 흡수할 수 있도록 아스팔트를 더 많이 깔아서 타이어가 녹아 자동차가 오도 가도 못하고 불에 휩싸이는 것을 저지한다. 주요 도로를 따라 여유 공간이 더 넓어지면 현장 대응 요원이 더 쉽게 이동할 수 있고 진입로를 방해하지 않도록 고장 난 차량을 옆으로 옮길 수 있다.

세 번째이자 가장 중요한 특징은 불 자체와 관련이 있다. 패러다이스 화재는 바람이 거세져 마을에서 32킬로미터 떨어진 송전선이 쓰러지면서 시작됐다. 우리의 중요한 인프라와 그러한 화재를 방지하기 위해 최신 상태를 유지하고 안전하게 유지해야 할 필요성에 대해 할 말이 많지만 논의를 위해, 그리고 이 책의 주제를 고려해 오늘날에는 이것이 선택 사항이 아니라고 치자. 일단 시작되면 불은 반드시 예정되어 있지 않은 경로를 택했다. 패러다이스는 불이 소멸되도록 내버려 두는 방식으로 지어졌다.[19]

WUI가 여러 해 진행되는 동안 패러다이스 주변의 숲은 부싯깃

산불 결과 최소화
(즉 생명을 구하는 방법)

---

1. 주택 설계
2. 대피 경로
3. 삼림 벌채

통이 되었다. 나무가 너무 많고 덤불이 너무 많았다. 의도하지 않았지만 완전히 예견 가능한 WUI의 결과는 더 작고 덜 파괴적인 화재의 자연 순환을 방해했다는 것이다. 자연은 화재를 의도했다. 작은 불이 없으면 화염을 위한 불쏘시개가 너무나 많이 축적되었다. 그 결과 화재로 인해 자연스럽게 제거되었을 덤불이 부자연스럽게 빽빽히 자랐고, 그렇지 않았더라면 연료가 소진되었을 불은 대형 화재가 되었다. 따라서 사람들이 WUI에서 살기 위해서는 자연이 의도한 대로 살 필요가 있다. 더 큰 불을 피하기 위해 가끔씩 작은 불을 받아들이는 것이다.

숲은 울창해선 안 된다. 그래야 화재가 느려지고 최소화될 수 있으므로, 주민들이 탈출하는 과정에서 잠재적인 단일 실패 지점에 의존하지 않도록 시간을 벌 수 있다. 그것을 시각화하는 한 가지 방법은 말을 타고 나무 사이를 통과하는 것을 상상할 수 있을 정도로 숲이 충분히 간격을 두고 있어야 한다는 것이다. "우리는 화재 진행 속도를 늦추려면 이렇게 해야 한다는 것을 보여 주기 위해 노력하고 있습니다." 마을의 나무 제거를 조정하는 트레버 매켄트리(Trevor McAntry)가 말했다. 격자무늬 셔츠 차림에 수염이 가슴까지 내려오는 그는 자신의 팀과 함께 그곳에 서서 완전히 건강한 나무를 전기 톱으로 잘랐다. "당신은 그 말을 탈 수 있어야 합니다."[20] 그것은 아름답지 않을 수도 있지만 계획가가 의도적으로 나무를 톱질하거나 태워 숲을 없애는 것은 효과가 있다. 그것은 **연료** 사다리라고 불리는, 쉽게 접근할 수 있고 빨리 타는 나무를 제거한다.

이러한 노력은 점증적으로 WUI 실험이 작동하는 데 필요하다. 뚫을 수 없는 최후의 방어선을 전제로 하는 것이 아니라, 실패했을 때 여러 대응을 하는 것이다. 계층화된 방어와 마찬가지로 계층화된 대응은 생명을 구하고 피해를 제한한다. 계획은 최후의 방어선이 실패하고 화재가 발생할 것이라고 가정해야 한다.

단일 실패 지점은 실패하는 경향이 있으므로 피해야 한다. 엔지니어는 시그마나 FMEA와 같은 화려한 용어로 말할 수 있지만 민간인은 상당한 주의를 기울일 수 있다. 우선, 당연히, 단일 실패 지점을 평가하고 다른 지점, 아마도 여러 지점을 더 만들어야 한다. 조종실 문만이 조종사를 보호할 수는 없다. 해양 석유 산업은 시추 조건으로 예비 폭발 방지 장치를 설치하는 데 반대했다. 사실 폭발 방지 장치가 항상 작동하는 것은 아니지만 둘 이상을 사용하면 가능성이 훨씬 높아진다. 이것이 아이폰의 이중 인증이 하는 일이다. 두 개의 진입점이 하나보다 낫다.

그리고 그 단순한 지점이 보호되는지 확인하라. 우리는 이미 일부 산업에서 이것을 하고 있다. 병원들은 전기가 흐르는 상태를 유지하기 위해 별도의 발전기 시스템을 가지고 있다. 그래서 수술 중에 날씨가 나빠져도 전기가 끊기지 않도록 한다. 많은 사람들이 같은 이유로 집에서 발전기를 구입한다. 백업은 전체 시스템을 복제할 필요가 없다. 병원을 두 개 지을 필요가 없다. 하지만 핵심 요구 사항을 충족하고 보호하기에 충분해야 한다.

계층화된 방어도 서로의 실패에 영향을 받지 않도록 분리되어야 한다. 다시 언급하자면, 비행기는 추락의 결과가 생존 아니면 사망이라는 이분법적 결과를 초래하는 경향이 있기 때문에 좋은 예가 될 수 있다. 1989년 7월 19일, 유나이티드항공 232편(맥도넬 더글러스 DC 10)이 아이오와주 수시티(Sioux City)에 추락했다. 운 좋게도 DC-10 비행 교관이 타고 있었고, 나머지 두 엔진을 조종하여 부분적으로 제어된 비상 착륙을 수행할 수 있었다. 탑승자 185명은 살아남았지만, 111명이 사망했고 비행기는 완전히 부서졌다.[21]

유압 퓨즈가 두 개 있었는데 대체 무슨 일이 있었던 것일까? 종종 끔찍한 결함이 있는 비행기로 묘사되는 것의 설계자들은 실제로 단 하나의 유압 시스템이라는 잠재적 단일 고장 지점을 해결하는 데 꽤 똑똑했다. 그래서 그들은 두 번째 유압 시스템을 넣었다. 똑똑하다. 추가 유압 튜브를 엔진 후미 아래의 좁은 공간에 나란히 연결했다는 점만 빼면. 엔진이 고장 났을 때 유압 퓨즈도 마찬가지였다. 엔진 후미의 근접성 때문에 엔진 고장으로 비상사태 백업 장치도 파열되었다. 그로 인해 방향타, 플랩,* 엘리베이터, 스포일러,** 수평 안정장치 등 모든 기기가 손실되었으며 인명 피해로 이어졌다.[22]

---

* 항공기의 주 날개 뒤쪽에 장착되어 주 날개의 형상을 바꿈으로써 높은 양력을 발생시키는 장치.
** 항공기 양 날개 위에 설치되어 공기의 흐름을 변형시킬 수 있는 작은 변형기.

후회 없는 퇴장

최후의 방어선을 중심으로 계획을 세우는 과정을 통해 악마가 다시 올 때 미래에 대비하고 대응 계획을 더 잘 관리할 수 있는 방법을 알 수 있다. 내가 함께 일했던 엔지니어들은 이를 '후회 없는' 개선이라고 부른다. 리뷰에서 발견한 문제를 고치긴 했어도 실제로는 그렇게 큰 문제가 아니었을 수도 있다. 하지만 나쁠 게 뭐 있겠는가? 필요할 때 고쳐 놓지 않으면 악마는 반드시 다시 돌아올 것이다. 이러한 노력을 통해 기관들은 잠재적인 영향에 대해 지속적으로 움직이고 평가하고 관리할 수 있다. 기관들은 변화가 없는 곳이 되지 않는다. 이것저것 좀 정리한다고 해서, 후회 없게 한다고 해서 무슨 해가 되겠는가?

이 과정은 또한 전체 계획을 재고할 가치가 없는지도 드러낼 것이다. 엔지니어들은 항상 이 과정을 거친다. 설계에 근본적인 결함이 있으면 처음부터 다시 시작하라. 만약 악마가 계속해서 온다면, 아무리 손을 대도 근본적으로 결함이 있는 시스템을 고칠 수 없을 것이다. 최후의 방어선을 리뷰하면 전체 시스템을 다시 설계해야 할 필요성이 드러날 수도 있다. 우리는 이 가능성을 두려워해서는 안 된다. 재난은 더 이상 무작위적이거나 드물지 않기 때문에, 어떤 단계에서는 그러한 결정이 내려져야 할 것이다. 다음 재앙이 닥치기 전에 지금 결정하는 것이 좋다.

오늘날 기후 변화와 반복되는 화재에 대한 유일한 해결책이 우리가 지금 살고 있는 곳을 버리는 것뿐인지 묻는 것은 여전히 타당하다. WUI가 좋은 사례이다. 화재는 더 크고 더 자주 발생한다. 캘리포니아에서 가장 파괴적인 산불 열 건 중 여섯 건이 패러다이스 화재 이전 13개월 동안 발생했다. 기후 변화는 겨울에 예전보다 더 많은 비가 내린다는 것을 의미하며, 이는 겨울에 식물과 숲의 성장을 다른 방식으로 자극한다. 그 울창한 숲은 여름에 더위와 가뭄으로 말라 버린다. 그런 때 바람이 불면 불꽃 하나로 모든 것이 끝난다.

우리는 시스템의 실패 지점이 궁극적으로 너무 취약해서 더 이상 앞으로 나아가선 안 될 때를 받아들여야 한다. 우리가 하는 모든 일에는 위험이 있고, 관리하지 않고 묵살하면 심판을 받게 된다. 그러나 어떤 단계에서는 위험이 너무 커서 관리하기가 너무 어려워질 수 있다. 그것은 후퇴가 궁극적인 결과 최소화 기술이 될 수 있는 때이다. 잠재적 손실을 현실적으로 평가하려면 더 이상 손실을 감당할 수 없는 지점을 인식해야 한다. 예를 들어 패러다이스의 선택지를 보자. 집을 다르게 짓고 도로를 다르게 설계하고 숲이 다르게 자라게 할 수 있지만, 궁극적으로 이러한 수정이 기후 변화와 새로운 화재의 속도와 열기를 막기에 충분할까?

패러다이스에 대해 이미 재건 위험이 너무 크다고 말하는 사람들이 있다. 툴레인대학교 디자인 교수인 제시 키넌(Jesse Keenan)은 "우리는 재건축해서는 안 되는 단계에 있다."라고 결론지었다. "우리는 미래의 사람들과 아이들을 위험에 빠뜨리면 안 된다. 이는 사람들이 한 곳에서 다른 곳으로, 높은 위험에서 위험을 더 잘 관리할 수 있는 장소로 이동할 때 사람들을 안내하는 '관리된 후퇴'를 의미할 수 있다."[23]

종종 계획된 재배치라고도 부르는 '관리된 후퇴'는 결코 순조로운 작업이 아니다.[24] 재난에 대응하여 잠재적인 단일 실패 지점을 평가하는 모든 연습은 후퇴를 옵션으로 남겨 두어야 한다. 이는 전 세계적으로 주목받고 있는 움직임이며, 놀랍게도 미국은 수십 년 동안 그것을 해 왔지만 너무 늦은 경우가 많다. 재난 발생 후 많은 지방 정부는 주택 소유자가 재난 이전의 가치를 평가하고 이사할 수 있도록 허용할 것이며, 정부는 그의 주택 가치의 최대 75퍼센트를 제공할 의향이 있다. 모든 주택 소유자가 이를 수행할 수 있는 것은 아니다. 정부는 건물이 다시 손상될 가능성을 결정할 것이다(재해가 우연처럼 여겨졌던 세계에서는 이것이 합리적이다). 2017년 이전 20년 동안 국토안보부 산하 연방 재난관리청(FEMA, Federal Emergency Management Agency)은 미국과 미국령에서 4만 3000건의 자발적인 매입을 보고했다.[25] 2021년 말에 통과된 바이든 대통령의 인프라 법안은 기후 변화를 당연한 것으로 받아들이는 미국 최초의 주요 법안일 수 있다. 이 법안은 더 강력한 건물, 재난 적응 및 관리된 후퇴를 위한 자금을 제공한다.[26] 바이든은 기후 재해에 익숙한 도시인 뉴올리언스의 전 시장 미치 랜드루(Mitch Landrieu)를 기금 분배 감독관에 임명했다. 이 변화는 다음 재해가 발생할 때까지 기다리는 것이 아니기에 엄청난 전환이다. 더 많은 재난이 올 것이라고 가정한다면, 다음 재난이 발생하기 전에 관리된 후퇴를 계획하는 것이 현실적 대응이 되어야 한다. 때로는 더 이상 최후의 방어선이 없을 수 있다.

결과 최소화에 초점을 맞추는 데 따르는 어려움 중 하나는 기후 변화에 초점을 맞추고 전 세계 보건 노력을 뒷받침하는 장기적이고 지속 가능한 솔루션이 어렵다는 것이다. 하지만 그때가 오기 전까지는 많은 피해를 최소화할 수 있다. 악마가 올 것이고, 우리가 할 수 있는 최선은 그의 도착을 예상하는 것이다. 모든 기관은 단일 실패 지점을 평가하고, 최후의 방어선이 그 지점이 아니라고 가정한 다음, 피할 수 있는 손실을 피하는 데 집중할 수 있는 역량을 갖추고 있다.

덜 나쁜 것이 우리의 표준이다. 당신은 여기 있다.

5장 출혈을 막아라

안전하게 실패하기

미국은 2000년대 아프가니스탄과 이라크 전쟁에 참전하면서 구식 훈련을 받은 군대를 파견했다. 표준 운영 절차는 출혈 있는 병사가 가능한 한 빨리 의료 지원을 받도록 하는 것이었다. 전통적인 전쟁에서 그것은 부상당한 병사를 적진에서 의무 텐트로 데려가거나 기지로 되돌아가는 것을 의미한다. 그러나 도시 지역의 사제 폭탄과 급조 폭발물(IED, improvised explosive devices)은 전쟁의 성격을 다르게 만들었다. 전투 전용 지역은 없었다. 군대는 새로운 전쟁에 대응하여 교전 규칙을 바꾸지 않았다. 전장 의료를 바꾸지도 않았다.

미군은 새로운 종류의 부상을 방지하기 위해 노력했다. 특히 지뢰 방호 장갑차(MRAP, Mine-Resistant Ambush Protected) 경전술 차량과 같은 IED(보통 노변 폭탄, 때때로 자살 차량) 공격을 견딜 수 있는 새로운 차량을 설계했다. 2007년부터 2012년까지만 해도 1만 2000대의 새로운 차량이 제조 및 배치되었다. 전투 부대는 또한 가벼우면서도 내구성이 뛰어난 장비를 사용하면 폭발 장치에 가까이 있어도 부상을 입지 않을 것이라는 생각으로 새로운 방탄복 디자인과 재료를 사용했다. 두 가지 노력 모두 군인을 보호하는 데 기여했다. 그러나 그러한 예방 노력이 실패한다면(자주 실패했다.) 부상당한 군인들을 아무리 멀리 떨어져 있더라도 의료 시설로 옮기는 것이 관행이었다.

전쟁 중 미군 부상의 약 70퍼센트가 급조 폭발물로 인한 것이었다.[1] 이러한 부상은 즉시 치료하지 않으면 병사가 출혈을 일으킬 수 있다. 그 결과는 죽음이었다. 따라서 이미 심각한 부상을 입은 사람들을 구하기 위해 군대의 근본적인 변화가 필요했다.[2] 미 국방부는 일단 피해를 입은 병사들을 다른 방식으로 치료할 수 있는 새로운 방법을 고안해야 했다. 군대는 '출혈을 멈추기' 위한 노력을 취하기 시작했다. 부상당한 군인이 반드시 죽는 건 아니다.

이것이 당연해 보이겠지만, 출혈 방지 프로그램이 완전히 채택되기까지 시간이 좀 걸린 이유가 있다. 시가전은 위험하고, 현장에서 제공되는 의료 지원은 군인들을 더 많은 공격에 취약하게 만들었다. 또 다른 이유는 출혈을 멈추는 가장 좋은 방법, 즉 지혈대를 상처 근처에 묶어 혈액순환을 압박하고 동맥이나 정맥에서 혈액의 흐름을 막는 방법에 대해 지혈대를 너무 꽉 조이면 오히려 절단이나 사망으로 이어질 수 있다는 잘못된 믿음이 지속돼 왔기 때문이었다.

분명히, 군인의 생존은 절단에 대한 어떤 두려움보다도 훨씬 중요했다.[3] 그래서 군은 의료적으로 병사들을 병원 치료로 대피시키기를 기다리는 대신, 대부분이 비의료인인 다른 야전 병사들을 훈련시켜 공격 후에 그들의 팀이 고통을 받을 때를 돕도록 절차를 바꾸었다. 이것이 핵심이었다. 그것은 이미 출혈이 시작된 후의 피해를 최소화하는 방법이다. 이러한 프로토콜의 변화는 대량 출혈이 가장 시급히 대처할 일이라는 명백한 진실에 초점이 맞춰졌다. "뇌가 죽어가지 않도록 4분 안에 산소를 공급해야 합니다. 환자가 살 수 없을 정도로 많은 피를 잃기 전에 심장을 몇 번만 펌프질하면 됩니다." 의사인 퍼트리샤 헤이스팅스(Patricia Hastings) 대령은 메디컬 익스프레스(Medical Xpress)에 말했다.[4]

출혈을 멎게 하라, 빠르게. 새로운 프로토콜이 채택된 이유는 군대가 그들이 일하고 있는 환경이 이전에 일했던 다른 어떤 환경과도 다르다는 것을 인식했기 때문이다. 의사들과 연구원들은 국방부의 훈련이 민간 응급 의학, 예를 들어 자동차 사고에 너무 많은 영향을 받았고 현대의 전투 현실을 충분히 반영하지 않았다고 결정했다.

이러한 노력은 지혈 기술과 지혈제(군인들이 가지고 다니는 혈액 응고제를 포함한)의 변화로 뒷받침되었다. 이러한 응고제는 신체에서 충격을 받을 가능성이 가장 높은 부위를 위해 설계된 새로운 지혈대와 같은 장치와 결합하여 성공적으로 수행되었다. 큰 부상을 입은 경우, 상처 부위에 주입할 수 있는 새로운 폼(foam)이 만들어져 그 압력으로 출혈을 멈추고 의학적인 도움을 받을 수 있을 때까지 시간을 벌수 있다. 어깨나 사타구니와 같이 신체 부위가 노출된 경우에는 거즈처럼 혈액을 흡수하는 작은 스폰지를 새로운 주사기로 주입한다. 이모든 것이 효과가 있었다. 국방부가 이라크에서 발생한 862건의 지혈대 사용을 검토했을 때 병사의 거의 90퍼센트가 생존했다. 그들 중 누구도 절단하지 않아도 되었다.

출혈이 시작되면 출혈을 멎게 해야 한다.

연쇄적 손실

지혈대 사례는 반복적인 재난을 관리하는 필수 사항을 이해하는 데 이상적인 예이다. 위기관리 은어로는 출혈을 멈추기 혹은 **연쇄적 손실 최소화**이다. 본질적으로 이 전략은 모든 재해가 발생하지 않는 것(재난 발생 이전의 노력이 성공적이었음)과 모든 일이 발생하는 것(피해가 치명적임) 사이의 온/오프 스위치라고 가정하지 않는다. 이전 장에서 나는 최후의 방어선이라는 개념에 지나치게 의존하지 말라고 촉구했다. 제대로 작동한다면 비극을 막을 수 있는 한 가지가 있다는 생각은 재난이 반복해서 발생할 시스템에 대한 창의적인 계획과 준비를 저해하는 과도한 의존이다.

연쇄적 손실은 재난의 영향이 흘러가면서 누적되어 피해가 기하급수적으로 증가하는 현상을 말한다. 이러한 혼란을 최소화하기 위해서는 이미 일부 피해가 발생했을 수 있지만(IED에 의해 병사가 타격을 입었음) 더 많은 피해가 뒤따를 수도 있음을 인식하는 시스템을 구축해야 한다. BP가 최후의 방어선을 덜 신뢰했다면 어땠을지 BP 시나리오를 다르게 상상해 보라. 유출이 100일 이상 지속되는 것이 아니라 열흘에 그쳤다고 가정해 보라. 가장 확실한 투자는 2차 BOP였을 것이다. 비용이 많이 들겠지만, 680억 달러만큼은 아니다. 그것은 아마도 백업 역할을 할 수 있었을 것이다. 전부는 아니지만 일부 유출을 막을 수 있었을 것이다. 회사는 또한 물 아래 멀리 떨어진 곳에 있는 유정을 닫을 수 있는 능력을 시험했을지도 모른다. 다른 수압과 온도로 이러한 기술들을 시도했을지도 모른다. 또는 기름을 흐트러트리는 수중 분산제나 멕시코만 태양 아래에서 증발하는 것을 도울 수 있는 표면 분산제를 시험했을 수도 있다. 아니면 기름을 태우거나 모으거나 앞바다에 보관하는 새로운 기술을 시험했을지도 모른다. 정부가 이 모든 것을 하도록 강요했을 수도 있다. 그러나 자기 이익도 정부 규제도 회사를 움직이지 않았다.

연쇄적인 손실을 늦추는 방법을 관리하는 것은 재난 관리의 이분법적 상자에서 벗어나 안전하게 실패할 수 있는 방법에 초점을 맞추게 한다. 이와 같은 기술을 설명하는 용어가 있다. 바로 페일세이프(fail-safe)이다. 페일세이프 기능은 전체 시스템 붕괴 시 장치를 안전하게 유지하기 위해 만들어진 구체적 설계이다. 실패를 방지하기 위한 것이 아니라 최후의 방어선이 흔들려 실패가 발생했을 때의 결과를 완화하기 위한 것이다. 엔지니어와 설계자는 흔히 안전장치를 만들도록 훈련받는다. 결코 실패하지 않도록 설계하는 것이 훌륭하지만 가능성이 거의 없음을 알기 때문이다.

우리는 비록 의식하지 못하더라도 생활 속에서 페일세이프 설계에 의존하고 있다. 놀이동산에서 아이들은 자발적으로 돈을 지불하고 회전그네를 탄다. 체인링크로 연결된 중앙 허브가 그네를 올려 빙글빙글 돌게 한다. 위험해 보이지만 정교하게 설계된 그네에는 안전 기능이 탑재돼 있어서 비상 상황이 발생하면 높은 곳에 머물지 않고 조심스럽게 지상으로 내려갈 것이다. 이렇게 하면 공중에 매달

리는 스릴을 좋아하는 아이들도 쉽게 대피할 수 있다.[5]

　연쇄적인 손실을 제한하는 페일세이프는 재해가 계속 발생하는 세상에서 재해 관리 계획을 수립하는 데 좋은 비유가 된다. 출혈을 멈추기 위해 무엇을 준비하고 싶은가? 대기업에서 중소기업에 이르기까지 국내외에서 연쇄적 손실을 최소화하는 것은 큰 투자가 아니다. 그저 최고의 지혈대를 찾아내기만 하면 된다. 하나의 장치나 도구가 아니라 무언가가 실패할 것이라는 반박할 수 없는 가정에 기반을 둔 일련의 투자, 절차, 교육이 필요하다. 우리의 목표는 좀 더 안전하게 실패하도록 돕는 것이다.

"A 피드가 끊겼습니다"[6]

　뉴올리언스는 2013년 2월 3일에 제47회 슈퍼볼을 개최할 예정이었다. 볼티모어 레이븐스와 샌프란시스코 포티나이너스가 맞붙었다. 존 하보(John Harbaugh)와 짐 하보(Jim Harbaugh) 형제가 각 팀 감독을 맡았다. 이 게임에는 그들의 성을 딴 '하보볼'이라는 별명이 붙었다. 슈퍼돔(Super dome)에서 열린 이 행사는 2005년 허리케인 카트리나로 인해 파괴된 도시와 경기장을 위한 대중적인 축하 행사로 홍보되었다. 홍수 당시 뉴올리언스의 많은 사람들이 슈퍼돔으로 달려갔지만, 관계자들은 그들의 도착에 준비가 되어 있지 않았다. 경기장 자체가 손상되었고, 전기가 흐르지 않았다. 물에 잠긴 슈퍼돔 밖, 의자에 눕혀져 시트로 덮인 사망자들의 모습이 잊히지 않았다.

게임이 시작되기 약 18개월 전, 슈퍼돔에 전기를 공급하는 엔터지 뉴올리언스(Entergy New Orleans)가 스위치기어라는 장치를 교체했다. 스위치기어는 에너지 레벨을 관리하고 지하에 매설된 두 개의 케이블(A 피드와 B 피드)에 전력을 공급했다. 두 케이블은 슈퍼돔에서 끝나며, 거기서 점수판, 좌석, 주차장, 라커룸, 경기장 등 시설의 모든 부분으로 흐르는 더 많은 케이블과 전선에 연결된다. 슈퍼볼로 이어지는 경기에서 새로운 시스템은 골칫거리였다. 에너지 흐름에 약간의 장애가 있었다. 경기장 관리자인 더그 손턴(Doug Thornton)은 이를 '그렘린(gremlin)'이라고 표현했으며 시설에서 슈퍼돔이 정전될 경우를 대비한 비상계획을 세울 정도로 우려스러웠다. 이 계획에는 관중을 대상으로 한 안내 방송도 포함되었다. "자리로 돌아가십시오. 침착하십시오."[7]

경기 전 몇 주 동안, 그렘린이 계속 나타나면서 그 시스템이 큰 행사를 감당하지 못할 수도 있음을 암시했다. 언론의 참여 증가에 유명한 슈퍼볼 하프타임 콘서트까지 추가되면 전력망에 너무 많은 압박이 가해질 것이었다. 비욘세(Beyoncé)가 출연할 예정이었다. 경기를 불과 며칠 앞두고 예방 차원에서 하프타임 쇼는 다른 발전기에서 공급받기로 했다.

경기 당일 하프타임에는 모든 것이 괜찮아 보였다. 비욘세는 「크레이지 인 러브」와 「싱글 레이디스」를 자랑스럽게 불렀다. 그렘린은 없었다. 하지만 비욘세의 공연에서 나온 연기를 빨리 제거해야 했기 때문에 야외 경기장 수준으로 에어컨 가동을 증가시켰다. 손턴은 게임이 다시 시작되면서 휴대전화에서 이메일 몇 통이 사라졌다고 기억한다. 그는《스포츠 일러스트레이티드》와의 인터뷰에서 "저는 섬뜩한 느낌을 받았습니다."라고 말했다.[8] 그렘린이었다. 3쿼터 시작 후 1분 38초가 지나자 슈퍼돔 서쪽의 불빛이 사라졌다. A 피드가 손실되었다. 슈퍼돔의 절반이 어둠 속으로 빠져들었다. 사람들은 이전의 결함에 대해 알지 못했기 때문에, 테러에 대한 두려움이 떠올랐다.

B 피드는 손상되지 않았다. 그리고 그것은 온전하게 유지되어야 했다. 카트리나 이후의 새로운 슈퍼돔에 적용된 계층화된 설계(layered design)에서 이 시스템은 두 갈래로 갈라져 A 피드에 교란이 생겨도 B 피드의 용량에 영향을 미치지 않도록 했다. 설계자들은 카트리나 때 슈퍼돔에서 그랬던 것처럼 단일 공급원은 엄청난 장애가 발생할 수 있다는 사실을 알고 있었다. 비상 조명, 공공 통신, 관중에게 보내는 문자 메시지 등 시행된 다른 비상 계획은 이전 훈련을 기반으로 활성화되었다. 에어컨과 같이 비필수적인 요구 사항은 B 피드에서 즉시 중단되어 압력을 완화했다. 이러한 대응은 미리 예상되고 연습된 것이었다. 1차 시스템이 고장 날 경우를 대비해 별도의 시스템에 올려놓았던 조명망이 켜졌다. 다른 한쪽이 흔들릴 경우 별도의 피드를 관리할 수 있도록 분리하는 것, 비상 계획, 시스템의 압력 제거, 비상 상황에 대비한 백업 등 이러한 모든 노력은 더 안전한 실패로 이어졌다. 슈퍼볼은 불편을 겪기는 했지만, 완전히 암흑천지가 되지는 않았다. 시스템을 재부팅한 지 34분 후에 조명이 최대 용량으로 켜졌다. 경기는 계속되었고 볼티모어가 이겼다. 정교한 움직임으로 보이는 그 정전이 샌프란시스코 포티나이너스가 볼티모어의 압승을 막기 위한 것이었다는 우스운 음모론이 돌 정도로 별 차질을

빚지 않았다. 더 중요한 것은 혼란이 없었다는 점이다. 관중들은 자리에 그대로 있었다.

자칫 잘못될 수도 있었던 모든 상황과 그에 뒤따를 수도 있었던 공황을 고려해 볼 때, 이 사건은 기묘한 재난 관리 세계에서 나쁜 일이 일어나지 않았다는 점에 기반한 성공, 일종의 승리로 정의되었다. 나중에 이 설비에 대한 검토 결과, 새로운 스위치기어의 릴레이라는 장치가 너무 낮게 설정된 것을 발견했다. 릴레이는 에너지와 열 수준을 측정하고, 시스템이 너무 뜨거워지면 시스템을 종료한다. A 피드에는 문제가 없었고 릴레이가 처리할 수 있는 수준보다 훨씬 낮은 수준에서 종료되도록 잘못 계산된 것이었다. 업데이트된 최후의 방어선 역할을 하기 위해 투입된 릴레이는 결코 충분한 비상 계획이란 가능하지 않다는 것을 증명하면서 사실상 실패했다.[9] 하지만 슈퍼돔의 절반은 불이 켜져 있었다. 성공한 것이다.

좀비로부터 배우기

개념적으로 연쇄적 손실은 유해 요소를 제거하거나 완화함으로써 이해되고 작동될 수 있다. 이를 위한 훈련은 공공 안전 및 공중 보건 기관에 의해 공식화되었다. 하지만 폭탄이나 정전 상황을 훈련하는 대신에 언데드(undead)의 출현에 대비해 연습한다. 좀비 연구는 실제로 존재한다. 영화와 문학에서 언데드는 수 세기 동안 애호자들을 끌어들였다. 좀비라는 용어는 일반적으로 살상 능력을 포함하여 살아 있는 것으로 재탄생된 인간 시체를 가리킨다. 「워킹 데드(The Walking Dead)」시리즈는 좀비의 현대적 매력을 보여 주는 최근 사례다. 좀비라는 문화적 현상은 위기 관리자들이 설명할 수 없는 재앙이 발생했을 때 상상할 수 있는 모든 우발적 상황을 떠올리는 데 도움이 된다. 사실 좀비가 21세기 재난의 멋진 특징인 이유 중 하나는 그들이 변화무쌍하게 요리조리 빠져나가기 때문이다. 그들은 악마처럼 계속 변한다. 「살아 있는 시체들의 밤(The Night of the Living Dead)」같은 초기 좀비 영화에서는 좀비를 방사성 물질에 의한 현상으로 묘사했다. 나중에는 좀비가 핵무기나 핵 사고의 산물인 경우가 많았다. 최근에는 생물학적 사건의 결과가 되었다. 좀비 아이디어는 21세기에 우리가 우려하는 모든 것을 완벽하게 대변한다.

좀비들은 생존법을 알고 있다. 출혈을 막는 것을 정복한 셈이다. 분명히 죽은 것처럼 보이는 좀비가 여전히 피를 흘리고 있다는 것은 죽었다는 것이 무엇을 의미하는지에 대한 기본 생물학을 무시하는 것 같다. 출혈이 멈춰야 한다. 기술적으로 죽은 것이 아니라 언데드이기 때문이든, 서서 순환하는 능력으로 인해 혈액 흐름이 계속되기 때문이든 좀비가 결코 피를 흘리지 않는 것 같다는 사실은 온라인에서 중요한 논쟁거리다.[10] 이 큰 논쟁을 잠시 미루고 질병통제예방센터(CDC, Centers for Disease Control and Prevention)도 좀비 열풍에 뛰어들었다. 코로나19 훨씬 이전인 2011년에 그들은 좀비 대비 활동을 시작했다. 좀비를 즐기는 사람이라면 재미있는 방식이었기에 이 프로그램은 매우 인기를 끌었다. 집에 머물기, 실내 대피, 비상 키트 준비, 낯선 사람(특히 죽은 것처럼 보이는 사람) 들여보내지 않기 등 준비

계획과 자기 자신을 보호하기 위해 할 수 있는 행동을 설명하는 것이었다. 프로그램은 학교 교육 자료, 블로그, 그리고 웹 시리즈로 확장되었다.[11]

국제 정치 전문가인 대니얼 드레즈너(Daniel Drezner) 교수는 지정학 학자이자 좀비 전문가로 명성을 떨치고 있다.[12] 그는 대학생을 위한 현실 정치 강의를 업데이트하면서 이 분야에 입문했다. 그는 대학 신입생들이 마키아벨리를 이해하는 것보다 좀비에 대해 더 잘 알고 있음을 알아차렸다. 그리고 좀비에 대한 진지한 분석에서 좀비 장르 전체가 더 많은 피해를 줄이기 위한 인간의 주체적 역할을 무시했다고 짧게 비판했다.

"좀비 장르에서 가장 중요한 내러티브가 있다면, 압박을 받았을 때 인간은 결국 좀비처럼 행동하게 된다는 것입니다. 인간은 탐욕스러워질 것이고, 냉소적이 될 것이며, 제도에 대한 신뢰도가 형편없이 낮습니다. 그래서 이 책을 쓰면서 흥미로웠던 부분 중 하나는 좀비 장르가 인간성에 대해 너무 비관적이라는 결론을 내렸다는 점입니다." 드레즈너가 인터뷰에서 내게 한 말이다.[13] 좀비 장르의 오류는 적응하고, 완화하고, 자신을 보호할 수 있는 좀비가 인간보다 주체성이 크다고 가정한다는 것이다. 이는 인류를 과소평가하는 것이다. "우리는 놀라운 종족입니다! 세상에, 우리는 덕트 테이프*도 발명했잖아요. 인간은 스스로 방법을 찾아낼 수 있다고요."라고 드레즈너는 결론지었다.[14]

---

* 만능 긴급 수리 도구로 여겨지는 접착용 테이프.

우리는 덕트 테이프를 발명해 냈다. 놀라운 일이다. 그것은 연쇄적 손실을 막는다. 좀비 장르 전체가 인류를 과소평가하고 자신을 더 잘 보호할 수 있는 우리의 능력을 과소평가한다. 좀비 장르의 흥미로운 측면은 인간이 두려움과 스트레스 때문에 서로에게 어떻게 반응하는가 하는 것이다. 좀비 장르에 관한 기고문 대다수는 대재앙이 전개되는 동안 인간이 자기 스스로를 더 잘 보호할 방법을 찾아내는지에 대해 완전히 비관적이다. 우리 인간들은 결국 모두 죽거나 언데드가 된다.

그러나 인간이 실제로 협력하고, 벌어지고 있는 재앙을 인식하고, 피해를 완화하려고 노력할 때 비로소 상황이 나아지기 시작한다. 흥미롭게도, 「워킹 데드」 시리즈와 「스테이션 일레븐(Station Eleven)」 같은 종말 장르 최신작들은 대재앙 이후에 성장한 세대의 삶을 바탕으로 한다. 이들은 초기 재난 발생 시점에서 시간이 흐른 미래에 살고 있다. 미래의 인간 전투원들은 그들의 계획과 준비가 여전히 중요하며 피해의 범위를 제한하는 데 도움이 된다는 사실을 발견했다. 그들에게는 주체성이 있다.

우리도 마찬가지다. 안전하게 실패하려는 노력이 계획과 설계에서 너무 적었다. 이는 재해가 재발할 것으로 예상될 때 특히 문제가 되는데, 발생한 피해의 양에 따라 위기에서 회복하는 데 더 오랜 시간이 걸리기 때문이다. 성공이 둘 중 하나로 평가되지 않는 세상에서는 더 많은 연쇄적 손실을 막는 것이 궁극적인 승리가 될 수 있다. 재난이 일어나기 전에, 우리는 파도를 줄이고 피해의 파장을 제한하는 방법으로 준비할 수 있다. 적어도 출혈을 막으려고 노력할 수 있다. 물론 때로는 대안이 없어 피해가 발생하기도 한다. 그러나 그런 경우는 극히 드물다.

어리석은 죽음

계획을 세우는 것이 연쇄적인 손실, 더 안전한 실패, 그리고 출혈을 멈추기 위해 필요한 이유는 사상자 수에 기록되어 있다. 사망자 증가, 공중 보건 피해 및 재산 피해와 같은 피해가 연쇄적으로 발생할 경우, 재난의 지속 시간은 복구 노력을 지연시켜 지역사회가 성공적으로 회복하는 것을 점점 더 어렵게 만들 것이다. 시간이 지나면 더욱더 피해가 커질 것이다.

예를 들어, 푸에르토리코 당국은 허리케인 마리아(Maria)가 2017년 섬을 강타하기 훨씬 전에 이를 알고 있었다.[15] 그들은 취약한 단일 전력망에 의존하는 전기 시스템이 단 한 번의 심한 폭풍으로 파괴될 수 있다는 것을 알았다. 그리고 실제로도 그랬다. 그들은 시스템을 더 잘 통제할 수 있도록 주로 그리드 시스템을 다양화함으로써 미국이(자치령인 푸에르토리코의 영토적 지위는 운명을 통제하는 능력에 영향을 미친다.) 더 나은 시스템을 구축하도록 도우려 했다. 하지만 끝내 실패했다. 마리아가 섬에 상륙한 후 몇 주 동안, 일부 지역에서는 몇 달 동안 전기가 끊겼다.

현재까지도 허리케인 마리아로 인해 얼마나 많은 사람이 죽었는지 모른다. 사망자 추정치는 다양했고, 이는 사망 원인 대다수가 허리케인 자체보다는 정전의 후속적인 결과라는 단순한 사실에 기인한다. 전기가 끊기면 물, 음식, 의약품이 부족해져 사람들은 취약한 상태에 놓인다. 생각보다 많은 사람이 죽었다. 이러한 사례는 '어리석은 죽음'이라고 부른다. 수많은 재난의 생존자인 아이티인들이, 재난의 영향이 연쇄적으로 이어지면서 기본적인 필요를 해결하지 못해 발생하는 사망자들을 가리키는 말이다.[16]

그들은 알 것이다. 2010년 아이티 지진은 나라를 황폐하게 했고 25만 명 이상의 사망자를 남겼다. 아이티는 이미 극심한 빈곤에 시달리고 있었고 더 이상의 사망자를 막기 위한 인프라도 부족했다. 그리고 해외로부터의 원조는 한 가지 사실 때문에 제한되었다. 규모 7.0의 지진이 발생한 후 아침 해가 뜨자 수도 포르토프랭스의 국제공항에는 활주로가 하나만 남아 있었다. 아이티와 국제사회가 어떻게 대응했는지에 대해 많은 논쟁이 있는데, 그 대부분은 일차적으로 1만 명의 미군을 허용하기로 한 결정에 초점을 맞추고 있다. 아이티는 과거 미국의 군사 개입을 잘 알고 있는 나라이기 때문에 경계하는 시선으로 바라보았다. 언론과 국경 없는 의사회와 같은 NGO들은 지진으로 부모를 잃은 수많은 고아를 비롯한 다른 우선순위에 대처하기 위해 더 큰 접근성을 요구했다.

물과 식량이 없으면 아이티가 겪는 모든 상황이 훨씬 더 악화될 것이라는 사실을 아이티도, 미군도 확실히 이해하고 있었다. 하나 남은 활주로는 미국에 넘겨졌고, 미국은 시각적 신호와 쌍안경으로 교통을 지휘하는 3명의 병사를 단일 테이블에 배치하여 항공관제를 관리했다. 비행기들은 거의 1분에 한 대꼴로, 전에 경험하지 못한 간격으로 이착륙했다. 군대는 독보적인 재능을 가지고 있는데, 무정부 상태를 피하기 위해 식사를 배달하는 것도 그중 하나이다. 군대는 무정부 상태를 타개하기 위해 전국에 흩어져 식량과 식수 텐트, 배달 거점을 지었다. 고아들이 미국에서 집을 찾는 것을 부차적인 순위로 두는 조치는 무정해 보이지만 중요한 근거가 있었다. 아이티 정부는 지진 발생 후 몇 주 동안 사망자 발생을 최대한 많이 막아 내기를 원했기 때문이다.

물리적인 신체 피해 없이도 어리석은 죽음은 일어날 수 있다. 58세 여성인 와타나베 하마코(渡辺はま子)는 2011년 동일본 대지진 이후 집에서 대피했다. 그다음 대지진이 만들어 낸 거대한 쓰나미가 후쿠시마 오쿠마(大熊)에 있는 제1원자력발전소를 침수시켰다.[17] 처음 두 가지 재난, 지진과 쓰나미는 예방할 수 없다. 원자력 시설의 멜드다운 그리고 부주의한 대비로 인한 방사능 유출은 후속적 실패였다. 방사능이 누출되었고 일본은 수천 명의 주민들을 대피시켰다. 와타나베 하마코와 남편 미키오(幹夫)는 발전소에서 불과 40킬로미터 떨어진 곳에 살았기 때문에 그들의 집은 광범위하게 계획된 대피 구역에 속했다. 나이 든 이 부부는 그 후 몇 달 동안 표류했고, 그 사이 하마코의 정신 건강이 악화되었다. 그녀는 다시는 집으로 돌아갈 수 없음을 알게 되었다. 나중에, 그리고 겨우 몇 시간 동안, 피난민들이 그들의 필수품을 되찾을 수 있도록 접근이 허용되었다. 그녀의 남편이 집을 정리하고 짐을 꾸리다가 냄새를 맡았고 그러고는 마당에서 불이 나는 소리를 들었다. 하마코는 집에 있는 쓰레기 소각장 근처에서 분신했다. 그녀의 죽음이 후쿠시마 때문이었을까? 아

니라고 말하기는 어렵다. 어리석은 죽음이었나? 찬반 논쟁이 있다. 그러나 일본 정부의 기록에 따르면 지진과 쓰나미의 영향으로 60명 이상이 자살했다. 남편 와타나베 미키오는 에너지 회사인 도쿄전력(TEPCO)을 상대로 그들의 부주의가 아내가 자살한 직접적 원인이며, 이는 방사능이 그녀의 몸을 통해 서서히 스며들어 그녀의 장기를 파괴한 것처럼 명백하다고 보고 소송을 제기했다. 그는 법정에서 이겼다.[18]

재난이 발생한 그날의 수많은 사람처럼 자살자도 또 다른 손실일 뿐이라고 생각하는 것은 잘못되었다. 그 원자력 시설은 연쇄적인 피해를 막을 수 있는 모든 능력을 갖추고 있었다. 완전히 예측 가능한 자연재해가 연이어 닥친 끝에 피해를 입는 것은 계획에 없었다. 그러나 원전이 야기한 피해는 지진이나 쓰나미 때문이 아니었다. 그 피해는 전적으로 후쿠시마 원전의 대응이 미흡했기 때문이다. 후쿠시마라는 이름은 이제 잘 알려져 있지만, 같은 지역에 있는 도호쿠전력(東北電力)이 관리하는 오나가와(女川) 원자력발전소에 대해서는 거의 언급하지 않는다. 국제원자력기구(IAEA, International Atomic Energy Agency) 보고서에 따르면 "지금까지 어떤 원전에서도 경험하지 못한 가장 강한 흔들림"을 느낀 오나가와는 흔들리지 않았다.[19] 오나가와는 설계, 계획, 그리고 이 정도 규모의 재난이 올 수 있다는 것을 인식한 안전 문화 덕분에 손실을 최소화할 수 있었고, 방사능 유출도 없었다. "안전하게 가동 중단"되었다.[20]

활주로 확장

1906년 철학자이자 작가인 앨프리드 헨리 루이스(Alfred Henry Lewis)는 "인류와 무정부 상태 사이에는 아홉 끼의 식사만 있다."라고 말했다.[21] 이 문구는 레온 트로츠키(Leon Trotsky)와 로버트 하인라인(Robert Heinlein)과 같은 사람들에 의해 반복되었다. 2018년에는 같은 이름의 재난 영화도 개봉했다. 신발과 헤어스타일리스트 없이는 살 수 있지만 음식 없이 너무 오래 지낸다면 사람들은 모든 종류의 불안정한 방식으로 행동한다. 더 많은 사람이 죽을 것이다. 그 정서는 우리가 대응 계획에 대해 어떻게 생각해야 하는지를 결정한다. 우리에게는 아홉 번의 식사 시간이 있다.

개념적으로는 활주로를 확장하려는 것으로 생각하라. 이 관용구는 비행기 이착륙 거리가 얼마나 길어야 조종사들에게 안전 완충을 제공하는지를 묘사한다. 이 책에서 설명하는 많은 노력은 대부분 같은 목표, 즉 더 큰 피해를 피할 수 있는 시간을 벌기 위한 것이다. 말하자면 덜 나쁜 것이 목표다. 지연이 실제로 재앙을 덜 중대하게 만들 것이라는 희망으로 파국적 실패를 가능한 한 오랫동안 지연시키기 위해 당밀처럼 층층이 쌓일 수 있는 시스템을 만드는 문제이다. 보안 투자는 더 나은 상황 인식 및 정교한 교육과 마찬가지로 궁극적으로 재해 시 다양한 옵션을 시도할 수 있는 더 많은 시간을 제공하는 노력이다.

우리는 삶의 많은 측면에서 활주로를 확장하려고 노력한다. 현금이 부족한 중소기업들은 자금이 부족할 때 생존할 수 있는 방법을

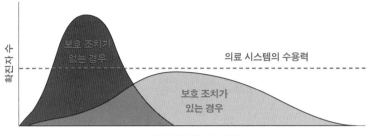

곡선 완만하게 하기

〈이코노미스트〉, CDC 자료에서 변형

찾는다. 예산을 다시 짜거나, 직원들을 해고하거나, 도급계약을 해지하거나, 비싼 부동산 사용을 포기하고 원격으로 전환하는 것은 은행에 돈을 다시 넣고 회사가 더 오래 살아남을 수 있도록 해 준다.[22] 이것은 회사가 가동 중단되거나 소멸되지 않도록 하는 방법이다. 더욱 최근의 사례로, 팬데믹 초기 봉쇄 기간 동안 '그래프 곡선을 완만하게 한다'라는 우리의 명시적인 목표는 우리 자신에게 더 많은 시간을 주기 위한 것이었다. 완만한 곡선은 결국 더 긴 곡선이다.

이 익숙한 이미지가 말해 주고 있다. 바이러스를 막는 것이 아니다. 증식 속도를 늦추는 것이다. 여기에 표시된 두 가지 팬데믹 시나리오에서 보호 조치가 있든 없든 사건 수는 동일하다. 곡선 완만하게 하기는 수를 줄이는 것이 아니라 속도 조절에 관한 것이다. 너무 많은 사람이 한꺼번에 몰렸을 때 압도당했을(실제로도 그랬던) 병원 시스템의 재앙적 붕괴를 피하는 문제였다. 사람들을 집 안에 머물게 하는 동안, 병원이 수요를 해결할 수 있는 능력을 갖추도록 하거나 최소한 임시 의료 시설과 같은 대안을 허용하면서 병원에 가해지는 수요를 늦추기를 바랐다. 우리가 옳다고 생각했지만 제대로 하지 못했던 곡선 완만하게 하기는 코로나19에 감염된 환자든 아니든 병원 치료가 필요한 환자를 도울 수 없게 되는 의료 시스템 붕괴라는 재앙을 피할 시간을 확보하기 위한 것이었다.

재난이 발생했지만 출혈, 잠재적인 완전 정전, 어리석은 죽음 등 앞으로 더 많은 일이 여전히 일어날 것이다. 개인적 차원에서는, 좀비가 있는 머릿속의 나쁜 장소로 자기 자신을 (자녀나 지역사회와 함께) 보내야만 우리가 주체성을 주장할 수 있는 부분이 어디인지 파악할 수 있다. 연쇄적 손실을 최소화하는 데 유용한 연습은 효과적인 재난 관리를 스위스 치즈 덩어리와 유사하게 생각하는 것이다.* 많은 기획자들이 이 구멍이 송송 뚫린 에멘탈 치즈 비유를 좋아한다. 목표는 구멍을 정렬시켜서 반대쪽이 보이도록 하지 않는 것이다. 직관과는 다르게 빛이 구멍을 통과하면 안 된다. 우리는 실패가 더 안전하게 실패할 수 있는 방식으로 복잡한 시스템을 설계하여, 연쇄적으로 손실이 증가하고 탄력을 얻어 결코 출혈을 멈출 수 없게 되기 전에 선회와 지연을 계속 반복할 수 있도록 해야 한다.

악마는 시간이 충분하다. 활주로가 길면 언제나 이점이 있다. 지금 만들라. 당신은 여기 있다.

---

* 스위스 치즈 이론에 따르면 방지 체계나 인간은 완벽하지 않기에 결함, 에멘탈 치즈에 비유하자면 구멍이 있게 마련이다. 나란히 일치한 치즈 구멍을 통해 일련의 사건이 전개되면, 즉 일련의 여러 실수와 결함이 동시에 발생하면 최종적인 사고로 이어진다.

6장 과거를 답습하지 마라

위험은 늘 변하고 대책은 낡는다

2021년 6월 24일, 마이애미 근처에 있는 샘플레인 타워스 사우스(Champlain Towers South) 콘도미니엄 단지가 한밤중에 붕괴되어 잠자던 주민 100여 명이 압사했다. 참사는 충격적이었다.[1] 대개 건물은 폭발이나 지진과 같은 외부적인 사건 없이 그냥 무너지지 않는다. 건물이 무너지는 경우는 드물다. 날이 밝자, 건물은 반쯤 무너져 내린 채 남은 반쪽은 넘어질 듯 불안정하게 서 있었고, 이제는 많은 이에게 죽음의 침대가 되어 버린 건물 내부에 전선과 콘크리트가 드러나 있었다. 무슨 일이 일어난 것인가? 수영장 때문이었나? 차고? 지붕 공사?

몇 년 동안, 그 건물은 위험에 처한 것으로 알려져 있었다. 붕괴 3년 전 건물을 평가한 한 컨설팅 업체는 수영장 데크 아래 콘크리트 슬래브는 물론 지하 주차장 벽면과 빔 등에 "대규모 구조적 손상"을 경고했다. 메릴랜드에 본사를 둔 모라비토 컨설턴트(Morabito

붕괴한 샘플레인 타워스 사우스 건물(플로리다주 서프사이드)

Consultants)는 콘도 협회에 "이 건물 구조의 주요 문제는 출입구 진입로, 수영장 데크, 화분 방수가 평평한 구조 위에 놓여 있다는 것이다."라고 서면으로 알렸다. "철근 콘크리트 슬래브가 배수를 위해 경사져 있지 않기 때문에 물은 증발할 때까지 슬래브의 방수층 위에 고여 있다."[2] 샘플레인 타워스 사우스가 그날 밤 무너진 이유는 많은 요인이 누적적으로 영향을 미쳤기 때문이다. 재앙을 촉발하는 원인은 작은 것일 수도 있지만, 그것은 적절한 순간에 다른 모든 종류의 크고 작은 결함과 맞물려 결정적으로 작용한다. 붕괴 후 몇 주, 몇 달 동안 규제가 종종 집행되지 않았고, 샘플레인 타워 거주자 위원회가 느리게 움직였으며, 심지어 기후 변화와 토양의 구성 변화가 붕괴에 기여했다는 사실이 밝혀졌다.

《월스트리트 저널》의 철저한 조사에서 '무슨 일이 일어난 것인 가?'라는 질문은 단 하나의 대답, '모든 것'으로 귀결되었다. 방치가 누적되어 변화하는 환경을 견뎌 낼 수 없었다. 고층 건물의 계획과 건설은 40년 전의 건축 법규를 대부분 충족했지만, 그러한 선택은 결국 2021년의 기후에 맞지 않게 되었다. 해안선 이동과 기후 변화 는 콘크리트를 소금물에 지속적으로 노출시켜 녹 축적 증가와 슬래 브 확장의 원인이 되는 것으로 알려져 있다. 이것은 콘크리트 균열 을 만든다. 샘플레인 타워가 지어진 1980년대 초에 미국콘크리트연 구소(American Concrete Institute)는 이미 고객들에게 '방수막'을 주위 에 배치하여 더 나은 방수 건물 슬래브를 만들 것을 조언하고 있었 다.[3] 이것은 의무화되지 않았기 때문에 소금물 문제는 해결되지 않 았다.

땅이 변하면서 타워를 지지하는 능력도 변했다. 취약한 수영장 지역을 안정화하거나 차고 구조를 강화할 수 있는 최소한의 투자도 이루어지지 않았다. 그것은 모두 너무 다루기 어려운 일로 보였던 듯 하고, 그래서 전혀 실행되지 않았다. 아마도 그들은 우리 모두가 한 때 그랬던 것처럼 건물은 그냥 무너지지 않는다고 생각했을 것이다.

하지만 조건이 바뀌면, 건물은 그냥 무너진다.

매몰 비용

안전 및 보안 시스템은 구축 당시 존재했던 조건을 기반으로 설계된다. 우리는 그 조건들이 일정하다고 믿게 된다. 다르게 생각할 강한 이유가 없기 때문이다. 자물쇠든 정교한 사이버 보안 네트워크든 그 기능들은 과거에도 작동했는데, 왜 계속 작동하면 안 되겠는가? 어쨌든 지금까지 나쁜 일은 일어나지 않았다. 하지만 근본적인 것들은 항상 변하고 있다. 그것이 악마의 본성이다. 만약 위협이 항상 같다면, 우리는 지금쯤 이 재난 관리 문제를 해결했을 것이다. 샘플레인 타워는 결국 토양의 수분 증가와 지붕의 비로 인해 더 불안정해졌는데, 이는 기후 변화로 인한 해수면 변화와 온도 변화의 결과이다. 비슷하게, 테러리스트들은 동기와 방법을 바꾼다. 사이버 범죄자들은 보안 시스템을 피하기 위해 방법을 바꾼다. 허리케인은 계속해서 더 강해지고 더 오래 지속된다.

재난에 대한 준비는 결코 완벽하지 않다. 특히 매일 언제든지 파멸이 올 수 있을 때는 더욱 그렇다. 이러한 사실은 시스템의 기반이 되는 가정이 여전히 유효한지 확인하기 위해 보안을 지속적으로 재평가하고 개선하거나, 아니면 보안을 땜질식으로 손보는 것으로 귀결되어야 한다. 나는 기관들이 선의로 효과적인 대비책을 수립하는 것을 너무 자주 보았다. 그들은 노력의 통합, 강력한 상황 인식을 약속하고, 최후의 방어 계획을 피하려고 노력하지만 시간이 지남에 따라 그 대비책을 방치한다. 기관들은 마치 재난이 여전히 무작위적이고 드물게 발생하는 것처럼 모든 것이 끝났다고 생각했다.

이러한 행위의 일부는 매몰 비용 오류(sunk cost fallacy)로 설명될 수 있다. **매몰 비용**은 경제학에서 유래한 용어이며 소급 비용이라고도 한다. 더 이상 회수할 수 없는 노력에 이미 투입된 투자를 설명하는 말이다. 이 오류는 그 행위가 여전히 타당한지 여부와 관계없이 이미 자원이 투입되었다는 사실만으로 동일한 행위를 계속하는 것이 정당화될 때 발생한다. 우리는 이미 시간과 돈을 투자했기 때문에 그 노력이 여전히 좋은 투자인지를 고려하지 않는다. 이미 많은 돈을 낭비한 데다 돈을 더 쓴다는 의미다. 이미 이루어진 투자는 단지 투자가 이루어졌다는 이유만으로 정당화된다.

매몰 비용의 오류는 보안 분야에도 적용된다. 베트남전쟁은 꽤 잔인한 사례다. 국무부 고위 관리인 조지 볼(George Ball)은 1956년 린든 존슨(Lyndon Johnson) 대통령이 전쟁을 위해 더 많은 자원을 얻으려고 하자 "당신이 지금 직면한 결정은 중요합니다."라고 서한을 보냈다. "대규모 미군이 직접 전투에 투입되면 그들은 전쟁에서 많은 사상자를 내기 시작할 것입니다. 그들은 완전히 적대적인 지역은 몰라도 비협조적인 지역에서 싸울 준비가 돼 있지 않습니다. 일단 대규모 사상자가 발생하면 우리는 돌이킬 수 없는 과정을 시작하게 될 겁니다."[4] 그럼에도 존슨은 전쟁을 계속했고 이는 병력과 자금을 투입할 때마다 같은 길을 계속하는 이유가 되었다. 자원의 고착은 의사 결정자가 원래 투자의 한계와 성공에 대한 대안, 또는 적어도 관리된 패배를 모두 보지 못하게 한다.

매몰 비용 오류는 다른 이름으로 **콩코드 오류**(Concorde fallacy)라고도 불린다. 영국과 프랑스는 1976년에 공동으로 초음속 여객기를 제작하기로 약속했다. 이 여객기는 비용이 많이 들고 안전에 차질을 빚었고, 항공사들이 수주를 구하는 경우도 드물었다. 두 나라가 투자를 어떻게 회수할지는 전혀 분명하지 않았다. 그럼에도 그들은 이미 너무 멀리 와 있었기 때문에 고집을 부리며 점점 더 많은 돈을 쏟아부었다. 그들은 완전하지 않은 비행기를 그저 계속 만들었다. 2000년 7월 25일 에어프랑스 콩코드 4590편이 추락해 113명이 사망했다. 비극이었지만, 결국 그 사고로 인해 진로를 수정할 수밖에 없었다. 영국과 프랑스는 향후 추가 비행기 개발 계획을 포기했다.

이 오류는 시간이 지나도 유지되는 단일한 정적 투자*가 있다고 가정한다. 지속적인 준비는 준비 역설에 대한 필수적인 답변이지만, 그것이 우리의 계획이 정적으로 유지된다는 의미는 아니다. 그보다는 적절한 수준의 대비 태세를 움직이는 대상으로 생각하는 것이 좋다. 결승선은 없다. 한 가지 유용한 개념적 도구는 재난의 오른쪽 계획을 울퉁불퉁한 바닥의 상태에 맞춰 끊임없이 재조정되는 세 발 의자로 생각하는 것이다. 우리가 직업적으로나 개인적으로 하려고 하는 것은 끊임없이 의자를 안정하게 만드는 것이다. 이전의 투자는 특정 시점에 가치가 있었을 수 있지만 아마도 그 시점이 끝날 즈음에는 그렇지 않을 것이다.

입장을 바꾸다

테러리스트들은 많은 사람이 지켜보기를 원하지만 많은 사람이

---

* 포트폴리오를 거의 조정하지 않는 것이 정적 투자, 수시로 조정하는 것이 동적 투자다.

죽는 것을 원하지는 않는다. 이러한 통찰은 수십 년 동안 거의 모든 반테러 노력과 대응 계획을 이끌었다. 테러리스트는 어떤 정치적 목적을 가지고 있으며 무고한 민간인들을 무차별적으로 살해하는 것은 역효과를 낳을 것이라는 가정이었다. 사망자 수가 많으면 테러 단체에 대한 대중의 반감이 커질 테고, 테러 단체가 가장 원하는 것은 대중의 지지라고 생각했던 것이다. 적어도 그렇게 가정했다.

1990년대 후반과 2000년대에 더 이상 그렇지 않다는 증거가 분명해졌다. 전 세계 정보기관들에 의해 알카에다(al-Qaeda)의 부상이 문서화되었다. 알카에다는 아일랜드 공화국군이나 독일의 바더-마인호프단과 같은 단체를 이끌었던 예전 각본을 따르지 않았다. 알카에다는 의도를 분명히 했다. 1998년 아프리카에 있는 미국 대사관 두 곳에 폭탄을 터트린 데 이어 2000년 예멘에 있던 해군 구축함 콜(Cole)호를 공격한 것이 그 증거였다.

9·11 위원회가 미국의 준비 부족을 "상상력의 실패"라고 표현한 것은 유명하다.[5] 나는 이 말이 결코 마음에 들지 않았는데, 그것은 미국 정부가 생각지도 않았던, 알 수도 없고 상상할 수도 없는 어떤 시나리오가 있었던 것처럼 보이게 하기 때문이다. 알카에다에 대해 이미 많이 알려져 있었다는 사실이 공개 문서를 통해 뒤늦게 드러났다. 부시 행정부 출범 첫날인 2001년 1월 25일 국가안보 참모진의 테러 전문가인 리처드 클라크(Richard Clarke)가 신임 국가안보 보좌관 콘돌리자 라이스(Condoleezza Rice)에게 경고문을 보냈다. 이 메모는 당시 그가 썼던 대로 알카에다에 대한 전문가들의 우려가 커지고 있음을 보여 주었다. 질문 형식으로 표현된 첫 번째 제목은 다

소 수사적이었다. "그저 테러리스트 단체일 뿐인가?" 대답은 당연히 '아니오'였다. 클라크는 "우리가 당신을 위한 브리핑에서 언급했듯이 알카에다는 한정되고 작은 테러리스트 문제가 아닙니다. (중략) 알카에다는 왜곡된 이슬람을 수단으로 삼고 있는 적극적이고 조직적이며 주요한 세력입니다."[6] 그러나 미국의 노력은 테러리스트들이 이해할 수 있는 존재이며 우리의 합리성과 그들의 합리성이 같다고 가정한 계획 시나리오에 갇혀 있었다.

상상력 문제가 아니었다. 과거의 교훈이 미래를 위한 준비라고 가정하는 문제였다. 데이터와 정보는 이야기가 바뀌었음을 보여 주었다. 알카에다는 미국 영토에서 민간인을 겨냥한 재앙적인 공격 계획을 자랑하고 있었다. 만약 그 메시지들이 심각하게 받아들여졌다면 막으려는 시도가 있었을 것이다. 2001년 9월 11일 아침 열아홉 명의 테러리스트가 비행기 네 대에 진입했을 때 그 결과(재난의 오른쪽)를 완화하려는 시도도 있었을 수 있다.

항공사들은 잠재적인 위협에 대해 통보받지 못했다. 인질 상황에 대비해 훈련을 받은 조종사들에게 특별히 경고가 전달되지 않았다. 조종실 문에 25달러짜리 자물쇠를 달아 주 객실에서 침입하는 것을 방지하지 않았다. 영향받을 수도 있는 연방항공청이나 다른 정부 기관에 아무런 메시지도 공유되지 않았다. 유나이티드항공 93편에 탑승한 승객들만이 다른 항공편에 무슨 일이 일어났는지에 대한 정보를 가지고 있었다. 테러범들이 수도 워싱턴DC에 있는 정부 건물로 향하고 있을 가능성이 높았기 때문에 승객들은 비행기 뒤쪽에 모여 재앙을 피하기 위해 조종석을 점령하기로 의견을 모았다. 비행기는 백악관에서 불과 190킬로미터 떨어진 펜실베이니아주 생스빌(Shanksville) 근처에서 추락했다.[7]

우리는 과거로부터 많은 것을 배울 수 있을 뿐이다. 그것은 앞으로 일어날 일에 대한 힌트를 줄 수 있지만, 재난이 어떻게 전개되는지에 대한 정확한 윤곽은 각본을 따르는 경우가 거의 없다. 역사는 관련성이 있지만 효과적인 결과 관리에 장애물로 작용하는 경우가 너무 많다. 우리는 일이 어떻게 전개될지에 대한 개념에 얽매여 한때 충분히 좋았다는 이유로 대응 노력이 적절하다고 간주한다. 지난번의 재난을 처리하기에 대응이 충분했다고 해서 다음 재난에 대비할 준비가 되어 있는 것은 아니다. 군사적으로 비유하면 마지막 전쟁을 준비하는 장군과 같다. 역사는 길을 안내하고 드러낼 수 있지만 구속할 수도 있다. 사회와 제도는 다음 위기를 대비하는 것보다지난 위기에 훨씬 잘 적응한다.

이는 일반적으로 최근 사건의 고통과 피해가 리더와 시민들의 마음에 생생할 때 중대한 위기의 여파로 시스템이 구축되는 경우가 많기 때문이다. 예를 들어, 9·11의 여파로 미국은 전체 국토 안보 기구를 재구성하고, 더 많은 자원을 할당하고 대테러 노력에 관심을 기울이기 위한 새로운 법을 통과시켰고, 명확한 목표나 목적 없이 여러 번의 영원한 전쟁에 돌입했다. 그 이후로 과도하게 많은 자원이 테러 대응 노력에 투입되었다. 이는 중요하긴 하지만 종종 취약한 공중 보건 인프라, 기후 위기 노출, 자연재해의 빈도 증가, 광범위한 허위 정보, 국내 테러 등에 점점 더 취약해지는 양극화된 시민사회와 같은 최근에 밝혀진 수많은 다른 안보 취약성에서 주의를 분산시켰다. 국가의 위기 지향은 **지난번** 위기에 대한 기억에 완고히 초점을 맞춘 경우가 많다.

반복되는 재난 관리 시스템은 예측 가능한 과거의 반복을 기대하기보다는 완전히 예상치 못한 새로운 사건에 적응해야 한다. 즉어떤 시스템의 재난 이후 대응 역량은 그 사례와 관련된 한순간의 반영이며 정보, 증거 또는 직감에 기초하여 지속적이고 일관성 있게 수정되어야 한다.

역사는 어떤 면에서는 매몰 비용이다. 그것은 과거에 대해 분별을 흐리게 하는 근시안적 단견을 만들어 낸다. 전 국가정보장 제임스 클래퍼는 그 위험성을 "아직 일어나지 않았다면, 일어날 가능성이 없다."라고 묘사했다.[8] 재난이 반복되는 변화의 시기에 우리는 결코 자신할 수 없다. 자신감은 리더에게는 좋은 속성일 수 있지만 위기 관리자에게는 그렇지 않다. 자신감은 나태함, 즉 '까짓것 할 수 있어'라는 감각으로 이어진다. 우리는 역사로부터 배울 수 있지만 다음에는 다른 춤을 준비해야 한다.

텍사스에 눈이 내린다

과거가 서막(prologue)이라는 자신감은 미래에 적합하지 않은 대응 계획의 관성을 만들어 낸다. 2021년, 예기치 않은 겨울 폭풍이 텍사스주 전체를 영하의 기온으로 몰아넣었다. 텍사스의 전기 인프라는 순식간에 과부하가 걸렸고, 대규모 정전이 뒤따랐다. 날씨는 석

탄, 풍력, 천연가스, 원자력 등 전기가 전달되는 모든 방식에 영향을
미쳤다. 위기의 최악의 순간에 최대 450만 가구의 집과 기업이 암흑
에 빠졌다.[9]

얼음 폭풍은 새로운 것이 아니었기 때문에 텍사스는 만일의 사
태에 대비하기 위해 계획을 세워 두었다. 그러나 주 전체에 영향을
미치는 얼음 폭풍은 이전에 발생한 적이 없었기 때문에 계획에 있던
비상사태가 아니었다. 물론 일부 시스템이 다운될 수도 있는데, 텍
사스의 한 지역에서 다른 지역으로 이동하여 자체 경계 내에서 우회
시킬 수 있었다. 그것이 전에 효과가 있었기 때문에 이 정도면 충분
하다고 믿을 만한 충분한 이유가 있었다. 어쨌든 여긴 텍사스였다.

미국의 에너지 공급 시스템은 단순히 동부 전력망과 서부 전력
망 두 가지만으로 구성된 것이 아니다. 세 번째가 있는데, 바로 텍사
스 전기 신뢰성 위원회(ERCOT, Electric Reliability Council of Texas)이
다. 텍사스는 왜 그렇게 특별할까? 1935년 루스벨트 대통령은 연방
전력법에 서명하여 미국이 주(state) 간 전력선을 규제할 수 있는 권
한을 부여했다. 연방 고속도로 프로그램과 마찬가지로 루스벨트는
헌법의 상업 조항의 권한을 사용하여 한 국가의 기본적인 요구를 통
합하고 각 주 연합 역량을 창출했다. 텍사스는 그 일부가 되기를 원
하지 않았다. 이미 자체 전력망을 구축했기 때문에 루스벨트의 계획
에서 손을 뗐다. 국가적 노력에 동참하지 않는다면 규제도 받지 않
을 것이라고 생각했다. 1970년에 공식적으로 설립된 ERCOT는 연
방 에너지 규제 위원회의 관할 밖에 남아 있었다. 텍사스가 스스로
를 국가로 보는 것과 마찬가지로, ERCOT는 약간의 작은 예외를 제

2021년 겨울 폭풍 이후 식량을 기다리는 텍사스 주민들
출처: 타미르 칼리파(Tamir Kalifa),《뉴욕 타임스》

외하고는 고립되어 있다. ERCOT의 사장이자 CEO인 빌 매그니스 (Bill Magness)는 폭풍 후 해고되기 전《텍사스 트리뷴》과의 인터뷰에서 이러한 예외는 "극히 일부에 불과하지만 사소한 연결이 있습니다. 그 부분을 제외하고는 전기적으로 독립된 섬으로 운영합니다." 라고 말했다.[10]

루스벨트가 대통령이었을 때 구축된 고립된 대응 능력은 전혀 시스템이 아니다. 텍사스가 동부나 서부 전력망에 접근할 필요가 있을지도 모른다는 점은 주 전체가 흔들리는 역사적 선례가 없었기 때문에 계획에 포함되지 않았다. 말하자면, 건물은 그냥 무너지지 않는다. 텍사스는 댈러스이든 러벅이든 수요가 발생하는 곳이 어디든 간에 더 많이 전기가 흘러가도록 주 내에서 우회를 테스트했다. 그것이 회사가 하는 일이다. 그러나 결국 기후 패턴이 바뀌고 텍사스가 스스로 처리할 수 없는 상황이 닥칠지도 모른다는 현실을 간과할 수는 없었다. 그 주의 보수적인 정치인들은 '기후 변화'라는 용어를 좋아하지 않을지도 모르지만, 시민들은 텍사스의 열기를 좋아한다.

나는 유명한 우주 및 기후 기자인 마일스 오브라이언(Miles O'Brien)에게 똑똑한 사람들이 왜 주변에서 일어나는 변화를 볼 수 없는지 물어본 적이 있다. 그는 집단 사고와 정적 계획(static planning)에 대해 말했다. "총체적으로 똑똑한 사람들로 구성된 집단이 부분보다 얼마나 더 멍청할 수 있는지에 대한 이야기입니다."[11] 내가 오브라이언의 언급을 트위터에 올리자, 한 팔로워가 "우리 중 누구도 우리 모두만큼 멍청하지는 않죠."라고 답했다.[12]

부지사는 어디에 있습니까?

현재 시행 중인 계획이 미래에 적응할 수 있도록 보장하는 가장 좋은 방법은 시스템을 지속적으로 스트레스 테스트(stress test)* 하는 것이다. 여기서 레드 팀(red team) 만들기라는 개념이 유용하다. 레드 팀 만들기는 군대의 전쟁 게임에서 유래한 용어이다. (비유적으로)

---

* 실현 가능성이 있는 사건에 대하여 시스템의 잠재적 취약성을 측정함으로써 안정성을 평가하는 것이다. 본래 의학이나 IT 분야에서 시스템 등에 충격을 가했을 때 안정되게 작동하는지 검사하는 것을 의미했고, 최근 들어 금융권에서도 많이 사용된다.

당신을 죽이려는 잠재적인 적에게 개방함으로써 계획, 정책 및 가정에 도전하기 위해 수행된다. 군대는 계획과 활동에 대한 기존의 통념에 도전하는 가상의 갈등에서 대항군(OPFOR, opposing force)을 설정한다. 공격자는 레드 팀의 계획을 모르는 '방어자'(블루 팀)에 대한 테스트 역할을 한다. 적의 능력, 무기, 기술은 완전히 새로운 것일 수 있다. 군대에서 레드 팀은 목적이 있고 단호한 적이다. 훈련 자체가 과거의 기대에서 벗어나 대안적 분석을 제공하는 방법이다. 레드 팀 만들기는 양 팀이 서로 대응하여 물리적으로 움직인다는 점에서 '실제'일 수 있다. 이러한 방식으로 운영상의 문제(가령 무거운 짐을 운반하면서 30미터를 이동하는 데 실제로 걸리는 시간)를 현미경으로 보듯이 세세하게 파악한다.

레드 팀 만들기는 군대 밖에서도 사용될 수 있다. 전쟁에만 적용할 필요는 없다. 직장 또는 커뮤니티 팀은 테이블에 둘러앉아 가상 시나리오를 기반으로 다양한 대응 방안을 논의할 수 있다. 이는 가치 있고 비용이 적게 드는 것으로 입증될 수 있다. 기대치에 대한 계획과 의사소통은 잘못된 가정을 드러내고 팀이 적응하는 데 도움이 될 수 있다. 이 옵션을 모의 훈련(tabletop exercise)이라고 한다. 이때 외부 그룹인 레드 팀이 기관이 대응 계획의 성공 여부를 판단하는 데 도움을 줄 것이다. 이 과정에서 핵심 플레이어는 이미 내린 결정에 따라 끊임없이 변화하는 시뮬레이션의 다양한 시나리오에 대응하도록 지시받는다. 좋은 모의 훈련은 가정에 도전하는 동시에 무작위 사건을 던질 것이다. 이 기법은 사이버 보안 맥락에서 자주 사용되며 침투 훈련 또는 테스트로 알려져 있다. 여기서 기업들은 완곡하게 **윤리적 해커**라고 불리는 해커들을 고용하여 컴퓨터 시스템을 해킹하기 위해 그들이 가진 모든 자원을 사용한다. 실제 시나리오와 다른 점은 블루 팀이 해커들이 온다는 것을 알고 있기 때문에 테스트에서 놀라움이 제외된다는 것이다. 대신 목표는 회사가 방어책을 마련하고 피해를 완화할 수 있는지 확인하는 것이다.

이러한 노력을 과소평가할 수는 없다. 이것은 성공이 단지 더 많은 일을 하는 것이라고 말하는 게으른 계획에 도전하기 때문에 준비에 의도적인 변화를 추가한다. 물론 예를 들어 레드 팀은 취약성을 식별할 수 있으며 이는 항상 재난 발생 전에 유용하다. 프런트엔드(front end)에서 약점을 노출하면 백엔드(back end)에 대한 투자가 필요할 가능성을 줄일 수 있다. 그러나 가장 중요한 것은 이러한 테스트를 통해 응답 시스템이 부족한 부분을 드러낼 수 있다는 것이다.

내가 가장 좋아하는(이렇게 불러도 될지 모르겠다.) 레드 팀 만들기 중 하나는 우리가 주 정부의 능력을 테스트했을 때였다. 주 정부 계획의 대부분은 주지사 자신의 노력과 리더십을 중심으로 이루어졌다. 직원들은 주지사가 보스라고 생각했다. 수장이 위기에서 수완을 발휘할 것이라 생각하는 이 현상은 드물지 않지만, 한 가지 엄청난 결함이 있다. 그것은 바로 공격이 주지사 자신에게 영향을 미칠 가능성이다. 주 정부가 계획한 대응 관리 방식은 헌법상의 후계자인 부지사를 대부분의 연습과 훈련에서 배제했다. 그래서 테스트 연습을 시작한 지 몇 분 만에 주지사를 허리케인의 희생자로 만들었다. 우리는 그를 '익사'시켰다. 남아 있는 고위 관료들이 방 안을 둘러보았다. "부지사님은 어디 계신가?" 누군가 물었다. 아무도 부지사를 초대하지 않았다. 큰일이었다.

방심하지 말고, 계속 테스트하라.[13] 레드 팀 만들기는 새로운 시각으로 구조를 보고, 계획을 세우며, 기존의 시각이 모든 것을 제대로 파악했는지 궁금해하고 실제로 테스트하는 과정을 제공한다. 외부인을 데려오면 내부자가 이미 알고 있는 약점을 테스트하는 데 너무 의존하지 않도록 할 수 있다. 예를 들어 사이버 보안에서 내부 비즈니스 테스트는 종종 약점이 있음을 이미 알고 있는 동일한 위치를 다시 지적하고 조사한다. 윤리적 해커는 그들을 그 안락한 지대에서 구출할 것이다. 대형 기술 회사가 결국 시스템을 테스트하지 않는 것은 아니지만 상처의 딱지를 보호하는 경향이 있다. 외부인이 딱지를 뜯어 내기만 하면 된다.

모든 시스템은 지속적으로 스트레스 테스트를 받아야 한다. 그것이 지속적인 준비의 본질이다. 우리는 기후 변화가 일어나고 있다는 대다수 사회를 설득하는 데 성공했지만 그들이 어떤 대응을 계획해야 하는지에 초점을 맞추는 데에는 덜 성공적이었다. 과거는 상황이 더 나빠질 수 있다고 말하지만 어떻게 그렇게 될지는 알 수 없다.

안전 상쇄

가정이나 세계에서 시행되는 준비 시스템을 정기적으로 테스트해야 하는 또 다른 이유는 위험 항상성(RHT, risk homeostasis)이라는 경고성 현상 때문이다. 기본적으로 날씨와 같은 세상의 상황만 변하는 것이 아니라 우리도 변한다. 리더와 기관이 재난에 대비하는 데 전념함에 따라 이러한 투자에 더 위험한 행동으로 대응하는 경향이 있을 수 있다.

RHT 이론은 처음에 캐나다 온타리오 퀸스대학 명예교수인 제럴드 와일드(Gerald Wilde)가 일부 안전 조치가 예상되는 전체 순이익으로 이어지지 않는 이유를 설명하기 위해 제안했다.[14] 예를 들어, 헬멧과 같은 예방 조치가 도움이 되지 않는다는 것이 아니라 헬멧을 착용한 스키어가 더 빨리 달릴 가능성이 높기 때문에 부상 가능성이 증가한다는 것이다.[15] 1982년 와일드의 발견 이후, 그의 방법론 중 일부에 대한 비판이 있었다. 그러나 이 위험 보상 이론은 일부 안전 개입의 이익이 예상보다 적은 이유를 설명하는 데 도움이 된다. 사람들은 종종 초기 안전 투자에 대한 반응으로 행동을 조정한다. 본질적으로, 실수로부터 우리를 보호해 줄 안전망이 있다고 느끼면 우리는 덜 조심하게 될까?

와일드는 다양한 안전 조치와 이니셔티브를 검토했으며 주관적인 위험 인식으로 인해 계획대로 작동하지 않는 경우가 많다고 주장했다. 위험 항상성(RHT)은 개인과 기관이 위험을 평가하고 안전 효과를 변경하여 목표 위험 수준으로 알려진 특정 수준의 위험에 도달할 것이라고 가정한다. RHT는 위험 상쇄라고 부를 수 있는 것, 즉 점점 더 많은 안전 조치가 시행됨에 따라 한계를 넘어서는 경향을 설명한다. 이에 대한 증거는 때때로 논란의 여지가 있다. 확실히 우리는 안전 조치가 효과 있다는 것을 알지만, RHT는 그 안전 조치가 생각만큼 효과가 없을 수 있는 이유를 설명하려고 한다.[16]

반대로, 안전 조치의 부재가 우리를 더 조심스럽게 만들 수 있다는 증거도 있다. 공유 공간 거리 디자인을 채택한 도시 지역의 전체 데이터이다. 이 영역에서는 신호, 노면 표시 및 심지어 도로 경계석까지 제거되었다. 안전하지 못하다는 느낌으로 인해 사고가 줄어들었다. 개방형 공간 디자인에 관한 한 주요 연구의 저자들은 "공간을 더 위험하게 느끼게 함으로써 웰빙이 향상될 수 있다고 주장하는 것은 비뚤어진 것처럼 보일 수 있지만, 이는 경험적 연구의 확고한 결론이다."라고 썼다.[17]

우리의 주체성이 더 안전한 세상을 만드는 바로 그 투자를 상쇄하는 데 사용된다면 그것은 항상 선한 쪽으로 작용하지는 않는다. 스카이다이빙의 전설 빌 부스(Bill Booth)는 이에 관해 놀라운 설명을 했다. 부스의 법칙 2번으로 알려진 그는 "스카이다이빙 장비가 안전할수록 사망률을 일정하게 유지하기 위해 스카이다이버가 더 많은 기회를 잡을 것이다."라고 말한다.[18] 실제로, 안전장치를 포함한 모든 중요한 변화에도 불구하고 스카이다이빙 사망률은 변하지 않았다. 낙하산은 안전해지기도 했지만 더 빠르고 복잡해지기도 했다. 고성능 캐노피의 안전 기능 때문에 스카이다이버들은 과신하게 되었다. 그들은 지상에서 더 가까운 곳에서 고속 기동을 시도하지만, 때때로 실패하고 만다. 이 모든 것이 의미하는 바는 새로운 규칙이나 엔지니어링 기술에 대응하여 위험 내성이 초래될 수 있기 때문에 계획자와 리더가 안전 조치의 효과를 인식해야 한다는 것이다.

RHT는 어리석은 일을 할 수 있는 우리의 능력을 일깨워 준다. 준비를 철저히 하기로 다짐한 후 위험한 스카이다이빙 동작으로 모든 것을 날려 버릴 수 있다. RHT는 또한 재난 이후의 상황을 받아들이는 것을 그 이익을 상쇄할 기회를 만드는 것으로 보는 경향을 극복해야 한다고 경고한다. 그 잠재력 상쇄는 이러한 동일한 훈련과 스트레스 테스트를 통해 드러날 수 있다.

위기 한가운데서 배우기

위에서 강조한 바와 같이 실제 사건이 일어나기 전에 재난 관리는 사건이 어떻게 전개될지에 대한 가정에 도전할 수 있는 레드 팀 및 모의 훈련에서 이점을 얻는다. 8장에서 언급하겠지만, 실제 사건 이후 재난 관리는 올바른 교훈을 배울 수 있도록 사후 조치 보고서(after-action reports)*와 역사적 기록함(historical memorialization)에서 이점을 얻는다. 그러면 학습의 세 번째 범주가 남는다. 바로 사건이 일어나는 동안 적용할 교훈이다. 재난의 시대에 재난 관리는 중대한 변화를 겪고 있다. 기본적으로 재난이 반복되기 때문에 발생 전후뿐 아니라 실시간으로 학습하는 것의 이점은 헤아릴 수 없을 정도로 많다. 마치 최고의 학습은 선견지명이나 뒤늦은 깨달음에서만 나오는 듯, 예상되거나 학습된 교훈은 정적인 느낌을 준다.

매릴린 달링(Marilyn Darling), 찰스 페리(Charles Parry), 조지프 무어(Joseph Moore) 교수는 「사건 와중에 배우기(Learning in the Thick of

---

* 이전에 수행한 모든 목표 지향적 조치의 순서에 대한 소급 분석.

It)」라는《하버드 비즈니스 리뷰》의 중요한 기사에서 이렇게 썼다. "하지만 각 단계나 국면의 도중 혹은 끝에 약간의 리뷰만 이루어졌더라도 실패한 프로젝트가 좀 더 성공적일 수 있었다고 한다면, 그것이 결말에 영향을 미쳤을 것인가?"[19] 즉 실시간으로 학습한 것에 적응함으로써 미래를 다르게 쓸 수도 있다는 얘기다. 이 기사에서 저자들은 실제로 살아 움직이는 교훈을 얻는 과정을 설명한다. 그들의 연구는 대항군(OPFOR)과 마주한 팀들이 왜 그렇게 성공적이었는지를 연구했는데, 주된 이유는 그들이 결코 놀라지 않는 것처럼 보였다는 점이다. 연구자들은, 심지어 위기 상황 동안에도 학습이 지속된다는 것을 밝혀냈다. 훈련 동안 블루 팀은 작전 명령과 그들이 여전히 당면한 임무를 위해 일하고 있는지에 초점을 맞춘 전투 중 회의 주기를 설정했다. 이 과정은 팀을 미래가 아닌 현재에 개혁하고 개선하는 데 도움이 됐다. 또 그들은 무엇이 제대로 되었는지 뿐만 아니라, 야간에 임무를 완수하거나 새로운 기술을 사용하는 등 다른 상황에서 무엇이 계속해서 제대로 진행될 것인지에도 초점을 맞췄다.[20]

이 '사건 와중에 배우기' 과정은 군사훈련의 일부로 시작되었고 나중에 주요 기업과 기관에서 채택했다. 1990년대 후반 즈음에는 프로젝트 관리 도구로 발전했다. 이제 프로젝트 관리는 모든 경영학 전공자에게 친숙하다. 프로젝트 관리가 비즈니스 분야로 확장된 것은 셸 오일(shell oil)의 이사회에 속했던 고든 설리번(Gordon Sullivan) (퇴역) 장군과 종종 동일시된다. 그는 모든 프로젝트가 너무 진행되기 전에 모범 사례와 실수를 보다 효율적으로 식별할 수 있는 비즈니스 도구로 대항군 트레이닝을 활용할 것을 제안했다. 이러한 관리 변화는 프로젝트가 너무 많이 진행되기 전에 오류를 식별하고 결함을 해결함으로써 비즈니스 관행을 영구적으로 변화시킬 것이다. 규모에 상관없이 모든 기관이 새로운 기술, 급여 관리 시스템, 공급망 물류 프로세스를 도입할 때뿐만 아니라 재난이나 위기 상황에서도 기꺼이 개혁하지 않으면 안 될 이유가 뭐 있겠는가? 개혁해야 한다.

점령하라

허리케인 샌디(여러 폭풍이 함께 휩싸여 있어 슈퍼스톰 샌디라고도 한다.)는 2012년 대서양 시즌 중 가장 파괴적이고 치명적인 허리케인이었다. 카리브해에서 캐나다에 이르기까지 8개국에서 233명이 사망했다. 미국을 강타할 당시에는 카테고리 2* 허리케인에 불과했지만, 열대성 폭풍우 바람으로 측정한 대서양 허리케인 중 가장 큰 규모로 기록상 가장 큰 지름인 1850킬로미터에 달했다. 미국에서는 허리케인이 거의 절반에 가까운 주에 영향을 미쳤으며, 그 지리적 영향은 상상을 초월할 정도였다. 10월 29일에는 뉴욕시를 강타하여 사상자가 발생했으며 거리가 침수되고 도시 안팎이 정전되었다. 약 5000편의 항공기가 결항되었고 앰트랙(Amtrak, 전미 철도여객수송공

---

* 허리케인은 심각도에 따라 카테고리 1에서 5까지 분류된다. 카테고리 2는 시속 96~110 마일의 속도로 '매우 위험한 바람이 광범위한 피해를 입힐' 수준이며, 5는 '거의 전멸' 상황을 말한다. 1924년 이후 카테고리 5로 상륙한 허리케인은 세 개였다.

사)은 철도 서비스를 중단했다. 샌디는 다른 어떤 허리케인과도 달랐다.

연방, 주, 지방 당국이 재난에 대비하여 지역사회를 준비시켰기 때문에 이전의 계획은 좋은 기준이 되었다. 그러나 허리케인 샌디는 그 여파로 전례 없는 대대적 파괴를 남겼기 때문에 이에 대응하고 기록하고 이해해야 했다. 허리케인 샌디의 규모와 즉각적인 대응에 대한 요구 수준은 압도적이었다. 대부분의 기존 대응 계획들은 새로운 기술과 정치는 말할 것도 없고 커다란 폭풍에 적합하지 않았다. 기존의 규칙을 적용하기에는 요구가 너무나도 컸다.

공교롭게도 이 시기는 시위와 농성을 통해 소득 불평등을 공공 정책의 우선순위로 삼으려는 지역사회의 풀뿌리 노력인 '월가를 점령하라(Occupy Wall Street)' 시위가 한창이던 시기이기도 했다. 시위대에는 이웃에 대한 지식, 상황을 개선하려는 헌신과 같이 비상시에 유용할 몇 가지가 있었다.

'월가를 점령하라' 시위에 참여한 사람들은 젊고 기술적으로 능숙하며 스프레드시트와 구글 문서를 다른 대다수 사람보다 빠르게 작성할 수 있는 편이었다. 허리케인 샌디가 닥쳐왔을 때, '월가를 점령하라' 시위자들은 스스로를 보호하고 대피소로 들어가기 위해 흩어져야 했다. 마침내 폭풍이 지나갔을 때, '샌디를 점령하라(Occupy Sandy)'가 탄생했다.

즉흥적으로 시작된 일이었다.[21] '월가를 점령하라'에 참여했던 일부 베테랑들이 음식과 손전등을 준비해 브루클린의 저소득 주택 단지에 전달하기 시작했다. 그러자 그것은 급격하게 인기를 얻었다.

그들은 트위터를 이용해 새로운 자원봉사자를 모집하고 차량을 조직하여 생필품과 물자를 운송했다. 일종의 신속 대응팀이 되었다. 돈이 필요한 사람과 기업의 손에 빠르게 들어갔고, 가족을 더 빨리 대피소로 보냈으며, 지역사회의 필요를 더 잘 이해함으로써 이민자 및 소수민족 공동체들이 더 쉽게 구호품을 받을 수 있게 되었다.

'샌디를 점령하라' 실험은, '점령하라'라는 이름은 없어지긴 했지만, 이후 재난에서 반복되었다. 폭풍이 점점 더 커지고 더 자주 발생한다는 사실을 인식한 정부는 대다수 지역사회를 도울 능력이 있는 생존자가 아니라 희생자로 취급했던 이전 계획에 더 이상 의존할 수 없었다. 이러한 노력은 정부가 18세에서 24세 사이의 새로운 국가 프로그램인 FEMA 단체*와 같은 프로그램으로 이미 시행하고 있던 재난 대응에 대한 지역사회 전체의 접근 방식을 반영했다. 당시 FEMA의 리처드 세리노(Richard Serino) 부국장은 내게 말하기를 슈퍼스톰 샌디가 재해 대응에서 지역의 독창성을 처음 성공적으로 사용한 것이라고 했다. "다른 많은 단체와 마찬가지로, '샌디를 점령하라'와 같은 지역사회 그룹이 해결책의 일부임을 강조했습니다." 재난의 시대에 이러한 새로운 노력은 "생존자들에게 더 나은 경험을

---

* FEMA 단체는 미국 연방 재난관리청(FEMA)과 아메리코 전국 민간 지역사회 단체(AmeriCorps National Civilian Community Corps, NCCC) 프로그램 간의 파트너십으로 18~24세 참가자에게 전문성 개발 경험을 쌓으면서 재난의 영향을 받는 지역사회에 봉사할 수 있는 기회를 제공하는 팀 기반 서비스 프로그램이다. 전담 팀에서 거주하고 일하고 여행하며 12개월 동안 봉사하는데, 재난 생존자와 지역사회에 중요한 지원을 제공하면서 훈련과 경험을 얻으며, 약간의 생활비와 프로그램 종료 후 수료증을 받는다.

제공했을 뿐만 아니라 FEMA가 현장에서 기술을 활용하는 방식도 변화시켰습니다." 세리노는 지속적인 혁신이, 도움이 필요한 사람들과 도움을 제공하는 사람들에게 어떤 영향을 미치는지 되돌아보며 말했다. 위험은 계속 변하고 있다. 우리의 대응도 그러해야 한다.[22]

악마는 계속 움직일 것이다. 당신은 더 이상 그곳에 있지 않다. 당신은 여기 있다.

7장 니어미스를 놓치지 마라

피해가 없다고 해서 문제가 없는 것은 아니다

2010년 6월, 아이폰 4가 큰 환호 속에 출시되었다. 얼마 지나지 않아 고객들은 온라인에서 새 기기의 신호 강도를 공개적으로 비난하기 시작했다. 많은 사람이 통화 끊김과 메시지 중단을 경험했다. 애플은 최악의 방식으로 대응했다. 고객이 전화기를 손에 쥐는 방식을 탓하거나, 전 CEO인 스티브 잡스가 썼듯이 "문제없다."라고 설명한 것이다. 결국 애플은 소프트웨어 오류를 인정하고《컨슈머 리포트》의 추천조차 받지 못한 휴대전화의 오류를 수정하게 되었다. 혹독한 비난과 소송까지 불러일으킨 애플의 초기 대응이 한심하고 방어적이었다는 것은 이제 잘 알려진 사실이다. 더 널리 알려지지 않은 사실은 불만 사항이 하나도 놀랍지 않았다는 것이다.

애플 입장에서 아이폰은 반드시 작동해야 한다. 회사에 이만큼 중요한 제품 라인은 없다. 그렇다면 이전 버전에서는 괜찮았던 아이폰 4의 문제점은 무엇이었을까? 알고 보니 아무것도 없었다. 나중에 애플이 공식적으로 답변하기를 "어떤 전화기든 잡으면 안테나 자리에 따라 특정 위치가 다른 위치보다 더 나빠지는 등 안테나 성능이 다소 저하될 것"이라고 설명했다.[1] 이 특정 결함은 이전 아이폰에도 존재했다. 하지만 어째서인지 회사가 그것을 알고 있었음에도 고객들은 불만을 제기하지 않고 결함을 수용했다. 아이폰 4의 운명을 결정지은 것은 소셜 미디어라는 공격적 변수였다. 한 고객을 짜증 나게 하는 것이 곧 애플의 가장 성공적인 제품을 위협하는 주요 결함이 되었다.[2]

그러나 고객이 이미 결함을 경험했다는 사실은 모든 것이 괜찮다는 징후가 아니라, 고객이 더 이상 참을 수 없을 때까지 어느 정도의 불편을 감수할 것이라는 신호일 뿐이었다. 애플은 문제를 정상화했고, 따라서 대중들도 더는 불편을 겪지 않았다. 전화 끊김은 특이치가 아니라 니어미스(near miss)*였다. 니어미스는 우리가 귀 기울여야 할 무언가를 알려 준다. 그것은 종종 시스템에 기본 오류가 있다는 암시이며, 수정하지 않으면 큰 문제가 발생할 수 있다. 재난 발생 이후의 목적과 결과 최소화라는 목표 관점에서, 니어미스가 꼭 시스템이 작동하고 있다는 신호인 것은 아니다. 이를 정상화하는 것은 시스템 자체가 회복탄력성이 있어서 댐이 붕괴되지 않고 항상 버틸 수 있다는 잘못된 인식을 일반 대중에게 줄 수 있다.

---

* 사격, 포격 등에서 표적에 가까운 착탄을 뜻하는 군사 용어에서 시작된 말이다. 비행 중인 항공기가 다른 항공기에 접근하여 공중 충돌의 가능성이 있는 근접 비행 사고와 같이 거의 사고가 날 뻔한 상황을 의미하며, '아차 사고'라고도 한다. 대형 사고 이전의 사전 징후로서 재난 안전 관리 분야에서 의미 있게 관리되어야 한다.

지금 내 말이 잘 들리는가? 상황이 유지되지 않는다는 말이다.

일탈의 정상화

일탈의 정상화(normalization of deviance)는 니어미스를 시스템이 붕괴할 수도 있다는 적색 사이렌 경고로 인정하지 않고 무시하는 경향이다.[3] 일탈의 정상화 현상은 재난 관리 분야에서 중요하다. 이 용어는 사회학자 다이앤 본(Diane Vaughan)이 비즈니스 및 제도적 실패에 대한 연구를 바탕으로 처음 만들었다.[4] 본의 연구는 회사나 팀이 재난이 오고 있음을 알았어야 하는 재난 이전의 시간을 살펴보았다. 돌이켜 보면 뭔가 심각하게 잘못되었다는 힌트가 명백했는데도 회사나 정부 기관이 그토록 쉽게 무시한 이유는 무엇일까? 그녀는 '니어미스'를 재앙을 피했다는 표시라기보다는 재앙이 일어나기를 기다리고 있었다는 표시로 여겼다.

다른 학자들처럼, 본도 우주 왕복선 챌린저호 참사에 관심을 가졌다. 그녀 역시 현재 우리가 알고 있듯 폭발의 도화선이 된 O링에 집중했다.[5] 그러나 그녀는 거기서 멈추지 않았다. O링은 챌린저호 발사 과정에서 체계적 결함을 암시했던, 어쩌면 비명을 지르기까지 했던 수백 가지 사례 중 하나였다. 그 사례들 각각은 NASA 엔지니어와 리더에 의해 열외 취급되었다. 각각 다 정상화되었다.

이러한 정상화는 그중 어느 하나로는 즉각적인 피해를 일으키지 않았기 때문에 발생했다. 일탈은 표면적으로 양성이었다. 본은

일탈의 정상화

허용되어서는 안 될 광행이나 기준이
수용 가능한 것이 되는 점진적 과정.

재앙에 대한 조사에서 일탈을 "잘못 해석되거나 무시되거나 완전히 놓쳐지는 조기 경고 신호가 있는 긴 잠복기"[6]라고 설명한다. O링이 치명적인 실수이긴 했으나 O링만의 책임은 아니었다. 실제로, O링의 한계를 열외 처리할 수 있는 것이 더 큰 문제의 신호였다. "허용될 수 있는 행동을 정의하는 경계가 점차 넓어지고 비정상적인 사건 이후 사건을 통합하기"[7] 때문에 무시되었다. 일탈의 정상화는 "허용되어서는 안 될 관행이나 기준이 수용 가능한 것이 되는 점진적 과정이다. 일탈 행위가 재앙적인 결과 없이 반복되면서 조직의 사회적 규범이 된다."[8] 명백한 경고는 즉각적 피해를 끼치지 않는다는 이유로 무시된다. 이것이 니어미스 오류다.

이전 장에서는 피할 수 없는 재난에 대비해 우리 모두가 어떻게 더 나은 대응 구조를 구축할 수 있는지, 그리고 재난이 전개될 때 결과를 최소화하기 위해 무엇을 할 수 있는지에 대해 설명했다. 덜 나쁜 것이 21세기의 표준이다. 이 장과 다음 장에서는 가까이 있고 반복되는 재난이 실제로 어떻게 학습과 준비를 위한 기회를 주는지에 초점을 맞춘다. 재난은 또한 우리가 다음 재난에 대비할 때 중요한 피드백을 제공할 수 있다. 이것이 본이 본질적으로 니어미스 오류를 설명하는 방법이다. 이 말은 재난의 왼쪽과 오른쪽 프레임워크와 일치하므로 친숙하게 들릴 것이다. 만약 니어미스인 어떤 사건이 즉시 재앙을 초래하지 않으면 그 니어미스가 대신 정상적인 것으로 간주되기 시작한다. 그러나 이러한 니어미스는 O링이 분해되는 것과 같은 '최종 재난'이 발생하기 전에 시간을 벌어 주고 있을 뿐이다. 우리가 이제 알고 있듯이 최종 재난은 필연적으로 일어날 것이다. 악마는 돌아올 것이다.

조직이 어떻게 그렇게 오만해지거나 부주의해지거나 단순히 집단 사고에 굴복하는지는 문화와 역사에 따라 다르다. 전반적으로 조직은 악마가 숨어 있지 않다는 가정을 괴로워한다. 그들은 잠재적인 오류에 대한 경고가 될 수 있는 시스템의 실수보다는 (좋을 수도 있는) 결과에 중점을 둔다. 니어미스는 우리가 원한다면 재난의 오른쪽에 가깝다고 대개 말해 주기 때문에 귀를 기울일 필요가 있다. 안도감을 느껴서는 안 된다. 하지만 지금 주어진 시간이 준비하는 데 도움이 될 수 있기 때문에 감사해야 한다.

이제부터 설명하는 중단은 이러한 위기에 대한 기존의 통념을 재구성한다. 조직이 다음번 재난의 가장 피해가 큰 결과를 피하기 위해 이전의 가까운 재난으로부터 배우는 데 열려 있었던 사례들이다. 이는 어떻게 조직이 발생하지 않은 재난(각 사례에서 상황은 훨씬 심각했을 수 있다.)에서 교훈을 얻어 가능성이 높아 보이는 재앙을 피할 수 있었는지 보여 준다.

타코에 무엇이 들어 있나?

2015년, 패스트푸드 체인점인 치폴레(Chipotle)*의 상추와 관련하여 60건의 대장균 발생이 있었다. 아무래도 식중독을 일으키는 식당을 운영하기는 어렵다. 치폴레는 빠르게 성장하는 체인점이었다. 2015년까지 상업화된 식생활의 폐해를 언급한 마케팅 캠페인에 힘입어 1900개 이상의 매장이 생겼다. 얼마 지나지 않아, 패스트푸드와 건강식은 양립할 수 있다는(혹은 그렇지 않을 수 있다는) 홍보를 바탕으로 시장 가치가 거의 240억 달러가 되었다. 상추에 있는 대장균은 나쁘다. 치폴레는 공급망에 문제가 발생하여 평판이 추락했다. 대장균 발생이 끝났을 때는 500명이 오염된 식품으로 인해 병에 걸린 뒤였다. 이 수치는 병원에 가서 검사를 받은 사람들만을 나타낸다. 위기 동안 치폴레 시가 총액의 약 30퍼센트가 사라졌다.

오리건에서 뉴욕에 이르는 대규모 대장균 발생은 이 체인의 대형 공급업체 중 한 곳에서 오염이 발생했음을 의미했다. 대장균은 신선하거나 덜 익힌 식품에 서식하며, 고온에서는 살아남을 수 없다. 이 과학적 사실은 치폴레의 독특함을 만드는 특성인 토마토, 고수, 상추의 신선도가 범인임을 뜻했다.[9] 치폴레는 이제 진짜 문제가 생겼지만, 이전의 니어미스를 심각하게 받아들였기 때문에 성공적으로 대응할 수 있었다. 회사는 이전의 경고들에 주의를 기울였다. 치폴레는 대규모 대장균 발생에 대응하기 좋은 여건이었다. 과거에

* 좋은 식재료와 건강식을 내세워 유명해진 미국의 멕시코 음식 프랜차이즈.

는 모든 고객 불만 사항이나 아픈 직원을 잠재적인 재앙적 사건의 징후로 취급했다. 대규모 대장균 발생이 일어났을 때, 치폴레는 준비가 되어 있었다.

나는 대장균 발생을 옹호하려는 게 아니다. 분명 일어나지 말았어야 할 일이다. 그러나 이 회사의 명백한 자기중심적 조직 문화, 즉 최종적으로는 고객이 품은 제품 안전성에 대한 의문에서 살아남을 수는 없다는 정서가 물리적, 경제적 피해를 상당 부분 덜어 주는 정교한 반응을 이끌어 냈다. 필요 이상으로 많은 매장을 폐쇄하고, 질병통제예방센터와 협력하며, 과할 정도로 신중하고 보수적으로 행동하고, 식품 안전 절차를 신속하게 재구성했다.[10] 회사는 확실히 발을 헛디뎠지만 무너지지 않았다. 치폴레는 공급업체와 직원 안전을 위해 프로토콜을 대폭 변경했고, 이러한 변화를 공개했다. 회사는 과거의 취약점을 고백했고, 브랜드를 보호했다. 2021년, 이 회사는 시총 540억 달러의 가치를 지녔으며, 세계에서 가장 가치 있는 400대 기업 중 하나가 되었다.[11]

큰 배, 작은 운하

에버그린(Evergreen)의 에버기븐(Ever Given)호는 세계에서 가장 큰 선박 중 하나다. 에버기븐호는 2021년 3월에 수에즈운하에 갇히는 바람에 전 세계 만화 및 GIF 크리에이터들의 놀림거리가 되었다. 풍향 변화와 잘못된 조작에 배가 멈춰, 선수는 모래톱에 박혔고 선미 절반은 운하를 가로질러 기울어졌다. 2020년은 이미 팬데믹이 제조 및 유통 역량에 미치는 영향에 따라 상품 수요가 급증하면서 글로벌 공급망의 취약성을 노출한 해였다. 수에즈운하 폐쇄는 심각한 결과를 초래할 것이었기에 많은 사람이 우려했다. 한 척의 선박이 세계 무역의 12퍼센트를 위한 유일한 항로를 차단했다. 에너지, 자동차 용품, 가정용품 및 사치품을 수송하는 능력이 큰 타격을 입을 것이었다. 그러나 그렇지 않았다.[12] 2021년 말과 2022년 초에 발생한 공급망 붕괴는 글로벌 경제와 팬데믹 탓으로 돌릴 수 있지만 에버기븐호의 탓은 아니다.

수에즈운하 폐쇄는 본래 운하가 1859년에 축조된 이유를 상기시킨다. 아시아의 공장에서 유럽의 부유한 소비자 시장으로 이동하는 거의 모든 컨테이너 선박이 이 수로를 통과한다. 석유와 천연가스를 실은 대형 유조선도 마찬가지다. 에버기븐호가 갇혔을 때 거의 200척의 배가 운하로 들어가려고 양쪽에서 기다리고 있었고 그보다 더 많은 선박이 다가오고 있었다.[13]

선택지가 많지 않았다. 그러나 약간의 지침이 있었다. 수십 년 동안 수에즈 지역의 보안 위협과 환경 문제로 인해 최악의 시나리오에 대한 계획이 있었다. 기업들은 이러한 니어미스 중 일부를 참고하여 피해를 완화하기 위한 계획을 세웠다. 그들은 수에즈가 취약하다고 믿을 만한 모든 합리적인 이유가 있었다. 예를 들어, 1967년부터 1975년까지 수에즈운하는 6일전쟁(제3차 중동전쟁)으로 인해 폐쇄되었고 욤키푸르(Yom Kippur) 전쟁(제4차 중동전쟁) 이후에야 열렸다.[14] 이스라엘은 운하의 동쪽 제방을, 이집트는 서쪽 제방을 장악했다. 그동안 열네 척의 배가 아이러니하게도 그레이트 비터 호수 (Great Bitter Lake)라고 불리는 운하의 한 부분에 갇혔다. 그들은 황색함대(Yellow Fleet)라는 이름으로 알려졌는데, 서로를 묶고 멋진 저녁 식사, 음악, 심지어 교회를 위해 지정된 배와 함께 일종의 작은 나라를 구성했다. 그래서 다른 배들은 무역을 계속하기 위해 남아프리카공화국의 남단인 희망봉 주변으로 통과하기 위해 이동했다. 쉽지 않았다. 항로변경은 선박의 주행거리를 늘려 시간 및 에너지 소비를 증가시켰으며 파도의 흐름으로 인한 취약성도 높였다.

2021년 에버기븐호가 항로를 막았을 때 수에즈운하가 언제까지 폐쇄될지는 미지수였다. SNS에 널리 퍼진, 아주 작은 불도저가 모래를 움직여 훨씬 더 큰 배를 옮기려는 사진은 대기 시간이 다소 걸릴 수 있음을 시사하는 것 같았다. 불과 일주일 만에 끝나긴 했지만 기업들은 최악의 시나리오를 고려한 계획을 세웠다. 거의 100억 개에 달하는 제품이 매일 수에즈를 통과하며 그중 일부는 부패하기 쉽기 때문에 시간은 매우 중요하다. 희망봉 통과가 이 여정보다 몇 주 더 걸리기는 하지만, 수에즈가 개방된 후에도 회사는 여전히 적체가 있을 것임을 알았다. 더 긴 여정은 또한 화주들이 연료 소비에 더 많은 돈을 쓸 것임을 의미했다. 더 큰 파도로 인한 항행 저항도 연료 사용을 증가시키고 불행하게도 탄소 배출을 증가시킨다. 희망봉을 돌아가는 남극해 항로는 험난한 여정이며 안전 문제도 함께 작용할 것이다. 더 큰 파도가 수많은 안전사고를 낳은 1967년 폐쇄 당시 일어난 일이다. 희망봉이 선박들의 묘지라고 불리는 데는 이유가 있다.

근래에 있었던 니어미스와 1967년의 장기 폐쇄로 인해 '적시

수에즈운하에서 에버기븐호를 빼내려는 시도가 실패했다.
출처: 수에즈운하 교통국

(just in time)' 공급망에 있는 기업들은 수에즈운하가 실제로 폐쇄될
경우 만일의 사태에 대비한 비상 계획을 세웠다. 그들은 실제로 에
버기븐호의 상황을 예측할 필요가 없었다. 누가 할 수 있었겠는가?
니어미스를 계기로 마련된 비상 계획은 그들이 희망봉 항로로 변경
할지 여부를 결정하는 시간, 비용, 안전 등 지표를 제공했다.[15] 회사

마다 계산은 달랐지만, 운하가 일주일 동안 폐쇄되어도 전 세계에 미친 영향은 미미할 정도로 다양한 대응이 있었다. 수백 척의 선박이 갇히자 머스크(Maersk), 지중해 해운(Mediterranean Shipping), 하파크로이트(Hapag-Lloyd)와 같은 주요 선사들이 아프리카로 이동하기 시작했다. 그들에게는 계획이 있었다. 그리고 우리는 공급망의 하류에서 영향을 거의 느끼지 못했다.

26.2

2013년 4월 15일 보스턴은 테러의 표적이 된 그 유명한 마라톤을 개최했다. 대응은 전반에 걸쳐 비교적 성공적이었다. 사고 지휘체계(ICS)가 활용되었다. 응급 구조 대원과 경찰은 프레임워크 내에서 적절한 역할을 수행하고 지원하기 위해 행사장인 코먼웰스 애비뉴(Commonwealth Avenue)에 배치되었다. 병원도 부상 환자의 도착에 대비해 사고 지휘관의 지시에 따라 준비되었다. 결승선에서 세 명이 사망했지만 수백 명이 인근 병원으로 이송됐다. 실제로, 광범위한 중환자 분류 계획으로 인해 병원에 도착한 사람은 단 한 명도 사망하지 않았다. 피해는 최소화되었다. 그것은 끔찍했지만 그렇게 나쁘지는 않았다. 일종의 승리였다.

나는 매사추세츠 주지사의 국토 안보 고문으로 일한 적 있다. 우리는 매년 마라톤을 준비하고 마라톤 경로를 따라 여러 관할 구역을 포괄하는 ICS를 테스트하면서 예측하지 못한 폭풍, 레이스가 취소되어야 할 정도로 과도한 폭염과 같은 과거 니어미스 사고를 조사했다. 정말 복잡한 질문에 답을 찾기 위해서였다. 결승선이 없다면 어떻게 가족을 다시 만나게 할 수 있을까?

사소하고 지엽적인 부분으로 들릴 수 있다. 결국 사람들은 서로를 찾을 것이다. 그러나 그것은 위기 상황에서 정말 기본적인 욕구이다. 사람들이 가족을 찾을 수 없으면 공포가 증가한다. 가족이 다시 만나면 초동 대응 요원이 받는 압박과 요구가 어느 정도 완화된다. 따라서 결승선 변경은 계획된 작업의 일부였으며, 코먼웰스 애비뉴에서 몇 블록 떨어진 곳으로 우회했다. 폭탄이 터졌을 때 두 명의 경찰관이 먼저 배치되어 거리에 서서 주자를 유도했다.

결승선에서 실제로 무슨 일이 일어났는지 모른 채 이러한 결정이 내려졌다는 것을 기억하라. 얼마 지나지 않아, 뭐가 됐든 완결은 없을 것임이 분명해졌다. 새로운 목표는 주자를 가족과 만나게 하고 최대한 빨리 내보내는 것이었다. "몇 분 만에 우리가 취한 더 과감한 조치는 문을 닫고 집으로 돌아가는 것이었습니다. 여기로 내려올 수 없다. 마라톤 대회는 끝났으니, 떠나라, 돌아가라, 집에 가라. 그 당시에는 어디가 안전한지 몰랐기 때문에 보낼 곳이 없었어요." 당시 보스턴 경찰청장인 에드 데이비스(Ed Davis)가 나중에 내게 한 말이다.[16]

수천 명의 주자들이 정신적 충격으로 혼란에 빠진 결승선으로 여전히 달려가는 중이었다. 그들의 가족은 흔히 그 선의 반대편에 있었다. 주자가 휴대전화에 접근할 수 있다고 가정한다면, 스트레스를 받고 신뢰할 수 없는 상황에서 어떻게 하면 가족과 다시 만나고 평화롭게 비극의 현장에서 벗어나게 할 것인가 하는 질문이 가장 중요했다.

하지만 어떻게? "전에 우리는 마라톤을 중단해야 한다고 생각한 적이 있었습니다. 그래서 우리는 그것을 위해 배운 것을 가지고 저항했죠. 어떤 면에서는 그저 순응일 뿐이었고, 자연스러웠습니다." 라고 데이비스가 설명했다.[17] 데이비스는 누가 이러한 백업 계획을 활성화하도록 전화를 걸었는지 기억하지 못하지만, 경찰은 근처에 있는 오래된 무기고에 지휘소를 설치하고 그들이 가지고 있던 전화, 소셜 미디어, 간판을 사용하여 사람들에게 잘 정리된 보스턴 코먼(Common)*에서 재회하라고 말했다. "우리는 이전에 마라톤을 중단해야 했던 적은 없습니다. 하지만 거의 할 뻔했죠. 그것은 우리가 마라톤 중단에 대해 생각하게 하기에 충분했습니다."[18] 조치는 시간이 걸리지 않았고, 가족 상봉은 빠르게 완료되었다. 주자들과 그 가족들이 빨리 모여서 멀리 가도록 했다. 일종의 승리였다.

십년감수

결국엔 실수가 일어날 것이고 악마가 실제로 돌아올 것임을 안다면 우리는 니어미스가 우리에게 허용한 시간을 이용해야만 한다. 그것은 우리에게 자극제가 되어야 한다. 그러면 충분한 여유와 증거

---

* 지역 랜드마크 역할을 하는 보스턴 도심의 공원.

를 확보하고 재해 발생 시 최선의 대응 방법을 계획할 수 있다. 앞에서 설명한 것처럼 제트블루는 이 조언에 귀를 기울이지 않았다. 기상 악화로 인한 항공편 취소를 좋아하지 않았다. 그것은 조종사들을 극단으로 몰아붙였다. 일단 활주로 이착륙이 허가되면 제트블루가 가장 먼저 출발할 수 있도록 활주로 라인의 앞쪽에 가 있도록 요구했다. 제트블루는 그것이 효과가 있다고 생각했다. 쾅 하는 소리가 아니라 나직한 구슬픈 소리로 다가오는 폭풍, 무료 쿠키와 팝콘을 나눠 주며 달랜 지연 상황과 같은 모든 니어미스는 위기를 가까스로 모면했다. 벼랑 끝에선 리더십이었다.

"사람들은 이러한 실패에 내포된 경고를 잘못 해석하거나 무시하는 경향이 강하다. 그래서 그 경고를 검토하지 않거나, 잘못된 방식으로 시스템이 회복력이 있고 일이 잘 진행되고 있다는 신호로 간주하는 경우가 많다. 그러나 이러한 겉보기에 무해한 사건은 종종 사고의 전조이다. 만약 상황이 약간이라도 바뀌거나 운이 따르지 않으면 위기가 발생한다." 학자 캐서린 틴슬리(Catherine H. Tinsley)와 로빈 딜런(Robin L. Dillon), 피터 매드슨(Peter M. Madsen)은 재난에 대한 조사에서 이렇게 썼다. 재난을 피하는 방법에 대한 그들의 연구는 빛을 발하고 있다.[19] 그들도 재난의 오른쪽을 받아들인다. 그들의 목표는 예방이 아니라 더 파국적인 결과를 막는 것이다. 그들은 조직이 니어미스를 최악의 시나리오에 대비하는 계획을 마련하기 위한 기회로 삼기를 촉구한다. 재해가 발생하지 않았으니, 결국 약간의 호사를 누리게 된다. 그 기회를 왜 놓치겠는가?

니어미스는 재앙이 임박했다는 마지막 신호일 뿐이라는 다이앤

본의 '최종 재난' 경고를 생각해 보라. 만일 니어미스를 재난을 피할 수 있다는 신호가 아니라 재난이 올 것이라는 신호로 취급한다면 우리는 큰 안도감을 느끼지 못할 것이다. 그 대신 우리는 일탈의 정상화를 피할 수 있다. 니어미스가 현실화되었을 때 더 나은 위치에 놓일 수 있도록 계획, 재정, 물류를 살펴보는 계기가 될 것이다. 이러한 훈련은 수정해야 할 준비 및 결과 관리 실패를 노출시킬 수 있다.

ICS 활성화와 같은 기본 대응 계획은 '만약(what if)'을 가정한 연습과 훈련을 통해 더 잘 만들 수 있다. 이를 통해 회사나 기관은 미래를 내다보는 능력, 위기를 피하지 못했을 때를 상상하는 능력을 키울 수 있다. 단순히 최대한 해내려는 노력보다는 장기적인 사고가 필요하다. 예를 들어, 코로나19 팬데믹 동안 많은 레스토랑이 쓰러졌지만, 일부 레스토랑은 살아남았다. 살아남은 레스토랑들은 일반적으로 다른 비즈니스 모델(테이크아웃 및 배달)을 구상하고 집에 있는 고객이 별로 요리하고 싶어 하지 않는 마음을 사로잡기 위해 빠르게 전환한 부류였다. 그들은 팬데믹 시기를 일시적인 불편으로 여기지 않았다. 하루를 버텼다고 해서 문제가 해결된 것은 아니다.

금융업계에서도 흥미로운 비유를 찾아볼 수 있다. 기업이 재무적 어려움에 처했을 때 어떤 이점이 있는지 연구해 보면 **불확실성 우위(uncertainty advantage)**라는 개념이 지배적이다. 이는 변동성을 더 일찍 예측하고 더 빨리 회복할 수 있는 "올바른 데이터, 프로세스, 약속 및 사고방식"을 갖춘 기업을 나타낸다.[20] 그들은 상황 인식의 중요성을 이해한다. 이러한 재난 관리는 고정된 일상이라기보다 상황 해석에 맞춰 춤을 추는 것과 같다. 너무나 많은 것이 불확실하다. 리듬과 동작, 배운 교훈과 채택된 프로토콜이 여전히 존재하지만 고정된 것은 아니다. 음악을 미리 듣고 계획하는 사람들에게 유리하다. 민첩성 및 주의력과 같은 단어가 자주 사용되지만 이러한 상황에 대비하여 인력이나 커뮤니티를 준비하는 것이 가장 중요하다. 이것은 아주 잠시라도 재난을 피한 것처럼 보이고 재난이 다시 올 것임을 이해할 때 솔선수범함으로써 이루어질 수 있다.

화장지 위기

대부분의 다른 주요 생필품과 마찬가지로 화장지 산업은 항상 예측 가능한 시장이 있었다. 화장지를 만들고, 배송하고, 판매한다. 굳이 그럴 필요가 없기 때문에 재고가 많지 않다. 팬데믹 전까지 수요와 공급은 비교적 일정했다. 사람들은 필요할 때 화장지를 사므로 그 수요에 맞추어 생산되었다. 공급망 측면에서 보면 린 시스템(lean system)*이었다. 그러나 사람들이 집 안에 들어가서 몇 달 동안 웅크리고 있으라는 지시를 받자 수요 계산이 바뀌었다.

처음에 업계는 준비가 되어 있지 않았다.[21] 그들은 모든 것이 항상 동일하게 유지될 것이라고 생각했다. 코튼넬(Cottonelle)과 스콧(Scott) 등의 브랜드를 보유한 소비재 대기업 킴벌리클라크

---

* 모든 낭비 요소를 없애 생산 능력을 필요한 만큼만 유지하면서 효율을 극대화하는 시스템.

(Kimberly-Clark)의 가정용품 담당 사장인 애리스트 매스터라이즈 (Arist Mastorides)는 2020년 3월 사무실 근무 마지막 날 CEO가 소집한 긴급 회의 후 집으로 향했다. 그는 소비자들이 사재기하고 있다는 소식을 듣고 두 눈으로 직접 확인하고 싶어 위스콘신주 위너베이고 호수 근처에 있는 동네 월마트에 들렀다. 선반은 텅 비어 있었다. 매스터라이즈는 경악했다. "화장실 휴지와 미용 티슈가 완전히 비어 있는 긴 매대, 나는 평생 그것을 볼 수 있으리라고는 결코 생각지 못했다. 매우 불안한 상황이었다."

같은 업계 동료도 동의했다. P&G의 공급 책임자인 훌리오 네메스(Julio Nemeth)는《포춘》에 "우리는 사이버 보안 공격부터 지진, 화재에 이르기까지 수천 가지 다양한 사건에 대비하고 있습니다. 하지만 우리는 동시에 일어나는 모든 일들에는 준비가 안 돼 있는데, 현재 팬데믹으로 그런 상황이 벌어지고 있습니다."라고 말했다.[22]

이전에 개별적으로 발생했던 위기 상황은, 팬데믹으로 인한 수요 측면의 완전한 붕괴라는 진정한 최종 재난의 서곡이었다. 이러한 니어미스를 통해 회사는 대응하는 방법을 배웠다. 팬데믹으로 인한 희생과 그 지속 기간이 불확실한 상황에서 공급망에 대한 극심한 압박, 즉 '화장지 위기'는 즉시 해결해야 했다. 구매 패턴은 비합리적이고 예측할 수 없었다. 회사는 최악의 시나리오 계획에 따라 변화하기 시작했다. 예측 가능한 수요 운영 환경에서 벗어나 생필품 취급 기업들은 훨씬 더 변동성이 크고 연중 내내 걸친 노력을 위해 재평가되었다. "여기에는 신규 공급업체와의 신속한 협력 관계 구축, 유통망 추가, 초기 수요 충격을 경고하기 위한 데이터 활용 등이 포함된다."[23] 이러한 실시간 조정은 궁극적으로 피해를 최소화하는 데 필수적이었다.

특히 니어미스를 피했다면 일상에 익숙해지기 쉽다. 그러나 다음 재난과 그 이후의 재난은 우리가 준비했던 것과 같지 않을 것이다. 피해를 막고 결과를 최소화한다는 성공 조건을 설정하면 대응은 연습, 훈련 및 적응력을 통해 실시간으로 구체화될 수 있다. 니어미스는 축복이다. 악마가 필연적으로 표적을 찾을 때 대비할 수 있도록 우리는 니어미스에 응답하고 니어미스로부터 배워야 한다.

악마는 항상 표적을 찾을 것이다. 당신은 여기 있다.

8장 떠나간 사람들이 남긴 것

학습은 계속되어야 한다

일본에서는 2011년 3월 세 차례에 걸친 재난으로 인해 성경에서나 언급될 만한 대재앙이 일어난 날을 3·11이라고 부른다. 리히터 규모 9.0~9.1 지진의 진원지는 일본 오시카 반도 동쪽 해저였다. 지진은 6분 동안 지속되었고, 지금까지 기록된 것 중 세계에서 네 번째로 강력한 지진이었다. 이 지진은 최대 40미터 높이의 쓰나미 파도를 일으켰다. 앞서 설명했듯이 그 파도는 후쿠시마 제1원자력발전소에서 멜트다운을 일으켰다. 전력 손실로 인해 냉각 시스템이 차단되어 수소 가스 축적으로 이어졌다. 작업자들이 소방차의 물을 사용하여 수동으로 시설을 냉각시키려고 했을 때 환기 과정에서 방사성 물질이 대기와 지하수로 배출되었다. 3·11로 약 3만 명이 희생되었는데 대부분은 쓰나미와 물로 사망했다. 현재까지도 후쿠시마는 사람이 살 수 없는 곳이다.

선조들의 말에 귀 기울여야 한다. 후쿠시마에서 멀지 않은 작은

19세기 일본의 쓰나미 경고

출처:《스미스소니언 매거진》

해안 마을인 아네요시(姉吉) 변두리의 산 높은 곳에 있는 바위에는 경고가 새겨져 있다. 이것은 19세기에 발생한 대규모 쓰나미 생존자들의 메시지인데, 비문은 다음과 같다. "높은 집은 우리 후손의 평화와 화합이다. 큰 쓰나미의 재난을 기억하라. 이 지점 아래에는 집을 짓지 말라."[1] 그러나 후손들은 집을 지었다. 돌은 남아 있지만 사람은 그렇지 않다.

경고를 무시하는 이유는 복잡하며 일본의 역사, 정치 및 에너지 공급 요구와 관련이 있다. 어쨌든 해양 지진은 쓰나미로 이어질 가능성이 더 높다. 그 결과는 완전히 알 수 있었으며, 여기에는 원자력

발전소의 손상과 전력 손실도 포함되었다. 그런데도 원자로는 단층선 위에, 그리고 쓰나미 높이 수준 아래에 건설되었다. 상황이 어떻게 그렇게 나빠졌는지 알아내기 위해 다양한 연구가 진행되었다. 그것은 제2차 세계대전 이후에 원자력 산업의 전체 시스템이 어떻게 구축되었는지와 관련이 있다.

일본은 지금까지 핵 공격을 받은 유일한 국가이다. 1945년 나가사키와 히로시마에 투하된 원자폭탄은 분명히 지속적인 영향을 미쳤다. 이는 일본이 에너지 수요를 원자력에 의존해야 했을 때 적어도 대중은 경계했음을 의미한다. 원자력 재해에 대한 독립적인 조사를 조직한 변호사 시오자키 아키히사(塩崎彰久)에 따르면, 이 나라는 원자력의 '절대적 안전성'이라는 신화를 팔았다고 한다.[2] 점점 더 많은 발전소가 건설됨에 따라 산업과 정부의 공생 구조는 원자력의 필요성을 중심으로 견고해졌다. 최악의 시나리오에 대한 가능성을 거론하지 않게 하는 '지역의 반대 여론 관리'가 이루어져야 했다. '거대 쓰나미의 재앙'에 대한 비석의 경고는 무시되었다. "글쎄요, 절대적 안전이라는 신화는 세월이 흐르면서 이것에 대해 이야기하는 것조차 거의 금기시되는 문화로 발전했죠. (중략) 최악의 시나리오를 논의하는 것은 시민들에게 공황을 일으킬 수 있기 때문에 두려워했죠. 따라서 규제 논의에서 제외되었어요."라고 시오자키는 말했다.[3]

역사를 무시하는 것은 두 가지 뚜렷한 방식으로 일본에 해를 끼쳤다. 첫째, 일본은 선조의 메시지를 거부했다. 둘째, 제2차 세계대전의 유산은 지도자들에게 대중을 위험한 안도감에 빠지게 하려는 왜곡된 동기를 부여했다. 물론 원자력은 본질적으로 위험하다. 많은 국가가 그러한 위험을 안고 살아가며, '절대적 안전성'을 믿는 사람은 거의 없다. 입법부인 일본 국회가 의뢰한 보고서는 "정부, 규제 당국, 도쿄전력 경영진, 총리실이 이 정도 규모의 재난 비상 대응을 효율적으로 운영하기 위한 준비와 마인드가 부족했다. 따라서 그 어떤 것도 결과적으로 피해를 예방하거나 제한하는 데 효과적이지 않았다."라는 단정적 평가로 결론을 내렸다.[4] 일본은 지진과 쓰나미 이후의 손실을 더 잘 예측하고 완화하려고 노력할 수 있었다. 일본에서 원자력 산업의 우위는 산업 무적의 서사를 만들어 냈고, "이 지점 아래에는 집을 짓지 말라."라는 선조가 남긴 진짜 교훈에서 벗어났다. 그들은 집을 지었다.

우리는 어떻게 죽는가

유감스럽게도 위기 상황에서 사람이 죽는 것은 당연한 일이다. 모든 것이 부서지고, 제도가 흔들리고, 사회가 스트레스에 휘말린다. 실수는 쉽게 고칠 수도 있고 그렇지 않을 수도 있지만, 늘 있을 것이다. 완벽하게 관리되는 위기는 모순이다. 완벽하게 처리되면 그것은 실제로 위기가 아니다. 시신이 확인되거나 잔해가 수거되거나 시스템이 제자리에 돌아간 후에는 자연스럽게 다음으로 넘어가는 경향이 있다. 이것을 고쳐라. 저것을 다루어라. 그리고 끔찍한 경험은 종종 전혀 기억하지 않음으로써 가장 잘 기억된다.

많은 주요 재난이나 사건에는 무엇이 잘못되었고 미래를 준비하기 위해 무엇을 배울 수 있는지 결정하기 위한 일종의 전문가 위원회 또는 정부 구성 위원회가 만들어진다. '상상력의 실패'라는 역사적인 말로 전 세계 이목을 끈 9·11 위원회처럼 이들은 철저하게 검토하여 사실과 교훈을 드러내는 데 도움을 줄 수 있다. 많은 경우 재해의 원인인 재난의 왼쪽 요소는 쉽게 파악할 수 있다. 제방이 무너지고, 산재된 정보들이 연결되지 않았으며, 네트워크가 취약하고, 바이러스가 조기에 차단되지 않았다. 동일한 재난이 다시 발생하지 않도록 수정이 필요하다. 누가 그것에 반대할 수 있을까? 그러나 철저한 검토는 재난의 시대에 또 다른 목적이 있다. 그것은 사람들이 죽었다는 사실을 확인할 뿐만 아니라 사람들이 어떻게 죽었는지를 드러낼 수 있다. 여기에는 차이가 있다.

2020년 허리케인 시즌에는 그 어느 때보다 많은 30개의 명명된 폭풍이 있었다. 폭풍이 너무 많아서 국립허리케인센터(NHC, National Hurricane Center)는 Z까지 이름을 다 쓴 후 그리스 문자(알파, 베타 등)로 넘어가야 했다. 그중 열두 개가 미국에 상륙하여 또 다른 신기록을 세웠다. 루이지애나주에 발생한 허리케인 로라는 역대 최고 기록인 5미터 높이 폭풍 해일을 일으켜 가장 큰 규모의 폭풍으로 판명될 것이었다. NHC는 사망자를 최소화하려는 노력의 일환으로 로라가 얼마나 심각한지 사람들에게 인상을 주기 위해 극단인 단어인 **생존 불가능**이라는 단어를 사용하여 대대적인 메시지 캠페인을 시작했다.

해일이나 허리케인으로 인한 사망자는 한 명도 없었다. 그런데도 여전히 스물여덟 명이 사망했고, 대다수는 폭풍우가 지나간 후에 목숨을 잃었다. 물 때문이 아니었다. 가스 때문이었다. 폭풍이 전력망을 파괴하면서 많은 지역사회는 비상 발전기에 의존해야 했다. 루이지애나 남서부의 여러 지역은 몇 주 동안 전력망이 복구되지 않았다. 그 발전기들은 많은 사람에게 안전하지 않은 것으로 판명되었다. 사망자 대부분은 사실 폭풍 자체보다는 일산화탄소 중독으로 사망한 사람들이었다.[5]

이것은 종종 간접 죽음이라고 불리는 어리석은 죽음이다. 허리케인 예보가 개선됨에 따라 정보는 우리가 밀어닥치는 물에 더 안전하고 더 잘 대비할 수 있도록 도왔다. 결과적으로 홍수와 강풍과 같은 직접적인 원인으로 죽는 사람들은 줄어들었지만 여전히 사람들은 죽어 가고 있다. 이러한 간접 원인에는 심장마비, 자동차 사고, 감전사 및 일산화탄소가 포함된다.

우리는 지난 수십 년 동안 눈 폭풍에 대해 비슷하게 배웠다. 대개 사람들은 눈이나 추위에 죽지 않는 것으로 나타났다. 눈 폭풍 피해자는 대부분 일산화탄소 중독으로 사망하며, 차 안에서 죽는 경우가 더 많다. 1978년 뉴잉글랜드에 몰아친 눈보라에서는 거의 100명의 사람이 갑작스러운 폭풍으로 사망했다. 폭풍이 너무 빨리 닥쳐와서 대비하기가 거의 불가능할 정도였다. 눈이 내리기 시작하자 사람들은 서둘러 집으로 돌아가거나 가족의 안부를 확인하기 위해 차에 올랐다. 곧 많은 사람이 갇혔다. 도움의 손길 없이 도로에 꼼짝없이 갇힌 동안 그들은 자동차 엔진을 계속 켜 두었는데, 배기관도 얼어붙었다. 결국 그들 중 일흔두 명이 일산화탄소 중독으로 죽었다.[6]

바로 이 같은 이유로 오늘날 뉴잉글랜드 전역과 추운 지역의 주지사들은 눈이 내리기 훨씬 전에 정기적으로 여행 금지 조치를 시행한다. 주지사들이 너무 늦게 조치를 취한다면 재난으로 인해 많은 사람이 눈과 직접적 관련이 없는 방식으로 죽음에 이를 것이다. 목표는 확실히 응급 구조 대원을 보호하고 도로 제설을 할 수 있도록 개방하는 것이다. 하지만 가장 중요한 목표는 일산화탄소 중독으로 인한 사망을 막는 것이다. 가장 치명적일 수 있는 재난 여파 기간은 사람들이 거의 사용하지 않는 발전기, 청소하지 않은 벽난로 등 임시방편에 의지하다가 사망하는 때이다. 아이러니하게도, 우리의 대응 시스템이 반복되는 재난에 대해 점점 더 정교해지고 사람들이 익숙한 위협에 주의를 기울이고 있지만 재해는 여전히 어렵고 치명적일 수 있다. 사람이 어떻게 죽는가가 중요하다.

우리가 한때 알고 있었던 것

나는 역사적 패턴이 도움이 되기는 하지만 우리가 미래에 예측할 수 있는 지침 역할을 항상 할 수는 없다는 점을 강조했다. 위협은 너무나 빠르게 변화하고 너무나 빠르게 발생하고 있다. 그렇다고 해서 역사가 더 나은 대응과 결과 관리를 위해 할 수 있는 역할이 없다는 것은 아니다. 한 가지 분명한 이유는 어리석거나 간접적인 죽음은 항상 피할 수 있기 때문이다. 하지만 또 다른 이유는 우리가 종종 이러한 재난에서 잘못된 교훈을 배우기 때문이다. 우리는 허리케인 사망의 원인이 물이나 바람일 거라는 잘못된 가정을 한다. 발생 원인에 대한 이러한 초기 가정과 그에 따른 해결 방법은 시간이 지남에 따라 바뀔 것이다. 우리는 사람들이 어떻게 죽었는지 정확하게 기억해야 한다.

이는 1999년 4월 20일 콜로라도 콜럼바인고등학교에서 발생한 총기 난사 사건에 대한 후속 연구에서 발견되었다. 우리는 조사에서 내세워지지 않았던, 두 명의 학생 살인범 에릭 해리스(Eric Harris)와 딜런 클리볼드(Dylan Klebold)에 대한 이야기를 믿는다. 그들은 어둠의 세계에서 살았던 부적응자나 고스(goth)족이 아니었다. 그 모든 것은 근거 없는 믿음이었다. 끔찍한 일을 저지른 그들은 사회에 잘 적응한 사랑받는 소년들이었다.[7] 그리고 그날의 사건이 검토됨에 따라 적극적인 총격범들을 다루는 방법에 대한 프로토콜이 바뀌어야 한다는 점도 분명해졌다.

두 살인범이 총을 쏘며 복도를 돌아다닐 때, 학생들은 학교 도서관에 숨어 있으라는 말을 들었다. 문제는 그곳에서 아무것도 학생들을 보호하지 못했다는 것이다. 살인범들은 포로로 잡힌 학생들을 차례차례 목표로 삼았다. 학살 후 학생 열두 명과 교사 한 명이 목숨을 잃었고, 총격범들은 자살했다. 그 후 몇 년 동안, 그날에 대해 더 많은 사실이 밝혀지면서, 학생들이 도서관에서 탈출하지 못해 사망했다는 것이 분명해졌다. 그래서 학교 총기 난사라는 미국의 끔찍한 현상에 대처하기 위해 학교를 돕기 시작한 사람들은 '도망가라, 숨어라, 싸워라'라는 개념을 홍보하기 시작했다. 할 수 있으면 먼저 도망가라. 위험에서 벗어나라. 그 고등학교에서 누가 죽었고 죽지 않았는지는 단지 운의 문제가 아니라 위치의 문제였다. 콜럼바인의 비극에서 얻은 중요한 교훈은 우리가 아이들에게 도망가라고 가르쳤다는 것이다.

엄마로서 나는 이 학교 총기 난사 사건이 참혹하다고 느꼈다. 수십 년간의 대규모 총기 난사 사건을 통해 우리는 현장 대응 요원들의 시설 진입을 지연시키는 것에 아무런 이득이 없다는 사실을 알게 되었다. 이전에는 총격범이 어떤 의도를 가지고 있고, 경찰이 들어가지 않음으로써 그들의 폭력을 멈추도록 설득할 수 있다고 가정했다. 콜럼바인 사건 이후, 경찰은 **즉각적 행동과 신속한 전개**라는 새로운 전술로 훈련을 받았다.[8] 다시 말해서, 속도가 아이들을 구할 수 있었다. 그리고 또 몇 년이 지난 지금, 통념이 다시 바뀌기 시작했다는 점에 주목할 필요가 있다. 새로운 이해는, 적극적 총격범(active shooter)이 나타났을 때 어떻게 행동해야 하는지 설명하면 학생들이 숙지할 수는 있지만, 그러한 공식적인 적극적 총격범 대비 훈련은 한때 생각했던 것보다 덜 유익하다는 것이다. 학생들, 특히 어린 학생들에게 생기는 트라우마는 그들이 얻을 수 있는 그 어떤 이점보다 크다.[9]

설계와 기획에서도 마찬가지다. 교량 붕괴를 대표적으로 살펴보자. 그것은 비극이다. 우리는 어떻게 다리가 붕괴되었는지 확인하기 위해 현장으로 돌아가야 한다. 1940년 11월 7일, 세계에서 세 번째로 큰 현수교인 터코마내로스교(Tacoma Narrows Bridge)가 붕괴되었다. 터코마와 퓨젓사운드의 키챕 반도를 연결하는 이 다리는 불과 몇 달 전에 개통되었다. 놀라운 다리 붕괴 사고였고, 기술적 경이로움은 1년도 채 지속되지 못했다.

다리를 무너뜨린 것은 바람이었다. 하지만 조사관들이 원래 다리를 무너뜨렸다고 믿었던 바람이 아니었다. 한동안 기술자들은 그 붕괴가 공진주파수라고 불리는 것 때문이라고 믿었다. 공진주파수는 물체가 얼마나 많은 진동 에너지를 흡수할 수 있는지를 나타낸다. 공진주파수가 너무 많고, 시스템에 너무 많은 압력이 가해지면 흡수할 수 없으며, 재앙이 뒤따른다. 바람이 처음에는 다리를 자연스럽게 움직였다가 공진주파수를 너무 세게, 너무 강하게, 너무 오랫동안 일으키면서 압력을 견디지 못한 것으로 추정됐다.

이 단순한 가정은 틀린 것으로 판명되었다. 수십 년 후, 과학은 이야기를 바꾸어 놓았다.[10] 물체가 두 지점 사이에 매달려 있을 때, 그것은 바람과 같은 충격을 흡수하기 위해 움직이도록 만들어진다. 진동하는 능력이 내장되어 있고, 우리는 그렇게 하도록 다리를 만드는 방법을 알고 있다. 1940년 11월 그날, 바람이 너무 강하고 계속 불어서 뭔가 새로운 현상, 즉 **플러터** 현상을 일으켰다. 플러터 현상은 매달린 물체의 끝부분에서 추가적인 밀어내기 역할을 하여 (바람과 함께 움직이는 것이 아니라) 바람에 수직으로 움직이게 했다. 비행기 제조사들은 비행기의 날개를 설계하는 데 플러터를 처리하는 법을 배웠다. 하지만 어떤 엔지니어도 다리 위에서 이런 일이 일어날 수 있다고는 생각하지 못했다. 특유의 강한 바람과 함께 플러터가 제어되지 않고 앞뒤로 뒤틀리며 강철 서스펜션 케이블이 끊어졌다. 다리는 도저히 버틸 수 없었다.

현수교에서 공진주파수를 해결하는 것과 플러터를 해결하는 것은 매우 다른 노력이 필요하다. 후자는 지지대의 끝 기둥을 보강해야 한다. 그러한 지식이 없었다면, 다리들은 플러터에 초점을 맞추지 않고 계속 지어졌을 것이다. 현대 과학은 교량 공기역학과 공기탄성이라는 새로운 공학 하위 분야를 이끌어 냈다. 런던 밀레니엄 대교와 러시아의 볼고그라드 대교를 포함하여 플러터에 의한 손상을 입기 쉬운 새로운 교량도 감시하도록 엔지니어들을 채근했다.[11] 이 두 주요 교량은 모두 플러터 현상 우려로 인해 개통이 지연되고 갑작스럽게 폐쇄되었다.

무엇이 잘못됐는지, 어떻게 하면 더 잘할 수 있는지에 대한 검토는 결과가 아니라 근본적인 것부터 시작해야 한다. 페이스북 사례를 한번 보자. 마크 저커버그(Mark Zuckerberg)는 단순한 플랫폼이 아닌 제품을 만들었다. 그는 이것이 사람들을 연결해 주었다고 말했다. 그는 우리가 추억과 사진을 공유하고, 우리 자신을 다시 알게 하고, 낯선 사람들을 만나게 해 주었다. 우리가 함께 있기 때문에 삶이 더 나아질 것이었다. 페이스북은 비판을 피할 만큼 젊어 보이는 리더가 있는 온건한 기업으로 자리매김했다. 하지만 그 후 현실이 회사를 강타했다. 모든 재미를 수익화해야 했다. 그래서 페이스북 사용자인 우리가 실제로 제품이 되는 광고 기반 모델로 바뀌었다. 우리의 정보와 우리의 욕구는 판매를 위한 회사에 의해 목표가 되었다. 광고주들은 그 데이터를 그들의 노력물에 초점을 모으기 위해 사용할 것이다.[12]

저커버그는 선전에 완벽한 세일즈맨이었다. 그는 규제자들과 입법자들, 프라이버시 옹호자들, 그리고 민주주의를 지키고자 하는 사람들에게 우리가 알고 있는 것을 통제할 수 있는 그의 힘이 커지는 것에 대해 걱정하지 말라고 했다. 2016년이 되자 대다수 미국인은 페이스북을 통해 뉴스를 접했다. 페이스북은 더 이상 플랫폼이 아니라 발행인이었다. '뉴스'는 그것을 읽고 싶어 하는 사람들을 대상으로 한 판매 상품이 되었다. 그것이 사실인지 아닌지는 페이스북의 관심사가 아니었다.[13]

모든 허위 정보에 대한 불만이 늘어남에 따라 저커버그는 완전히 합리적으로 보이는 설명으로 자신을 변호했다. 그는 의회 조사관과 기자들을 상대로, 사람들은 무엇이 사실인지 결정할 권한이 그에게 주어지기를 원하지 않는다고 논쟁했다. 이 CEO는 페이스북이 진실의 심판자가 되는 것은 비록 일부가 거짓일지라도 정보가 흘러가게 하는 것보다 더 나쁘다고 주장했다. 그 설명은 꽤 그럴듯하게 들렸다.

시간이 지남에 따라 그 주장은 완전히 자기 잇속만 차린 조작임이 분명해졌다. 그는 정보에 대한 우리의 가정을 가지고 놀고 있었다. 자신의 권위가 진실을 결정하는 것을 원하지 않는다고 주장함으로써, 그는 이미 상당한 권위를 확고히 했다는 사실을 숨기고 있었다. 결정하지 않기로 한 그의 결정은 그 자체로 가치 있는 결정이었다. 그것은 기만에 유리했다. 오보와 허위 정보가 번성하도록 내버려 두었다. 저커버그는 자신이 불가지론자라고 주장했지만 대신 그는 악마의 심부름을 하고 있었다.

페이스북은 2016년 이후 설계상 결함이 있는 비즈니스 모델을 방어하는 데 상당한 노력을 기울였고, 나아질 것이라 약속했다. 진실과 사용에 대한 질문을 독립적으로 평가하기 위한 일종의 '대법원'을 만드는 것을 포함한 단편적인 노력들이 이루어졌다. 페이스북은 사과는 많이 하지만 변하지 않았다. 결정하지 않기로 결정한 일차적이고 근본적인, 심지어 실존적인 결정을 돌아보길 거부하기 때문에 배우지 않을 것이다.[14] 학습에 관심이 없기 때문에 과거 역사를 반복할 것이다.

교훈은 묘비에 기록되어 있다

재난을 더 이상 무작위적이고 드문 것으로 취급하지 않는 세상에서는 재난에서 신속하고 정직하게 배워야 할 필요성이 더욱 절실하다. 재난은 우리가 다음에 더 잘할 수 있는 것을 가르쳐 주는 선생님이기도 하다. 그러나 그러한 교훈은 의미 있고 개방적인 방식으로 포착되어야 한다. 그렇지 않으면 진정한 교훈이 사라질 것이다.

1915년 9월 29일 허리케인이 루이지애나주 뉴올리언스에 상륙했다. 275명의 목숨을 앗아 간 이름 없는 거대한 허리케인이었다. 집이 파괴되고 전 지역이 물에 잠겼으며 세인트루이스 대성당이 피해를 입었다. 도시는 살아남았다는 사실에 감격했다. 도시 계획가들은 그들 앞에 놓인 피해를 평가하면서 한 가지 기본적인 교훈을 얻었다. 도시를 보호하기 위해 건설된 새 제방은 괜찮았다는 것이다. 도시는 성장할 수 있고 또 성장해야 한다.[15] 그리고 그렇게 되었다.

도시 및 환경 역사를 전문으로 하는 루이지애나주 툴레인대학 조교수 앤디 호로위츠(Andy Horowitz)는 『카트리나: 1915~2015년의 역사(Katrina: A History, 1915-2015)』의 저자이다. 호로위츠는 1915년의 잘못된 교훈이 2005년 카트리나 재난의 발판을 마련했다고 강력하게 주장한다. 그에 따르면 뉴올리언스는 모든 잘못된 교훈을 배웠다. 도시 지도자들의 축하 어조는 성장의 핑계가 되었고 뉴올리언스는 '걱정이 잊힌 도시(City That Care Forgot)'라는 별명을 얻었다. 재밌게 들리지만 불길한 별명이기도 하다. 호로위츠는 재난을 한순간의 사건으로 보는 대신, 재난은 사건 자체보다 훨씬 이전에 내린 결정을 반영한다고 주장한다.[16] 잘못된 교훈을 배우면 막대한 피해를 입을 수 있다. 우리는 허리케인을 피할 수는 없지만 이전에 허리케인으로부터 배우고 더 잘 준비함으로써 가장 무서운 결과를 피할 수 있다. 호로위츠는 재난 관리자에게 카트리나는 단지 이름일 뿐임을 기억할 것을 촉구한다. 뉴올리언스에 일어난 일은 수십 년 전에 내려진 수천 가지 공공 정책 결정의 결과였다.

호로위츠는 책 서문에서 이렇게 말했다. "도시를 홍수로부터 보호하는 책임을 맡은 기관인 뉴올리언스 하수도 및 물 위원회는 새로운 배수 시스템이 결정적인 테스트를 통과했다고 결론지었다." 그것은 위험한 교훈이었다. 이후 개발된 새로운 지역들은 카트리나 때 가장 큰 피해를 입었다. "카트리나 홍수의 윤곽을 추적하면 90년 전 뉴올리언스의 모양이 드러난다. 1915년 이전에 지어진 주택은 대부분 침수되지 않았지만, 하수도 및 물 위원회의 1915년 추가 성장 요청 이후에 지어진 주택은 대부분 침수가 발생했다."[17]

이것은 직관에 반하는 것처럼 보이지만 정확한 사실이다. 뉴올리언스의 오래된 지역과 그곳의 집들은 1915년의 홍수에서 살아남았기 때문에 카트리나에서 살아남았다. 도시가 해안선 아래에 건설되었다는 사실에도 불구하고 더 많은 성장을 위해 문을 열었을 때, 새로 건설된 지역들은 다음번 큰 재난을 견딜 수 없었다. 1915년 당시 그 지역에는 사람이 살지 않았기 때문에 그곳이 1915년 허리케인에서 살아남았을 것이라고 믿을 근거가 없었다. 도시 계획자들은 잘못된 방향을 보고는 실제로 도시가 성장을 지속할 수 없다고 경고하는 번쩍이는 빨간불보다 비침수지에서 살아남은 것에서 교훈을 얻었다. 카트리나가 왔을 때, 재난 관리자들은 제방이 불안정해지더라도 1915년을 마지막으로 그 후로는 나쁜 일이 일어나지 않았다는 이유로 앞으로 일어날 홍수에 대비하지 않고 제방에 지나친 자신감을 가지고 있었다. 그 잘못된 교훈이 카트리나가 강타했을 때 수천 명이 사망한 근본적 원인이었다.

일곱 번째 물결

모든 재난이나 위기 후에는 반드시 무슨 일이 일어났는지 깊이 있게 살펴보아야 한다. 그 검토는 시간이 지나도 계속되어야 한다. 이전 장에서 우리가 공식적인 계획이나 대응에 얽매이지 않도록 방향을 전환하는 메커니즘의 필요성을 강조했다. 이 장에서는 대응이 완료되면 앞으로 며칠, 몇 달, 심지어 몇 년 후에도 그 건을 지속적으로 다시 논의하고 결과를 더 최소화하기 위해 무엇을 할 수 있는지 이해해야 한다고 촉구했다. 물론 현재 재난이 작동하는 방식을 고려할 때 이러한 검토는 새로운 재난이 도래할 때마다 이루어질 것이다. 그렇다면 그것을 지속적인 피드백 루프라고 생각하라.

중요한 것은 이러한 검토를 근본 원인이나 시스템 문제 그 이상으로 보는 것이다. 위기가 끝날 무렵에는 사람들이 죽었다는 것이 미스터리가 아니다. 그러나 새로운 위기는 반드시 도래할 것이며 그 근본 원인을 해결하는 데는 시간이 걸릴 것이다. 그 대신, 재난 발생 순간에 내려진 전술적, 운영상 결정과 그 기반이 된 가정은 항상 도전받아야 한다. '왜 콜럼바인 학생들은 도서관으로 도망가라는 말을 들었던 것일까?'

재난 관리자는 위기 직후 '핫 워시(hot wash)'를 수행하는 경우가 많다. '뜨거운 세척'이라는 말 그대로다. 무엇이 잘못되었고 옳았는지에 대한 신랄한 성과 검토를 위한 것이다. 기억이 아직 흐려지지 않았기 때문에 도움이 된다. 그러나 그들은 순간의 열기를 포착한다. 이러한 사후 조치 검토(AAR, after-action reviews)는 학습 검토에 문서화되어 있으며 올바르게 수행되면 향후 교육을 안내하는 데 도움이 된다. 공공 및 민간 기관은 다음번에 더 잘하기 위한 사후 분석 수행에 익숙하다. 이러한 보고는 사건 이후에 이루어지며 잘못과 책임을 평가하고 미래에 대한 권장 사항을 제공한다. 그러나 이러한 보고는 당시 사실이라고 믿었던 것만 포착한다. 몇 년, 몇십 년이 지나면 그 교훈이 바뀌거나 잊힐 수 있다. 우리는 미래의 모든 재난에 대비할 수 있도록 계속 과거의 재난을 되돌아 봐야 한다.

2004년 인도양 쓰나미로 25만 명이 사망했다. 또 다른 15만 명은 쓰나미와 관련된 질병이나 결핍으로, 그리고 며칠, 몇 주 동안의 힘겨운 대응으로 사망했다. 어리석은 죽음이다. 인도 대륙판이 버마

판 아래로 충돌했을 때 발생해 마침내 파도를 통해 방출된 에너지는 히로시마 핵폭탄 1500발에 맞먹는 충격을 미쳤다.[18] 나처럼 쓰나미에 익숙하지 않은 사람에게는 누가 사망했는지 판단하는 문제가 매우 간단해 보일 것이다. 즉 쓰나미가 발생했을 때 물에 가까우면 죽고, 멀면 죽지 않는다. 그렇다. 쓰나미로 인해 물과 관련 없는 많은 사망자가 발생했지만(질병과 깨끗한 물 부족은 나중에 더 많은 사람을 죽게 했다.) 그 충격의 순간에는 생존이 그저 지리적 문제인 것으로만 보였다.

그러나 그 평가도 정확하지 않다. 충격의 순간에 어디에 있었는지도 중요하지만 기억도 중요하다. 쓰나미, 대규모 쓰나미는 드물기는 하지만 그 지역에서만 발생하는 것은 아니다. 역사에 등장한 쓰나미는 바다 근처에 있는 많은 사람들에게 자신을 보호하기 위해 무엇을 해야 하는지 가르쳐 주었다는 것이 밝혀졌다. 문제는 이러한 교훈이 시간이 지남에 따라 쇠퇴했거나 공유되지 않았다는 것이다. 너무 많은 희생자가 교훈을 모르고 있었다. 새로운 정부 지도자들은 드문 사건에 대해 걱정하는 것보다 더 중요한 일이 많았다. 쓰나미가 형성되어 바다에서 물을 빨아들이고 해안선을 드러내 징조로 여겨지는 것이 아니라 호기심을 불러일으키기 시작했을 때, 과거 쓰나미의 교훈을 아는 사람은 많지 않았다. 물이 빠르게 물러 나가면 언덕을 향해 달려야 한다.

2004년에 온 마을 사람들이 화를 모면한 것은 운이 좋아서가 아니라 1907년 쓰나미에 대한 기억이 대대로 공유되었기 때문이다. 지구가 움직일 때 바다도 움직일 것이다. 이 교훈은 바다가 다시 움직이

리라는 것을 이해한 사람들에게 해마다 전해졌다.[19] 그래서 2004년 쓰나미 때, 상대적으로 최근에 유입된 새로운 주민과 함께 건설된 새로운 마을이나 호텔과 같이 관광객을 수용하는 장소가 완전히 사라진 것은 놀라운 일이 아니다. 이주민이나 관광객은 조수가 뒤로 물러날 때 어떤 일이 닥칠 것인지에 대한 역사적 감각이 없었다. 순식간에 목숨을 앗아 갈 거대한 파도가 밀려올 것이었다.

물이 물러 나가면 언덕을 향해 달려라. 태국의 해안가 원주민들은 이것을 알고 있었다.[20] 이들은 수 세기 동안 태국 섬에 살았던 모켄족의 일원이다. 12월 26일 아침에 부족원들은 물이 너무 잔잔하다는 것을 알아차렸다. 바람이 없었다. 돌고래는 더 깊은 바다로 헤엄치고 있었다. 깊은 바다 물고기는 해안 가까이에 나타나는 것 같았다. 그들은 빠르게 대피하기 시작했다. 부족의 추장인 살라마(Salama)는 부족 구성원과 관광객들에게 최대한 큰 소리로 외치기 시작했다. "이건 라분(laboon)입니다. 옛날에 섬 전체를 삼킨 고대의 라분이에요." 그는 라분이 치명적인 '일곱 번째 물결'이라는 것을 조상들로부터 배웠다.[21]

1907년 쓰나미 이후 화려한 보고나 의뢰가 없었다. 의회 청문회도 교훈도 없었다. 그 대신, 수 세대에 걸쳐 전해진 라분의 구전 역사가 있었다. 재난 관리 전반에 걸쳐 이러한 구술 역사는 종종 왜 원주민들이 재난이 닥쳤을 때 더 잘 대처하는지 설명한다. 방문객들과 새로운 이민자들은 바닷물이 뒤로 빠지는 것을 보고는 흥미롭거나 기이하다고 생각할 것이다. 그들은 일곱 번째 물결의 위험에 대해 전혀 알지 못했다.

하지만 다행히도 이야기는 거기서 끝나지 않는다. 왜냐하면 쓰나미가 더 많이 발생할 세상에서 인도양의 많은 나라들이 다음 쓰나미를 준비하기 시작했기 때문이다. 2004년 이후, 그들은 프로토콜과 교육 캠페인을 만들고, 새로운 도구와 기술을 활용하여 결과 관리에 시민사회를 참여시키고자 했다. 효과가 있을까? 문제는 정부 당국이 효과 여부를 실제로 알기 위해서는 아마도 다음 쓰나미를 기다려야 할 것이라는 점이다. 다음 테스트는 성공 또는 실패의 증거를 제공할 것이다.

이 책 전반에 걸쳐 설명한 바와 같이 결과 관리의 기본 원칙은 대중을 보호하기 위한 시스템을 실행하고 검증해야 한다는 것이다. 이것은 재앙의 시대에 더욱 큰 급선무이다. "이건 테스트야, 이건 테스트일 뿐이야."라는 말은 익숙하다. 최초 대응자는 지속적으로 대응 계획을 테스트한다. 이러한 노력은 소규모 모의훈련이 될 수도, 사람들이 희생자 역할을 하는 재앙적인 사건의 대규모 시뮬레이션이 될 수도 있다. 이러한 연습 중 일부는 도움이 된다. 일부는 시간 낭비다. 결국 테스트일 뿐이라는 것을 모두가 알고 있기 때문에 여전히 충분하지 않다. 대응 인력과 잠재적 희생자 모두 모의인지 실제인지 불확실한 이중맹검 평가*는 없다. 이러한 테스트가 없으면

---

* 이중맹검법(double-blind trial)은 본래 약의 효과를 객관적으로 평가하는 방법이다. 진짜 약과 가짜 약을 피검자에게 무작위로 주고, 검사자인 의사에게도 진짜와 가짜를 알리지 않고 시험한다. 환자의 심리 효과, 의사의 선입관, 개체의 차이 따위를 배제하여 약의 효력을 판정하는 방법이다. 여기서는 대응 인력이 검사자, 잠재적 희생자가 피검자에 해당한다.

행위자들은 본능이 아니라 대본을 따라 행동하게 된다.

재난 관리 분야의 학자들은 어떤 대응 시스템에 대한 가장 진실한 평가는 실제 삶이 허용하는 만큼 재난에 가깝지만 실제 피해에는 미치지 못하는 것이라는 데 대부분 동의한다. 본질적으로 이것은 니어미스를 의미한다. 결국 일어나지 않았지만 잠시 동안 모두가 일어날 것이라고 생각했던 나쁜 일로부터 우리는 무엇을 배울 수 있을까? 쓰나미 대응 노력이 나아졌는지 여부를 판단하는 가장 좋은 방법은 모두가 쓰나미가 온다고 생각하는 상황일 것이다.

2004년 쓰나미가 발생한 지 7년 후, 지진이 인도네시아 해안을 강타했다. 당시에는 쓰나미가 없었지만 인도네시아 사람들은 처음에 그것을 몰랐다. 2011년, 두려움과 상황 종료 사이의 몇 시간 동안 진정한 연습이 이루어졌다. 그것은 2004년에 배운 교훈이 대부분 효과가 있음을 보여 주었다. 인도네시아가 2004년 이후에 시행한 변화, 즉 사람들에게 물이 빠지면 빠르게, 아주 빠르게 도망치라고 알리는 것은 성공적이었다.

미국 지질조사국(US Geological Survey)의 최신 모니터링은 인도네시아 지진이 발생한 위치를 정확히 찾는 데 도움이 되었다. 거의 즉시 경고 사이렌이 울렸다. 사이렌은 대부분 지역의 모스크에서 울렸는데, 대다수 마을에서 모스크가 맡은 중심적 역할과 위치를 고려할 때 훌륭한 배치였다. 인도네시아 정부와 유엔의 광범위한 노력 덕분에 사람들은 무엇을 해야 하는지, 어디로 가야 하는지, 무엇을 가져가야 하는지 교육을 받았다. 호텔에는 또 다른 경보가 발령될 경우를 대비하여 투숙객을 위한 표지판과 정보가 광범위하게 게

시되어 있었다. 사이렌이 울렸을 때 사람들은 식별된 위험 지역에서 걸어서, 운전해서, 자전거를 타고 떠났다. 대피가 완벽하지는 않았다. 인도네시아는 2004년 이후 시행된 경보 시스템이 일부 지역에서 불안정했다는 점을 인정했다. 물이 언제 덮칠지 모르는 채 사람들이 수 킬로미터 떨어진 곳으로 이동하면서 일부 대피 경로가 막혔다.

2004년 이후의 대응 체계는 2011년에 시험했을 때 완벽하지는 않았지만 이전보다 더 나아졌다. 그리고, 아마도, 다음 쓰나미와 그 이후의 쓰나미에는 더 나아질 것이다.

그 밖의 재난도, 또 다른 재난도 마찬가지다. 당신은 여기 있다.

맺으며―어디서부터 시작해야 할까?

나는 캘리포니아주 로스앤젤레스에서 자랐다. 이 말을 하는 이유는 내가 성장한 환경에서 적지 않은 부분이 지진이나 지진의 위협에 대한 논의, 준비, 대응과 관련되어 있기 때문이다. 우리는 지진을 너무 깊이 생각하지 않았다. 지진은 그저 지리학의 일부이자 모든 어린이가 이해하고 훈련해 온 자연스러운 위협으로 여겨졌다. 교실에서 교사들이 우리가 모르는 지정된 시간에 "지진이다!"라고 외치는 연습을 하곤 했다. 그러면 우리는 바닥에, 책상 아래에, 또는 체육관에 있거나 밖에 있다면 출입구에 엎드렸다. 우리 집은 피할 수 없다고 생각되는 상황에 대비해 설계되었다. 장식장과 스피커를 볼트로 벽에 고정하고, 가스 잠그는 방법을 배웠으며, 유선 전화선이 끊어졌을 때 통신할 수 있도록 전화번호와 비상 계획 목록을 가지고 있었다.

우리는 또한 과학자들이 지진을 측정하는 방식을 이해하고 적응하게 되었다. 우리는 리히터 규모에 따라 살았고 죽기도 했다. 리히터 규모는 1935년 지진파를 비교해 지구의 이동 강도를 측정하는 수학 공식을 발명한 캘리포니아공과대학교 지진학자 찰스 리히터(Charles Richter)의 이름을 딴 것이다. 지진이 발생하기 쉬운 지역에 살았던 사람들은 리히터 규모를 직감하게 되었다. 4.0 이하는 장난이었다. 4.0~5.0 범위의 지진은 한밤중에 느낀 약간의 흔들림이 실제로 우리가 예상한 일과 같음을 의미했다. 지진이 5.0 이상일 때는 피해가 예상되고 조금 겁을 먹을 수도 있다. 6.0 이상에 가깝다? 그건 진짜였다. 아마도 부모님은 침대 밑으로 들어가라고 소리치거나 우리가 괜찮은지 확인하기 위해 방으로 뛰어 들어왔을 것이다. 심각한 피해, 아마 사망 소식까지도 듣게 될 것이다. 리히터는 경고이자 동반자였다.

나는 열여덟 살 때 캘리포니아를 떠났고 이후로는 그곳에 살지 않았다. 보스턴에서는 지진에 대한 두려움이 허리케인 시즌과 눈보라에 대한 것으로 바뀌었고 주변의 바다가 융기하는 것에 대한 감각이 조금씩 커졌다. 지진에 대해 들으면 부모님이 아직 캘리포니아에 계셨기 때문에 걱정이 되었지만 뉴잉글랜드에서 작은 진동(아마도 리히터 규모 3.5)으로 인해 뉴스 경보가 쇄도하고 몇 주 동안 토론이 이어졌을 때는 웃었다. "내가 어렸을 때는 5.0 이상이 아니면 굳이 잠에서 깨려고 하지도 않았어." 나는 땅이 움직이는 것에 익숙하지 않은 내 아이들에게 거만하게 말하곤 했다.

그러니 내가 지진 계산에서 중요한 변화를 놓친 것도 무리는 아니다. 리히터 규모는 더 이상 존재하지 않는다. 1990년대까지 충격에 대한 냉정한 계산은 과학적으로 부정확한 것으로 여겨졌다. 8.0 이상의 더 큰 지진에는 신뢰할 수 없었다. 더 중요한 것은 리히터 규모가 단층에서 160킬로미터 이내의 가까운 거리에서 가장 잘 작동하는 장비를 기반으로 한다는 점이다. 그것은 리히터가 살고 일했던 남부 캘리포니아에는 적합하지만 세계의 다른 지역에서는 그다지 적합하지 않았다. 따라서 시간이 지남에 따라 과학자들은 지진의 규모를 측정하는 더 정확하고 더 나은 방법을 만들었다. 컬럼비아대학 지진학자인 폴 리처즈(Paul Richards)는 리히터 규모의 종말에 대해 "건강, 지능, 아름다움, 체중으로 사람들의 순위를 매길 수 있다. 그리고 지진에도 똑같이 할 수 있다."라고 말했다.[1]

오늘날 우리는 **모멘트 규모**(moment magnitude)로 알려진 계산을 사용한다. 모멘트 규모는 지구가 움직이는 정도와 단층의 크기를 측정한다. 둘 다 크면 모멘트 규모가 증가한다. 새로운 시스템에 입력되는 데이터는 다르지만 많은 사람이 리히터 규모에 의존하게 되었기 때문에 모멘트 규모 수치도 리히터 규모에 맞게 조정되었다. 이처럼 과학자와 지진학자가 지구의 움직임을 측정하는 방식을 변경하면서도 대중이 이해할 수 있는 방식으로 바꾸었다. 이는 우리가 해악에 대해 생각하고, 구조화하고, 전달하는 방식이 항상 변하고 있음을 상기시킨다. 우리가 알지 못하거나 신경조차 쓰지 않을 수 있지만 모든 시스템은 별다른 극적인 사건 없이 버려지고 다시 구상된다.

성공을 생각하는 방식도 바뀌어야 한다. 이 깨달음에는 운명론적인 것이 없다. 위기관리는 이제 **덜 나쁨**이라는 새로운 재난 규모를 받아들여야 한다. 연이은 재난은 우리의 전문화된 대응을 더 이상 전문적이지 않은 것으로 간주할 필요성을 야기한다. 재난은 모두에게 평등하고 보편적인 것이 된다. 그러나 반복되는 피해는 매번 더 나아질 수 있는 기회이기도 하다. 이 책은 재난에 대한 리히터 규모를 재창조하려는 노력이었다. 즉 성공 계산을 측정하는 척도를 **덜 나쁨**으로 전환하기를 요청했다. 이 내러티브는 피해를 수용하는 동시에 그에 맞서 싸운다. 각 단계의 세부 사항을 이해하고 구현하는 데 시간이 걸릴 수 있지만 기업 및 교육 리더, 소상공인 및 도시 관리자, 글로벌 기관 및 가족 등 모두가 큰 호들갑 없이 오늘 바로 그 자리에서 시작할 수 있다. 당신은 여기 있다.

투모로우

1999년, 남극 대륙에서 얼음 샘플을 채취하기 위해 시추하는 동안 미국의 고기후학자인 잭 홀(Jack Hall)은 빙붕(氷棚)이 조각조각 갈라지기 시작한 것을 발견한다. 해수 온도가 급격히 떨어지면서 그는 빙하기가 도래하고 있다고 결론짓는다. 그는 사람들에게 계속 경고하려고 애쓰지만, 귀를 기울이는 사람은 거의 없을 것이다. 폭풍우가 전 세계를 휩쓸면서 수백만 명이 죽고 결국 추위에 빠진다. 아트 벨(Art Bell)과 휘틀리 스트리버(Whitley Strieber)가 쓴 논픽션 『더워지는 지구 얼어붙는 지구(*The Coming Global Superstorm*)』는 데니스 퀘이드(Dennis Quaid)와 제이크 질런홀(Jake Gyllenhaal)이 주연한 블록버스터 영화 「투모로우(The Day After Tomorrow)」의 기초가 되었다.[2] 지구의 변화를 관찰하는 과학자들은 영화 내내 정치 지도자들에게 피할 수 없는 것에 대해 경고하려고 노력하지만 소용이 없다. 내일은 항상 온다.

1일 차는 오늘이다. 그리고 기본 평가로 시작된다. 모든 사람에게는 애초에 재난이 시작되는 것을 조심하지 않음으로써 재난의 오른쪽에서 출발하는 능력이 있다. 결코 끝이란 없을 테니 실제로 어디서부터 출발해야 할지는 약간 여유가 있을 수 있다. 세 가지 기본적인 질문이 도움이 될 것이다. 돈은 어디에 있는가? 사람들은 어디에 있는가? 당신은 어디에 있는가?

첫째, 돈이다. 돈과 예산은 우선순위를 반영한다. 좋은 의도에는 그것을 뒷받침할 돈이 필요하다. 즉시 확인할 버킷이 두 개 있다. 첫 번째는 보안과 안전 노력에 들어가는 예산의 전체 할당량이다. 완벽한 숫자는 없다. 50퍼센트는 너무 높은 것 같고, 2퍼센트는 너무 낮은 것 같다. 잠재적인 취약성, 중복성 및 보안 시스템을 해결하기 위한 주택 개선 또는 수리에 대해 대략적으로 추측해 보는 것은 어느 정도 투명성을 제공해 준다. 이러한 노력을 통해 보안 및 대비 노력이 얼마나 진지하게 수행되는지 또는 그렇지 않은지를 파악할 수 있다. 그것은 단지 숫자일 뿐이다. 사건 발생 후 주주, 언론, 배우자에게 방어하는 상상을 해 보면 그 숫자가 방어할 수 없는 수치인지 분명해질 것이다. 당신이 수용할 수 있고 설명할 수 있는 수치인가?

고려해야 할 숫자는 이것만이 아니다. 두 번째 버킷을 봐야 한다. 나는 종종 학생들에게 보안 투자 전반에 걸쳐 '100페니'를 지출하는 것을 고려해 보라고 요청한다.

나는 수업 시간에 이 비유를 사용하여 학생들이 위협에 따라 자신의 돈을 재난의 왼쪽과 오른쪽에 어떻게 쓸지에 대해 생각하도록 한다. 예산을 주의 깊게 들여다보니 기관이 80페니를 재난의 왼쪽에 투자하는 반면 20페니를 재난의 오른쪽에 투자하고 있다고 하자. 원자력 시설은 재해로부터 자신들을 보호하기 위해 상당한 금액을 지

안전 비용의 배분

출하기를 원한다. 하지만 나머지 20페니가 그 시설이 재난 발생의 초점이 될 때를 대비할 수 있는 충분한 자원을 제공할까?

이 간단한 계산은 비용이 들지 않지만 많은 것을 밝힐 수 있는 연습이다. 기업이나 조직이 어디에 가치를 두었는지(보안에 얼마나 많은 돈을 쓰는지)와 해당 투자 내 우선순위(재난의 왼쪽 혹은 오른쪽)를 드러낼 수 있다. 자세한 회계 처리가 필요하지 않고 즉흥적 생각 형태의 노력일 뿐이어도, 밝혀질 것이다. 밝혀진 점이 위안을 줄 수도 있지만, 그렇지 않을 가능성이 더 크며 눈에 띄는 변명의 여지가 없는 격차가 드러날 것이다. 이러한 격차는 결국 해결될 수 있지만, 더 잘하기 위해서는 먼저 격차들이 어디에 있는지 알아야 한다.

두 번째는 구조(architecture)다. 내내 설명했듯이 좋은 정책은 좋은 뼈대를 따른다. 장소가 중요하다. 기관은 모두 보고 구조를 가진 사무실과 부서를 만드는데 일부는 이치에 맞지 않을 수도 있다. 소규모 기업은 시간제 컨설턴트나 재택근무 직원에게 너무 많이 의존하고 있음을 알게 될지 모른다. 지금 조직도가 없다면 여러 가지 이유로 도움이 될 것이므로 하나 만들길 바란다. 내가 깨달은 바에 따르면, 늘 이동 중이고 금방 잘 잊어버리는 어머니의 기억 용량에 가정의 모든 정보를 두는 것은 훌륭한 시스템이 아니다. 이러한 검토는 안전 및 보안 장치가 얼마나 눈에 잘 띄고 통일되어 있는지 보여 줄 것이다. 혹은 그것이 얼마나 눈에 잘 띄지 않고 통일되지 않았는지 보여 줄 것이다. 통합된 노력의 일부가 되어야 할 사무실이 무작위로 배치되어 있는가? 감독도 없고 관리자에게 자주 보고할 기회도 거의 없는 이상한 거품 속에 존재하는 것처럼 보이는 자유롭게 떠도는 인력과 책임이 있는가? 당신은 강아지를 돌보기 위한 계획을 잊었는가?

예산과 마찬가지로 조직도를 보면 변명의 여지가 없거나 설명할 수 없는 부분이 드러난다. 예를 들어 다음의 차트는 트럼프 행정부가 백신 보급 노력에 대한 계획을 설명하기 위해 처음 발표한 것이다. 이는 백신을 개발하고 생산하려는 성공적인 노력인 초고속 작전(Operation Warp Speed)의 일부였다. 미국 전역으로 백신을 배송하여 사람들 팔에 접종한다는 마지막 단계가 이 초안 차트에서 처음 기술되었다.

차트는 단지 어떻게 전국에 백신을 전달할 생각인지를 나타내는 표시일 뿐이었다. 지금 알고 있는 바와 같이, 그러한 노력은 처음에는 어렵고 느렸다. 미국 행정부와 상관없이 그럴 수 있는 일이고 대부분의 주요 배포 노력은 그런 식으로 시작한다. 하지만 이 중에는 설명하기 어렵고 잘못된 관리를 초래할 수 있는 결정으로 나를 놀라게 한 측면이 있었다.

누가 책임자인지 알 수 없었다. 그게 문제다. 누가 지휘를 했는

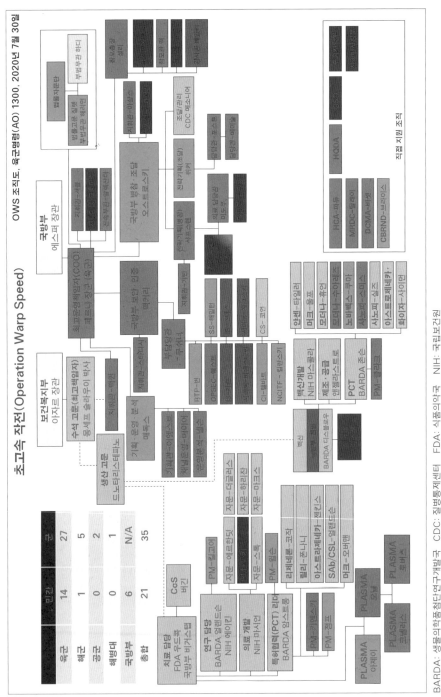

초고속 작전(Operation Warp Speed)

OWS 조직도, 육군명령(AO) 1300, 2020년 7월 30일

스탯 뉴스(STAT News)에서 입수한 백신 배포 계획 초안

BARDA: 생물의학첨단연구개발국   CDC: 질병통제센터   FDA: 식품의약국   NIH: 국립보건원

가? 보건복지부인지 군대인지 분명하지 않았다. 나는 노력의 통합과 범정부적 접근을 지지하지만 결국 누군가는 책임지고 지휘해야 한다고 믿는다. 선임 기관이 없다면, 모든 것이 실패했을 때 누가 책임질 수 있을까? 농담이 아니다. 이 분야에 있다는 것은 "그들이 나를 단두대까지 기꺼이 데려다줄 것"이라는 기대와 함께 사는 것이다. 전 해안경비대 사령관 새드 앨런(Thad Allen)이 내게 했던 말이다. 백악관이 기름 유출 대응 노력 중에 그렇게 할 수도 있다는 조언이었다.

차트에는 이해가 되지 않는 측면이 더 있다. 차트는 근본적으로 민간의 노력이었던 것에 대해 군에 많은 책임을 부여했다. 미국과 미국 내 많은 지역사회는 제복을 입은 군대가 그들 가운데 있는 상황에 익숙하지 않다. 지역사회 구성원이 이러한 공간에서 편안함을 느껴야 하는 공중 보건 캠페인이 작동하는 방식이 아니다. 당시 미국의 건강을 위한 신뢰(Trust for America's Health)*의 CEO인 존 아우어바흐(John Auerbach)는 스탯 뉴스(STAT News)에 유출된 예방접종 계획에 대해 언급할 때 동일한 내용을 지적했다. "[군은] 의사가 누구인지, 지역 보건소가 어디에 있는지, 어떤 자원이 있는지 알지 못한다. 약국이 어디 있는지 모른다. 보건소 사람들은 알고 있다."[3] 간단한 시각 자료만으로 조각이 서로 잘 맞는지 아니면 오합지졸로 뒤엉켜 있는지 확인하는 데 도움이 될 수 있다.

세 번째는 '나'이다. 마음챙김이나 자아 찾기를 말하는 게 아니

---

* 워싱턴DC에 기반을 둔 건강 정책 조직이다. 모든 지역사회의 건강을 보호하고 질병 예방을 국가적 우선순위로 만들기 위해 노력함으로써 생명을 구하는 데 전념하는 초당파적 비영리단체라는 정체성을 가지고 있다.

다. 전반적으로, 과거의 비극에서 얻은 교훈은 우리 모두에게 필수적인 지침을 제공한다. 기업 CEO, 소기업 소유주, 부모 모두 최악의 시나리오 계획으로부터 혜택을 볼 것이다. 목표는 (광의의) 리더가 자신의 시간, 자원, 노력을 어떻게 사용하는지 평가하는 것이다. 보안 팀과 연락도 않고 몇 달이 지나갔는가? 마지막 브리핑은 언제였나? 무작위로 질문하면 기본적인 질문에 답할 수 있는가? 실제로, 리더들은 누가 전체 계획을 운영하는지 알고는 있는가?('저 사람'은 적절한 대답이 아니다.) 창고에 있는 배터리를 확인했는가? 발전기를 입수해 본 적이 있는가? 물은? 개 사료는 더 있는가?

나는 종종 CEO나 기관장들에게 팀의 다양한 구성원을 얼마나 자주 만나는지 묻는다. 돈과 마찬가지로 시간이 중요하기 때문에 묻는 것이다. 그들은 하루에 여러 번 COO와 만나고 적어도 일주일에 몇 번은 CFO를 만난다고 답할 것이다. 그들은 종종 법률 고문을 피하려고 한다는 점을 인정할 것이다. 커뮤니케이션 및 마케팅 팀은 항상 준비되어 있다. 그러나 최고 보안 책임자(CSO)나 이에 상응하는 사람에 대해 물으면, 종종 다음 문장을 약간 변형한 대답이 나온다. "음, 그는 전직 FBI라서 자신이 하는 일을 알고 있습니다." 그들은 그런 태도가 얼마나 위험할 수 있는지 또는 기관 전체에 얼마나 중대한 영향을 미칠 수 있는지 전혀 알지 못한 채 나에게 이렇게 말한다. 잘못된 응답이다.

재난 관리자들이 늘 하는 말, 재난 현장에서 명함을 나눠 주고 싶지 않으니 준비하라는 말은 운영팀이나 전술팀에만 해당되지 않는다. 최종 책임자인 사람들이 대응 능력의 기본을 얼마나 잘 모르는지는 참으로 놀랍다. BP, 보잉, 소니, ERCOT 건과 같은 큰 재앙 이후에도 자리를 유지하는 CEO는 거의 없다. 그들은 모두 자신이 자리를 지킬 것이라고 생각한다. 그렇지 않다. 나는 그들에게 묻는다. "해고가 당신의 운명일 가능성이 높다는 것을 감안할 때, 사람들을 구한 후에 해고되는 것이 낫지 않겠습니까?" 대답은 항상 '그렇다'이다.

재난 관리에 대비하는 능력은 시간과 역량이 있는 사람들의 호사인 경우가 많다는 것을 잘 알고 있다. 월세를 겨우 낼 수 있는 상황에서 통신망 대역폭 구축에 대해 논의하는 것은 다소 사치로 보인다. 그러나 우리 각자가 '투모로우'를 받아들여야 하는 이유는 그렇게 할 수 있는 능력이 부족한 사람들을 위해 제한된 공공 안전과 대응 자원을 덜어 주기 위해서다. 재난의 시대에 우리가 대비해야 그렇지 못한 사람들에게 더 많은 도움을 줄 수 있다는 것을 인식해야 한다.

이 세 가지 예비 질문(돈, 구조, 헌신)은 다가올 재난을 예상하여 수행해야 하는 작업의 기초를 설정한다. 이 세 가지는 알기 쉽고, 때로는 복잡하지만, 항상 필요하다.

이러한 기본적인 질문을 던지고 답을 얻으면 재난의 오른쪽을 준비하는 과정이 시작될 수 있다. 우리 모두 시작할 수 있다. 최후의 방어선이라는 신화에 도전하는 것이든 출혈을 막을 방법을 찾는 것이든 이러한 노력은 오늘 이후의 결과를 최소화하는 데 도움이 될 것이다. 우리는 위험 평가의 확률이나 악마가 취하는 형태에 대해 걱정할 필요가 없다. 처음에 나는 앞 장에 나와 있는 단계가 단계별

이어야 하는지, 즉 이렇게 하고 나서 저렇게 해야 하는지 궁금했다. 실제 상황에서는 비록 전부가 일부보다 낫지만, 그 일부라도 없는 것보다는 낫다. 이러한 각 개선 사항은 독립적으로 수행할 수 있다.

마지막으로, 회복탄력성에 대한 한마디

나는 회복탄력성(resilience)이라는 용어의 사용을 피했다. 앞으로의 시대에 꼭 필요한 중요한 개념이지만 이것은 우리를 더 잘 보호할 수 있는 미래에 대한 투자에 초점이 맞춰져 있다. 이 책은 재난 이후에 재건하는 방법보다 주로 재난이 일어나고 있는 순간에 잘 대처하는 방법에 목표를 두고 있다. 우리는 더 탄력적인 사회가 재난을 견딜 수 있는 사회라는 것을 알고 있다. 매번 더 나아지고 나아진다. 제방에 투자하면 다음 폭풍우를 견뎌 낼 수 있음을 의미하기 때문에 제방은 유지될 것이다. 회복탄력성과 그 계획을 장려하는 것은 앞으로의 도전과 위기를 견디고 적응할 수 있는 장기적인 역량을 위한 길이다.

배당 이익이 회복탄력성에서 비롯된다는 이 개념은 록펠러 재단의 전 회장인 주디스 로딘(Judith Rodin)이 2014년 그녀의 획기적인 작업 『회복탄력성 배당 이익: 일이 잘못된 지점에서 강해지기 (*The Resilience Dividend: Being Strong in A Where Things Go Wrong*)』에서 가장 잘 설명했다.[4] 로딘은 회복탄력성 구축의 두 가지 이점을 설명했다. 첫째, 지역사회와 기업이 운영 혼란을 더 잘 견딜 수 있도록 지원하며, 영향을 최소화한다. 둘째, 회복탄력성에 초점을 맞추면 실제로 "새로운 관계를 구축하고, 새로운 노력과 이니셔티브를 수행하고, 이전에는 상상도 못했던 새로운 기회를 포착하는 데 도움이 된다. 이것이 바로 회복탄력성 배당 이익이다."[5]

그것은 희망적이고 상호 보완적인 메시지이며 앞으로 수십 년 안에 우리에게 분명히 이익이 될 것이다. 하지만 회복탄력성에 초점을 맞추다 보면 궁극적인 성공을 위해 앞만 보게 되는 것은 아닌지 걱정스럽다. 모든 것이 회복탄력성에 관한 것이라면 대응에 관한 것은 없다. 우리를 더 강하게 만들 수 있는 투자는 시신이 사라지고 잔해가 수습될 때까지 기다릴 필요가 없다. 여기서 설명하는 단계는 재난의 영향을 최소화하는 데 초점을 맞추어 공포 속에서도 일종의 성공을 거둘 수 있도록 한다. 나는 결코 이 모든 심도 있는 정책 이슈들의 중요성을 최소화할 생각은 없지만, '그 재난의 순간에 우리는 당장 무엇을 해야 하는가?'라는 질문의 답변은 리더와 관리자에게 간과되는 경우가 많다.

우리는 항상 큰 해결책만 찾으려 하지 현재의 해결책 또한 중요하다는 사실은 잊고 있는 것 같다. 회복탄력성에 매료되면 오늘을 이겨 낼 수 있는 지속적인 준비보다는 미래에 너무 초점을 맞추게 될 수 있다. 2021년 8월, 유엔의 기후 변화에 관한 정부 간 협의체(IPCC, Intergovernmental Panel on Climate Change)는 미래를 걱정하는 사람들과 기후 변화 활동가들을 파멸의 소용돌이에 빠뜨린 보고서를 발표했다.[6] 그렇게 느낄 법도 했다. 자문 위원회는 기온이 상승하고 있으며 이러한 변화의 일부 영향은 이제 되돌릴 수 없다고 자신

있게 썼다. 앞선 2013년 보고서 이후 데이터와 더 나은 모델링에 기반한 평가를 바탕으로 이 견해에 상당한 확신을 갖고 있었다. 기자들과 분석가들은 모든 것이 끔찍하다고 말했다. 너무 늦었다![7]

결코 늦지 않았다. 보고서는 그보다 훨씬 더 정교했다. IPCC는 먼저 더 극단적인 종말 시나리오의 가능성을 고려했다. 냉정한 계산으로 시간을 벌었다. 이것은 별로 위안이 되지는 않겠지만, 긴 안목에서 시나리오 계획의 '뒷면'인 이상치 시나리오를 파악할 수 있게 한다. 그것은 우리에게 함께 일할 수 있는 무언가를 준다. IPCC는 여기서 그치지 않았다.

모든 분석은 보고서가 현재 인간의 주체적 역할에 대해서도 언급했다는 사실을 놓치고 있다. 사실 보고서는 우리가 1일 차에 있다고 경고한다. 따라서 우리는 닥쳐올 피해의 결과를 완화할 수 있는 능력을 수용해야 한다. 우리는 더 큰 활력과 집중, 전문성으로 더 잘 대응할 수 있다. 보고서는 우울했지만 전혀 숙명론적이지 않았다. 이는 기후 변화 의제의 필수 요소로서 결과 최소화 개념을 실제로 수용한 최초의 보고서이다.[8]

하버드대학의 지구 및 행성 문제 교수인 피터 하이버스(Peter Huybers)는 이렇게 말했다. "때로 기후 변화는 하늘이 무너지는 것처럼 취급되는데, 이것은 최종 충돌을 의미한다."[9] 그는 불안해할 것이 많다는 점은 분명히 했지만, 보고서를 둘러싼 논평의 상당 부분에 스며든 패배주의를 자멸주의로 보았다. 다시 말해 하늘은 항상 무너지고 있다. 시급한 것은 우리 자신을 보호하기 위해 지금 무엇을 할 것인가 하는 것이다. 그냥 하던 대로 계속할 문제가 아니다.

제2차 세계대전 중 영국 정부가 제작한 동기 부여 포스터[10]

많은 이가 '침착하게 하던 일을 계속하라(Keep Calm and Carry On)'
라는 슬로건에 익숙하다. 이 슬로건은 흔히 여왕의 왕관이 그려진 포
스터에 등장하는데, 이는 영국이 나치 폭탄으로 뒤덮인 제2차 세계
대전 동안 대중에게 메시지를 전하는 캠페인의 노력에 영향을 미
쳤음을 시사한다. 이 슬로건을 변형한 '침착하게 전화 주세요(Keep
Calm and Call Me Maybe)'나 '침착하게 마라톤을 해내라(Keep Calm
and Marathon)'도 있으며, 후자는 보스턴 마라톤 폭탄 테러에 대한 보
스턴의 대응에 대한 찬가이다.

우리는 이 슬로건을 둘러싼 전체 신화를 만들어 냈다. 슬로건은
역경에 직면했을 때 약간의 영국식 뻣뻣한 윗입술 같은 변치 않는

일관성이 필요하다고 말한다. 마치 한번 재난에 부딪히면 모든 것이 미리 결정되어 있고 우리에게 정말 필요한 것은 조각을 집어 들고 계속해 나가는 것인 양 충격에 대비하라고 말한다. 이는 좋은 메시지가 아니다. 우리는 계속해 나가는 것 이상을 할 수 있다. 심지어 그 당시에 사실이 아니었던 메시지이기도 하다.

이 포스터는 결코 진지한 전쟁 노력의 일부가 아니었다. 1939년 제2차 세계대전 당시 민간 방위 프로그램의 일환으로 제작되었지만, 공개된 것은 몇 장에 불과했다. 2005년 영국 노섬벌랜드의 중고 서적상인 스튜어트 맨리(Stuart Manley)가 오래된 상자를 뒤지다가 발견할 때까지는 실제로 알려지지도 않았다. 그가 벽에 하나를 걸어 놓았더니 고객들이 좋아했고 이에 몇몇 기사가 작성되자, "아수라장이 되었다"고 맨리는 말했다. 정말로 그 말이 세상을 사로잡았을 때였다.

영국 전쟁 위원회는 전쟁 중에 이 포스터를 공개하지 않았다. 그것은 상자 안에 담겨 있었고, 뽑힌 것은 '자유가 위험에 처해 있다'와 '당신의 용기, 쾌활함, 결의가 우리를 승리로 이끈다'였다. 그렇다면 왜 '침착하게 하던 일을 계속하라'는 메시지가 전쟁 내내 심지어 처칠에 의해서 보류되었을까? 영국이 독일에 함락되어 필요할 때를 대비해 그것을 갖고 있기를 원했다는 설을 포함하여 몇 가지 설이 있다. 포스터를 보는 시각은 매우 다양하다. 아무도 정확한 이유를 모르지만 내가 선호하는 이론은 간단한 편이다. 그것은 거짓말이었다는 것이다. 너무 수동적이었다. '침착하게 하던 일을 계속하라'는 그야말로 재난의 시기에 처칠이 시민들에게 요구한 것이 아니다. 시민들이 듣기에는 정직한 말이 아니었다. 처칠은 참여하고 희생할 런던 시민이 필요했다. 그는 전쟁이 그들의 삶을 위한 것임을 시민들이 이해하기를 원했다. 그것은 싸움이었다. 그는 전쟁터에 나갈 남자들, 공장에서 일할 여자들, 그리고 종종 혼자 시골로 보내질 아이들이 필요했다. 영국 국민이 싸움에 나서고, 주체성을 갖고, 악마에게 적극적으로 대처해야 한다는 것을 인식한다면, 손실이 있겠지만 그 손실은 줄어들 것이었다.[11]

적과 싸우는 것은 정신적인 참선이나 충격 후의 기분이 아니다. 차를 더 마시는 것도 아니다. 전쟁 노력은 침착하지 못하며, 처칠은 그것을 알고 있었다. 처칠은 1940년 의회에서 "우리는 해변에서 싸울 것이고, 상륙 지점에서 싸울 것이며, 들판과 거리에서 싸울 것이고, 언덕에서 싸울 것이며, 절대 항복하지 않을 것이다."라고 말했다. 잘 기억되지 않는 이 말의 배경은 영국이 거의 완전한 재앙을 경험했다는 것이다. 군대는 마지막 순간에 됭케르크 해변에서 철수하여 전멸을 면했다. 영국은 대체 불가능한 군사 장비를 포기했고, 이는 일단 후퇴하면 유럽에서 반격을 감행할 단기적 전망이 없다는 것을 의미했다. 그리고 대대적인 공세는 여전히 닥쳐올 예정이었다. 처칠은 방금 대재난이 시작되는 소리를 들었다.

바로 지금이 정상이다

자, 우리는 여기 있다. 지금에. 마지막 재난 이후에도, 다음번 재난 이전에도 늘 그렇다. 불안정하게 보일 수 있다. 문제가 너무 커 보인다. 너무도 많은 기관들이 부주의하고, 태만하고, 탐욕스럽다. 사실 이런 문제들은 쉽게 해결할 수 없다. 그러나 우리는 재난의 영향을 줄이는 법을 계속 배울 수 있다. 다음 재난까지는 일종의 승리다.

2020년 봉쇄 조치가 시작될 무렵, 나는 교수, 컨설턴트, 그리고 필요한 조치와 대응을 촉구하는 미디어 분석가로서의 상충하는 요구와 나 자신의 요구 사이에서 균형을 이룰 수 없음을 깨달았다. 나는 불면증에 시달렸고 아이들에게 화를 잘 냈다. 다른 사람들에게 그렇게 하라고 조언하면서도 정작 나 자신은 방향을 찾을 수 없었다. 머리를 숙이고 쭈그려 있을 수 있다면 언젠가 우리가 이 지옥의 반대편에 있는 뉴 노멀(new normal, 새로운 정상)에 서 있으리라고 느꼈다. 난 그냥 침착하게 하던 일을 계속하면 되지 않을까?

나는 종교적인 사람이 아니다. 내가 영적이라고 믿고 싶지만 그건 정말로 세련된 것이 아니다. 나는 장거리 달리기, 격렬한 자전거 경주 수업 또는 다음 파도를 기다리는 서핑보드에서 마음의 평화를 찾을 가능성이 더 크다. 그러나 그 몇 달 동안 아무리 해도 평화를 찾을 수 없었다. 내 친구 조너선 월턴(Jonathan Walton) 목사는 웨이크 포레스트대학의 신학대학원 학장이다. 그는 내 절망적인 질문의 끝에서 자신을 발견했다. 뉴 노멀까지 우리는 어떻게 살아남을 수 있을까?

월턴은 세상이 봉쇄된 동안 노스캐롤라이나 캠퍼스 잔디밭에서 아이폰으로 혼자 온라인 설교를 했다.[12] 그의 메시지는 분명했다. 뉴 노멀은 절대 오지 않을 것이므로 기다리지 말라. 투쟁, 실망, 박탈이 끝났다는 것은 망상이다. 그 대신에 그의 설교 제목처럼 우리는 나우 노멀(Now Normal)에서 사는 법을 배워야 한다. 설교의 대부분은 우리가 어떻게 그 순간에 스스로를 다잡을 수 있는지에 관한 것이다. 아마도 종교적 존재, 시집, 결혼이나 관계에 대한 재헌신, 자녀와의 여가 시간, 또는 내가 개인적으로 가장 좋아하는 루더 밴드로스(Luther Vandross)의 곡에서 위안을 얻을 수도 있다. 나는 그해 봄에 루더의 음악에 많이 의지했고, 루더가 자신도 모르는 사이에 밴드로스 교회를 세웠다고 월턴과 농담을 했다.

그러나 나를 사로잡은 것은 월턴의 설교 시작 부분이었다. 그도 아내와 아이가 있고 우리가 그해와 그 이후에 겪었던 모든 압박감을 경험했다. 월턴은 어디서 가장 편안함을 찾았는지에 놀라워했다. 그는 카메라에 대고 돌아가신 아버지의 말씀이 자신을 다잡았다고 말했다. 나는 화면 가까이에 몸을 기울였다. 목사의 아버지가 하신 이 지혜로운 말씀은 무엇이었을까? 그 말이 모든 것을 해결해 줄까? 그 말만으로 나는 마음이 편안해질 수 있을까?

월턴이 아버지의 말을 인용했다. "인생이란 가끔은 형편없다. 그리고 가끔은 엿 같다."

그렇다. 악마는 절대 잠들지 않는다. 그러나 악마는 우리가 다음에 더 잘하지 않을 때만 승리한다.

당신은 여기 있다.

에필로그

팬데믹이 우리 삶을 덮치기 전 나의 마지막 출장지는 CNN의 뉴욕 본사였다. 나는 뉴욕의 방송국으로 출장을 거의 가지 않는다. 보스턴에 있는 스튜디오는 내가 필요로 할 때 완벽하게 잘 작동했다. 그런데 코로나19 확산이 확실해짐에 따라 그들은 2020년 3월 초에 팬데믹 전개에 대해 내가 앵커와 함께 앉아 보도하기를 원했다. 모든 것을 중단하라. 나는 시청자에게 경고했다. 어쩌면 애원했을 수도 있다. 모든 것을 중단하라.

다음 날 차를 몰고 케임브리지로 돌아왔다. CNN 경영진은 회사의 재택근무 발표를 준비하고 있었기 때문에 내게 뉴욕을 떠나라고 말했다. 나는 우리의 고립이 얼마나 오래 지속될지 명확히 알지 못했다. 시청자들은 앵커와 분석가의 홈 오피스, 침실, 지하실 배경을 보는 데 익숙해질 것이었다. '내 스카이프 룸 평가하기(Rate My Skype Room)'라는 트위터 피드는 얼기설기한 전선과 나쁜 배경 조명을 강조하면서 우리의 화면 배경 장식 상태를 비평해 인기를 얻었다.

우리는 2020년 여름에 조금 돌아다녔고, 2021년 여름에 휴가를 위해 다시 돌아다녔다. 해변으로 차를 몰고 가 그곳에서 시간을 보냈다. 2020년 연휴가 가장 힘들었다. 우리는 매년 크리스마스이브에 모든 종교의 친구와 가족을 위한 오픈 하우스 파티를 주최하곤 했다. 하루 동안 100명이 넘는 사람들이 드나들었는데, 2020년에는 우리 가족 다섯 명뿐이었다.

2021년 중반 드디어 다시 출근길에 올랐을 때 나는 너무나 조심스러웠다. 팬데믹의 한 해를 바쁘게 보내긴 했지만 운동복 바지 차림이었다. 나는 마치 마력을 잃은 것처럼 느껴졌다. 모든 시스템이 꺼졌다. 짐 싸는 법도 몰랐다. 예전에는 짐 싸는 것에 상당한 자부심을 느끼곤 했다. 하루 출장에도 필수품 외에 드레스 한 벌, 작업화 두 켤레, 단화 한 켤레, 블레이저, 청바지, 상의, 운동복을 챙겨 갔다. 오랜 시간이 흐르고 나니, 나는 내 물건이 예전만큼 잘 맞지 않더라도 남겨 두고 가는 것을 참을 수 없게 되었다.

복귀했을 때는 오랫동안 안에 갇혀 있었던 때만큼이나 침울했다. 마침 9월 11일 테러 20주년이었다. 20년. 어쩌다 그런 일이 일어났을까? 나는 2001년 이전에 대테러 분야에 있었고, 직업이 바뀌긴 했지만 시작한 곳에서 그렇게 멀지 않았다. 나는 여전히 재난 분야에 종사하고 있다. 확실히 나는 대학원생들의 경험을 통해, 시간이 흐르고 그날의 의미가 수년에 걸쳐 약해지는 것을 느꼈다. 테러가 닥쳤을 때 그들 대부분은 초등학교에 다니고 있었다. 그들은 나처럼 느끼지 않았다. 그들에게 9·11 테러는 '전/후'와 '당신은 그때 어디에 있었나?'와 같은 요소가 있는 삶의 중요한 한순간이 아니었다. 그들은 끝없는 전쟁, 재정 붕괴, 그리고 지금은 코로나19 팬데믹을 겪었다. 우리의 비극까지 받아들일 필요는 없었다.

CNN이 나에게 뉴욕시의 실시간 보도 분석을 도와 달라고 요청했다. 우리는 무역센터 쌍둥이빌딩을 대체한 프리덤 타워의 그늘에서 다섯 시간 동안 텔레비전 방송을 했다. 그날 아침 일찍 출근하려고 기다리던 중, 근처에 모여 있는 뉴욕 경찰청 직원 몇 명을 만났다. 그들은 미디어 구역 치안 관리를 책임지고 있었다. 나는 습관대로 그들과 수다를 떨었다. 대부분은 9·11 때 고등학교나 대학에 다녔다. 그 당시 그 또래들은 군 입대 등 공공을 위한 일에 감동을 느꼈다. 그 이후 미국에서는 치안 유지에 대한 공개 담론이 거의 없었다. '흑인의 목숨도 소중하다(Black Lives Matter)' 운동이 시작하기까지 10년 넘는 시간이 있었고, 우리 사회는 매일 수많은 커뮤니티에서 일어나는 법 집행기관의 위반 행위를 부정했다. 이것들은 닥쳐올 위기들이었다. 하지만 이번 기념일은 이런 문제를 제기할 때가 아니었다. 9·11은 그 직원들의 삶을 바꿔 놓았고, 재난이 일어나는 곳에 있는 직업으로 그들을 이끌었다. 그날은 그들의 날이기도 했다.

'2021 특별 보도(Special Coverage)'는 CNN의 최고 진행자 중 한 명인 제이크 태퍼(Jake Tapper)가 진행했다. 9·11 테러를 다룬 책 『하늘 위 유일한 비행기(The Only Plane in the Sky)』의 저자 개릿 그라프(Garrett Graff) 기자도 함께했다. 우리는 거기서 테러 후 20년이 어떻게 흘렀는지에 대한 분석과 논평을 제공했다.[1] 나는 생존자, 최초 대응자, 일부 희생자의 자녀(지금은 모두 성인이 되었다.) 등 더한층 가슴 아픈 순간을 돋보이게 할 객관적 역할을 할 준비가 되어 있었다. 나는 태퍼의 첫 번째 질문을 예상하지 못했다. 간단한 질문이었다. "어디 있었어요?"

나는 대답할 수 있다. 예상치 못한 감정을 억누르며 9·11이 나를 찾아온 순간을 설명했다. 딸 서실리아(Cecilia)가 태어난 지 몇 주밖에 안 되었고 나는 출산 휴가 중이었다. 그날 아침 나는 우연히 딸과 함께 그라운드 제로*로 향하는 기차를 타고 가족을 만나러 뉴욕 시로 여행을 갔다. 비극에 대한 소식이 전해지자 기차는 코네티컷에서 예정된 경로에 정차했다. 어떤 사람들은 도시에서 할 일이 있다는 듯 기차에 탔다. 나는 내렸다. 다른 사람들에게도 그렇게 해야 한다고 말했다. 당시에는 테러가 발생했을 때 열차를 대피시키기 위한 프로토콜이 없었다. 내려라. 이 대테러 전문가는 한 시간 전만 해도 테러에 대해 잘 몰랐던 승객들에게 소리쳤다. 내가 이야기를 하는 동안 태퍼가 더 자세한 내용을 물었다. 나는 그때 그 역에서 비로소 세계무역센터가 어떻게 무너지는지 처음 보았다고 말했다. 전문가를 찾는 기자들에게 받은 전화에서 그들이 사라졌다는 이야기를 들었다. 당시에는 아이폰이나 실시간 방송이 없었다. 딸아이를 유모차에 태우고 역을 가로질러 가면서 나는 마침내 텔레비전을 지나쳤다. 나는 무역센터가 무너진다는 것이 무엇을 의미하는지 보았다. "거기가 어디였죠?" 태퍼는 계속해서 압박했다.

"뉴헤이븐이요." 나는 모든 것을 기억한다. "딸은 이제 대학에 다니고 있습니다." 나는 마치 그사이의 20년을 깔끔하게 요약한 것처럼 말하고는 토론을 마쳤다.

나는 기술적으로 정확했다. 2020년 3월부터 2021년 8월까지 딸은 학교에 다니지 않았다. 딸아이는 집에서 우리와 함께 첫해를 마치고 대학을 자퇴하기로 결정했다. 딸은 온라인으로 일자리를 얻었고, 안전하게 켄터키와 콜로라도의 작은 마을에 있는 친구들을 방문

---

* 9·11 당시 테러 공격을 받은 뉴욕 세계무역센터 자리.

하며 단조로움을 해소했다. 상황에 대처하고 지루함을 바꾸려고 노력했다. 예방 접종을 받고 대학에서 복학 규칙을 정하자 딸은 재등록했다. 나는 2021년 9월 11일 며칠 전에 딸아이를 대학에 데려다주었다.

딸은 열아홉 살이 되는 해를 우리와 함께 보냈지만 이듬해에는 팬데믹에 방해받지 않고 성인기를 맞이하기를 바랐다. 딸은 다시 세상에 나왔다. 악마가 영원히 사라졌다고 딸에게 약속하는 것은 불공평할 것이다. 악마는 필연적으로 몇 번이고 다시 돌아올 것이다. 그러나 2021년 9월 그 아침, 세상은 덜 나빠 보였다. 내 딸은 이 팬데믹에서 살아남았다. 우리 가족을 맥큐 가족과 그리고 이전의 팬데믹과 연결해 준 우리의 어수선하고 성가신 집에서 말이다.

감사의 말

이 책은 두 가지 이야기로 시작했다. 첫 번째는 미주리주 조플린에 사는 미망인 제인 케이지와의 만남을 그렸다. 우리는 여전히 친구다. 그녀는 내게 악마의 귀환을 처음으로 상기시켰다. 두 번째 이야기는 맥큐 가족에 대한 것인데, 트위터의 탐정들이 내 집과 시간에 대해 다르게 생각하도록 해 준 덕분에 현실이 되었다. 나는 또한 살아남아 재난의 순간에 대한 이야기를 들려준 사람들로부터 많은 것을 배웠다. 나는 다른 사람을 도우려 위험을 향해 달려가는 응급구조 요원과 자원봉사자에게 여전히 경외심을 품고 있다. 사람들은 종종 내게 어떻게 낙천적인 태도를 유지하느냐고 묻는다. 그 답은 이 분야에서 일하는 많은 사람에게서 은혜와 친절함이 보이기 때문이다. 그들 모두에게 감사한다.

내 에이전트인 세라 번스(Sarah Burnes)는 내가 친구라고 부를 수 있는 특권을 가진 사람 중 가장 인내심이 많고 활기차다. 민주주의를 위한 싸움에 적극적으로 참여하는 그녀는 자신의 위대한 어머니처럼 살고 사랑한다. 거넛 컴퍼니(Gernert Company)의 팀, 특히 소피 퓨-셀러스(Sophie Pugh-Sellers)는 소중한 파트너였다.

퍼블릭 어페어스(Public Affairs) 출판사와 함께 일하는 것은 처음이었는데, 정말 놀라운 경험이었다. 그것은 팀의 노력이었고, 그곳에 있는 모든 사람에게 감사한다. 메건 신델(Megan Schindele), 미셸 웰시-호르스트(Michelle Welsh-Horst), 멀리사 레이먼드(Melissa Raymond), 올리비아 로페르피도(Olivia Loperfido)는 놀라운 편집 재능을 가지고 있다. 린지 프래드코프(Lindsay Fradkof)와 제이미 레이퍼(Jaime Leifer)는 이 책을 독자들에게 안내하는 것을 도왔다. 피트 가르소(Pete Garceau)가 그 멋진 표지를 디자인했다. 아누파마 로이-초드리(Anupama Roy-Chaudhury)는 여러 면에서 나의 파트너였고, 그렇게 어린 나이에 보여 준 그녀의 재능에 경외감을 느낀다. 그녀의 이름을 기억하시길.

나의 편집자인 클라이브 프리들(Clive Priddle)은 자신의 '영국식' 진지한 편집 의견에 대한 내 트위터의 호통을 우아하게 받아들였다. 나는 그가 따라다니며 저 밖에 숨어 있는지 몰랐다. 그는 날 도망친 사람이라고 부른 적 있는데, 그건 내 실수였다. 그를 찾아서 기쁘다. 강인하고 고무적인 것은 섬세한 조합이고, 그것이 바로 그에게서 필요로 했던 것이다.

나는 여러 군데서 경력을 쌓았기 때문에 누구도 잊지 않았으면 좋겠다. 혹시 누군가를 깜빡했다면 나이 탓인지 코로나 탓인지 둘 중 하나일 수도 있고 둘 다일 수도 있다. 하버드 케네디 스쿨에 있는 내 '상사들', 더그 엘먼도프(Doug Elmendorf), 전 국방장관 애시 카터(Ash Carter), 로버트 앤드 르네 벨퍼 센터(Robert and Renee Belfer Center)의 공동 책임자인 에릭 로젠바흐(Eric Rosenbach)는 국토 안보가 미국의 국가 안보 노력에 어떻게 부합하는지 항상 이해해 왔다. 로런스(Laurence)를 포함한 벨퍼 가족은 계속해서 나의 많은 학문적 노력을 지지해 주고 있다. 나는 또한 공공 리더십 센터(Center for Public Leadership)와 블룸버그 하버드 시티 리더십 이니셔티브 (Bloomberg Harvard City Leadership Initiative)의 모든 동료에게서 교수 보조금을 받은 것에 대해 감사하게 생각한다.

국토 안보 분야의 멘토들이 내가 경력을 쌓도록 이끌어 주었다. 제이 존슨(Jeh Johnson), 앨런 버신(Alan Bersin), 에드 데이비스, 재닛 나폴리타노(Janet Napolitano), 더발 패트릭(Deval Patrick), 고(故) 필 헤이먼(Phil Heymann), 피터 네펜저, 리처드 세리노, 크레이그 푸게이트(Craig Fugate), 조너선 웨크로(Jonathan Wackrow), 코트니 아단테 (Courtney Adante), 조 앨런(Joe Allen), 빌 브래튼(Bill Bratton), 그리고 (모든 상사의 보스) 새드 앨런. 당신들 모두가 봉사해 왔고 계속 봉사할 이 나라는 행운이다.

이 책의 상당 부분은 다양한 미디어 플랫폼에서 아이디어를 탐구할 수 있는 기회에서 나왔다. CNN은 한동안 나의 텔레비전 홈이었다. 제프 주커(Jeff Zucker)를 포함한 그곳 경영진은 훌륭한 지지자들이다. 비록 우리가 스튜디오(또는 코로나19 기간 동안 시스코 링크)의 박스를 통해서만 만났지만, 이제 CNN 진행자와 분석가 중 많은 수가 친구라고 생각한다. 베카 샤츠(Becca Schatz)는 나를 안내하고 (자주) 보호한다. 리베카 커틀러(Rebecca Kutler)가 나를 처음 고용했는데, 그녀의 다음 프로젝트의 결과를 보게 되어 매우 흥분된다.

정말 대단한 단테 라모스 덕분에 나는 《애틀랜틱》의 지면에 글을 쓸 수 있었다. 거기서 처음으로 팬데믹과 재난 관리에서 익숙한 특징에 대해 쓰기 시작했다. 아이디어를 통해 말하고 단어에 초점을 맞추는 그의 능력은 매우 가치 있는 것으로 입증되었다. 제프리 골

드버그(Jeffrey Goldberg)는 이 빈번한 기고자의 열렬한 지지자이다.

보스턴의 지역 NPR 방송국 WGBH의 친구들은 일주일에 한 번씩 보스턴 공영 라디오(Boston Public Radio) 쇼에서 재난과 국가 안보에 대해 수다를 떨게 했다. 짐 브라우드(Jim Broude)와 마저리 이건(Margery Eagan)은 두려움을 모르는 진행자이다.

마일스 오브라이언은 이 분야(그리고 우주에 관한)에서 가장 뛰어난 이야기꾼이다. 그와 마이라이다(MyRadar)의 설립자 겸 CEO인 앤디 그린(Andy Green)은 재난 지역이 어떻게 복구되는지 기록하기 위해 널리 사용되는 디지털 작업을 위한 첫 번째 호스팅 기회를 주었다. 캘리포니아의 패러다이스에 대한 논의는 그 프로젝트에서 나왔다. 팬데믹이 우리의 여행을 방해했지만, 우리는 수지 터바이어스(Suzi Tobias)와 마이클 린든(Michael Linden)과 함께 돌아올 것이다.

CEO 생활은 내 삶에 많은 변화를 가져왔다. 그래서 내가 할 수 있는 말은 앤드루 에먼스(Andrew Emmons)가 내가 그에게 얼마나 고마워하는지 안다면, 그는 더 많은 지분을 요구할지도 모른다는 것이다. 그립 모빌리티(Grip Mobility)의 공동 설립자인 빌랄 칸(Bilal Khan)은 훌륭하고 꾸준하다. 내 생에 가장 우연한 만남을 통해 알게 된 스티브 존슨(Steve Johnson)은 이 어수선한 부서원들을 정리하는 역할을 한다. 그립 모빌리티를 믿으시라. 그리고 여러분과 함께라면 나도 믿는다. 수많은 기업가와 투자자가 미국을 보호하기 위한 그들의 놀라운 노력에 동참할 수 있게 해 주었다.

시간과 조언을 아끼지 않은 도미닉 게이츠, 제임스 클래퍼, 대니얼 드레즈너, 나시르 가에미, 크리스 크래브스, 매릴린 달링, 그리고 앤디 호로위츠에게 감사드린다. CNN의 제이크 태퍼와 작가 개릿 그라프는 이 책을 마무리하는 데 도움을 준 훌륭한 파트너였다. 사디 골렌(Sadie Golen)은 전염성 있는 열정을 지닌 훌륭한 연구자였다. 친구이자 지금은 이웃인 크리스틴 히넌(Christine Heenan)은 함께 개를 산책시키면서 책을 일관되게 묶어 주는 '당신은 여기 있다'를 생각해 냈다.

그리고 이제 자신을 '카이엠 팀'이라고 부르는 많은 여성에게 인사를 전한다. 나와 내 가족을 지탱해 주는 놀라운 젊은 여성들에게 어떻게 감사해야 할까? 나는 여러분 모두에게 어울리지 않지만, 여러분의 데이트 가십은 나에게 기쁨을 준다. 태라 타이렐(Tara Tyrell)은 우리가 인정하고 싶지 않을 정도로 오랫동안 내 조교였다. 그녀는 내가 셀카를 보내 무엇을 입어야 할지 결정해 달라 했을 때도 흔쾌히 받아 주었다. 그 이후로 스테이시 해널(Stacy Hannell)이 그 자리를 이어받아 배를 계속 운항하고 있다. 다이앤 레프코위츠(Dian Lefkowitz)와 맬러리 히스(Mallory Heath)는 얼마 전에 팀을 떠났지만 한번 들어오면 정말 떠날 수 없다는 것을 힘들게 배웠다. 아마라 도노번(Amara Donovan)이 막 합류했다. 그리고 내털리 아리자(Natalia Ariza)는 이 책의 많은 그래픽을 디자인했다.

그리고 제이미 샤르켄(Jamie Sharken)이 있다. 나는 우리가 처음 만난 날 일주일에 몇 시간만 일하면 될 거라고 했지만 이는 거짓으로 판명 났다. 나는 그녀에게 2020년은 직업적으로 쉬운 해가 될 거라고 말했다. 아뿔싸. 당신은 내 파트너이자 친구가 되었고, 항상 지지해 주었으며 똑똑했다. 당신은 너무 많은 배경 소음을 주는 '무작위적이고 비열한 사람들'로부터 나를 구해 주었다. 당신은 나의 최고의 변호인이자 정직한 중개인이었다.

내 곁에 있어 주는 많은 친구들에게, 나는 최고의 매력을 느낄 수 있었다. 지난 몇 년은 힘들고 고립된 시간이었지만, 어떤 면에서는 우리의 우정이 더 깊고 필요해진 시간이었다. 전화, 이메일, 문자, 간단한 커피 한잔, 장거리 산책, 다이렉트 메시지들, 야외에서 마시는 음료는 여러분이 알 수 없는 방식으로 나에게 활력을 주었다. 나는 쉽게 만족한다고 농담한다. 사실은 그렇지 않다.

내가 이 책을 부모님께 바친 데는 이유가 있다. 그저 감사드린다. 동기간인 존(Jon)과 머리사(Marisa)는 이제 친한 친구이다. 둘 다 재미있고, 똑똑하고, 힘이 되고, 우리 가족이 보낸 문자는 하루에도 여러 번 나에게 기쁨을 준다. 제이미 와츠(Jamie Watts)는 우리 부모님을 포함한 모든 카이엠 가족에게 많은 도움을 주었다. 모든 카이엠, 와츠, 배런(Barron), 바이노어(Weinauer), 홍(Hong), 그리고 우리의 삶을 이렇게 재미있게 채워 주는 열두 조카들까지, 대가족이 함께하는 것보다 더 운이 좋을 수는 없다.

남편 데이비드 배런(David Barron)은 많은 관심을 받는 것을 좋아하지 않는다. 간단히 말해서, 그는 겸손하고 정성을 다해 이 나라를 위해 봉사하면서, 내게 분에 넘치는 지원과 사랑을 베풀었다.

그리고 마지막으로 내 아이들, 서실리아, 레오(Leo), 제러마이아(Jeremiah). 너희는 매일 나에게 엄마가 되는 것이 내 인생에서 가장 큰 특권과 기쁨이라는 것을 상기시켜 준다. 나는 종종 내가 어떻게 그렇게 운이 좋은지 궁금해하며 앉아 있다. 엄마는 늘 여기 있단다.

상상할 수 없는 것을 상상하라.

어떤 분야든 중요한 변곡점이 되는 사건들이 있다. 2001년 9월 11일은 화요일이었다. 비행기 두 대가 충돌한 세계무역센터가 붕괴하면서 구조 활동 중이던 소방관 400여 명을 포함해 3000명이 넘는 사망자가 발생했다. 최악의 상황, 절박한 순간에도 적절한 대처로 피해를 최소화한 곳이 있었다. 바로 무역센터 전체 입주 인원의 10퍼센트를 차지할 정도로 대표적인 입주사였던 투자은행 모건 스탠리였다. 당시 비록 열세 명이 희생되긴 했지만 회사 임직원 2700여 명과 방문객 대부분은 무사히 대피에 성공했다. 모건 스탠리보다 입주 인원이 적었던 캔터 피츠제럴드에서는 658명이 사망하는 등 타사의 피해 규모는 대단히 컸다.

지구 반대편에서 영상을 보던 사람들도 비현실적인 상황에 넋을 놓고 있었고, 뉴욕 뉴저지 항만관리청은 그 자리에 머물라는 안내 방송을 하던 와중이었다. 모건 스탠리는 1차 북측 타워 충돌 직후, 바로 신속한 의사 결정을 통해 남측 타워 44층부터 74층까지 입주해 있던 임직원과 투자 교육 방문객들을 대상으로 대피를 진행했다. 모건 스탠리와 다른 회사의 차이는 무엇이었을까?

이 책을 읽는 독자들은 모건 스탠리의 최고위험책임자(CRO)였던 릭 레스콜라(Rick Rescorla)와 그를 인정하고 보안 책임을 맡긴,

결과적으로 수천 명의 생명을 살린 CEO 필립 퍼셀(Philip J. Purcell)을 기억해야 한다. 레스콜라는 1993년 세계무역센터 주차장 테러를 겪은 후 사내의 온갖 견제와 비난 속에서도 수년간 전 직원을 대상으로 20층 이상 대피 훈련을 진행해 왔다.(역자가 직접 운영해 본 대피 훈련 결과 33층 사무용 건물에서 전 직원이 안전한 지상층으로 대피를 완료하기까지 서둘러도 26분이 걸렸다.) 레스콜라와 모건 스탠리 직원들은 그 어려운 일을 몇 년이나 지속했고 덕분에 희생을 최소화할 수 있었다.

레스콜라가 9·11 현장에서 수많은 생명을 구한 실무형 전문가라면 『악마는 잠들지 않는다』의 저자 줄리엣 카이엠은 9·11 테러를 포함한 국가 재난 관리 체계 등 거시적 대응 구조와 체계를 설계한 전문가이다. 국토안보부(DHS) 차관보, 하버드 케네디 스쿨 교수, CNN 국가 안보 분석가 등 정부·학계·언론을 아우르며 위기관리와 재난 대응 분야에서 전방위로 활동해 왔다.

2022년《하버드 비즈니스 리뷰》에 게재한 기고문에서 카이엠 교수는 오바마 행정부에서 국토안보부 책임자로 일할 당시의 일화를 소개한다. 그녀는 법령상 대통령에게 직속 보고하는 위치는 아니었지만 오바마 대통령에게 이렇게 직언했다고 한다. "제가 대통령님을 뵐 필요가 있을 때는 언제든, 어떤 장애물도 없이 찾아뵐 수 있도록 조치해 주십시오." 대통령은 즉각 동의했고 보좌관들에게도 카이엠의 요청대로 하도록 지시했다. 요청한 이나 흔쾌히 받아들인 리더나 대단하기는 마찬가지다. 카이엠은 '모두가 관심을 두기 전에는 아무도 안전에 관심이 없다'는 불편한 현실을 깨기 위한 조치였다고 말한다.

『악마는 잠들지 않는다』에서 카이엠 교수는 자연재해와 인적·사회적 참사, 사이버 공격, 팬데믹에 이르기까지 수많은 사례와 역사에서 얻을 수 있는 유용한 또는 잘못된 교훈들을 조목조목 짚고 있다. 미래는 예측할 수 없지만, 오늘날 재난은 그렇지 않다. 우리는 재난이 지속적으로 반복되는 시대에 살고 있다. 시기를 모를 뿐 악마가 돌아온다는 사실은 분명하다. 카이엠은 이렇게 일상화, 상시화된 재난을 효과적으로 극복할 수 있도록 그동안 의존해 온 재난 리더십과 재난 대응 원칙을 새롭게 수정할 것을 강조한다. 재난의 발생이 불가피함을 인정하고 '결과 최소화'의 관점에서 이에 대응하는 프레임워크의 전환이다.

이 책에서 전달하는 수많은 내용 중 특히 재난 관리의 구조에 대해서는 정부와 민간 기업 모두 다시 한번 점검하고 체계를 정비하면 좋겠다. 결국 재난 관리 시스템의 기반은 사고 지휘 체계(ICS)이며, 카이엠은 리더 위치에 있는 누구든 이 대응 절차를 필수적으로 이해해야 한다고 오랫동안 주장해 왔다. 사회 구성원 모두가 응급 구조대원이 되어야 한다는 말이 아니다. 모두가 다음에 도래할 재난을 관리할 수 있을 만큼 충분히 대비되어야 한다는 것이다. 다시 말해 우리는 모두 스스로를 '재난 관리자'라고 생각해야 한다.

카이엠 교수의 지적대로 "모든 재난에는 역사가 있다." 재난은 일순간 터지는 사고처럼 보이지만 사실은 그보다 훨씬 전부터 이루어진 결정이 축적된 결과다. 재난은 어떤 형태로든 다가와 우리가 오랫동안 무시하고 방치해 온 제도적 문제들, 체계의 태만, 소홀함, 무사안일을 들춰낸다. 우리가 꿈꾸는 사회의 이상적인 모습보다는 과거의 결정이 쌓여 만든 지금 있는 그대로의 모습을 드러낸다. 세찬 불길과 매서운 바람, 검은 기름띠가 지나간 자리에서도 이 점을 깨닫지 못한다면 다음 재난은 더 큰 피해를 입힐 것이다.

역자들은 재난·안전·위험 관리 분야의 실무자로서, 또한 컨설턴트로서 오랫동안 활동해 오고 있다. 정부 재난 정책과 기업 재난 관리 영역 국가직무능력표준(NCS) 설계, 기업 재해 경감 활동 관련 법 제정과 교육 과정 수립은 물론 소속 그룹사의 위기관리(CRO) 조직을 맡기도 했다. 가장 최근에는 정부의 위기관리 매뉴얼 개선 및 훈련 강화 계획의 자문 위원으로도 참여하고 있다. 2014년 세월호 참사, 코로나19 팬데믹, 작년의 안타까운 이태원 압사 사고 등 연이은 전대미문의 재난을 경험할 때마다 마음이 무거워졌던 역자들에게 재난의 불가피성을 역설하는 이 책은 강렬하게 다가왔다. 수십년간 민간 기업과 정부 기관에 자문 역할을 해 오면서 느꼈던 아쉬웠던 부분, 고민했던 지점을 잘 짚고 있는 책이었다.

번역하면서 독자들에게 강조하고 싶었던 생각은 다음 세 가지다. 첫째, 재난은 언제든지 찾아올 수 있다고 '인식'하는 것이다. 재난에 관해 이야기할 때 자주 언급되는 'Not if, But When'의 의미와 상통한다. 즉 가능성이 아닌 시기에 집중해야 하기에 조직 구성원 모두가 재난이 언제든지 발생할 수 있다는 사실을 명심하고 사후가 아닌 사전 준비에 더욱 철저해야 한다. 둘째, 다양한 대응 시나리오가 중요하다. '영리한 토끼는 굴을 셋 판다'는 교토삼굴(狡兔三窟)의 자세로, 하나의 대비안만 준비하기보다 일반(normal), 최선(best), 최악(worst)의 케이스를 가정한 세 가지 이상의 시나리오를 준비하는 것이다. 언제일지 모르는 악마의 방문에 대비해 평상시 준비와 훈련(drill)의 폭을 넓히는 데 더욱 집중해야 할 것이다. 셋째, 기록을 남기고 이해관계자와 자주 소통하는 문화를 만들어야 한다. 기억은 기록을 이길 수 없다. 각자의 영역에서 경험으로 학습한 교훈은 기록으로 남을 때 의미가 있다. 중요한 사건 사고나 심각한 재난 피해에 대해 종합적 보고를 담은 백서는 향후 현장 작동성 높은 매뉴얼과 시스템의 기반이 될 것이다.*

"재난이 닥치면, 당신이 모르는 것이 당신을 죽일 수 있다."** 우리 사회와 조직은 다양한 재난 유형에 관해 상상 너머의 것을 상상할 수 있는 조직 문화를 갖춰야 한다. 예방, 보호, 대응, 복구의 위기관리 단계에서 복구만큼이나 재난 대응 체계를 수립하는 것이 중요함은 우리 모두 안다. 문제는 관심과 실천이다. 재난이 일어난 직후에만 들끓다가 금방 식는 열정보다는 상황을 상상하고 대응 체계를 정비하며 그것을 끈기 있게 유지하는 문화가 많은 이의 생명을 구하

---

* 어느 때보다 역동적이고 불확실성이 커진 환경에서 위험 관리, 회복탄력성 강화를 위한 기업 및 조직 문화를 점검하는 보다 상세한 기준은 다음을 참고. 류종기, 「코로나 위기, 회복탄력성 '액션플랜' 갖추는 기회로」,《하버드 비즈니스 리뷰》(2020년 11~12월호), https://www.hbrkorea.com/article/view/atype/ma/category_id/11_1/article_no/1625.

** https://news.harvard.edu/gazette/story/2022/04/most-died-in-blizzard-of-78-from-co2-poisoning.

고 안전을 도모할 수 있다. 지난해 비극적인 사태를 겪었지만 늦었다고 생각하는 지금이 가장 빠른 시점일 수 있다.

마지막으로 재난·안전·위험관리 분야에서 소임을 다하고 계시는 정부, 기업, 학계의 모든 관리자, 현장 대응 요원, 연구자 분들께 경의를 표하며, 소중한 책을 세상에 나올 수 있게 해 준 민음사에 깊은 감사를 전한다.

2023년 5월
김효석, 이승배, 류종기

프롤로그

1 Juliette Kayyem (@juliettekayyem), "A TRUE PANDEMIC MYSTERY SOLVED," Twitter, May 24, 2020, 7:21 a.m., https://twitter.com/juliettekayyem/status/1264532041225441283?s=20.

2 Jane Cage, interview by the author, May 22, 2012.

3 Page 8 Advertisements Column 1, *Cambridge Sentinel*, March 22, 1924, Cambridge Public Library's Historic Cambridge Newspaper Collection, accessed September 23, 2021, https://cambridge.dlconsulting.com/?a=d&d=Sentinel19240322-01.2.38.1&e=-------en-20--1--txt-txIN-------.

4 Miss E. Letitia McCue Obituary, *Cambridge Chronicle*, January 18, 1919, Cambridge Public Library's Historic Cambridge Newspaper Collection, accessed September 23, 2021, https://cambridge.dlconsulting.com/?a=d&d=Chronicle19190118-01.2.83&srpos=1&e=-------en-20--1--txt-txIN-letitia%2Bmccue------.

5 McCue Obituary, *Cambridge Chronicle*, January 18, 1919.

6 Juliette Kayyem (@juliettekayyem), "Now the weird part. Letitia died in January 1919," Twitter, May 24, 2020, 7:21 a.m., https://twitter.com/juliettekayyem/status/1264532055066632192?s=20.

들어가며

1 Merriam-Webster.com, s.v. "disaster (*noun*)," accessed September 20, 2021,

https://www.merriam-webster.com/dictionary/disaster.

2　Scott Gottlieb, *Uncontrolled Spread: Why Covid-19 Crushed Us and How We Can Defeat the Next Pandemic* (New York: Harper, 2021).

3　William W. Prochnau and Laura Parker, *Miracle on the Hudson: The Extraordinary Real-Life Story behind Flight 1549* (New York: Ballantine Books, 2010).

4　Lizzie Johnson, *Paradise: One Town's Struggle to Survive an American Wildfire* (New York: Crown, 2021).

5　"Flooding from Ida Kills Dozens of People in Four States," *New York Times*, September 2, 2021, https://www.nytimes.com/live/2021/09/02 /nyregion/nyc-storm.

6　James McCormick, "International Crises: A Note on Definition," *Western Political Quarterly* 31, no. 3 (September 1978): 352-58, https://www.jstor.org/ stable/447735?origin=crossref.

7　Charles F. Hermann, *International Crises: Insights from Behavioral Research* (New York: Free Press, 1972).

8　Geoffrey A. Rose, *Rose's Strategy of Preventive Medicine: The Complete Original Text* (Oxford: Oxford University Press, 2008).

9　Year 2000 Information and Readiness Disclosure Act, United States: U.S. Government Printing Office, 1998.

10　Francine Uenuma, "20 Years Later, the Y2K Bug Seems Like a Joke. That's Because Those behind the Scenes Then Took It Seriously," *Time*, December 30, 2019, https://time.com/5752129/y2k-bug-history/.

11　Uenuma, "20 Years Later."

12　Robert Meyer and Howard Kunreuther, *The Ostrich Paradox: Why We Underprepare for Disasters* (Philadelphia: Wharton School, 2017).

13　Nassim Taleb and David Chandler, *The Black Swan: The Impact of the Highly Improbable* (Prince Frederick, MD: Recorded Books, 2007).

14　Bryan Appleyard, "Books That Helped to Change the World," *Sunday Times*, March 16, 2010, https://www.thetimes.co.uk/article/books-that-helped-to-change-the-world-qbhxgvg2kwh.

15　Taleb and Chandler, *The Black Swan*.

16 Michele Wucker, *The Gray Rhino: How to Recognize and Act on the Obvious Dangers We Ignore* (New York: St. Martin's, 2016).

17 Arnold M. Howitt and Herman B. Leonard, *Managing Crises Responses to Large-Scale Emergencies* (Washington, DC: CQ Press, 2009).

18 Rebecca Burns, "The Day We Lost Atlanta," *POLITICO Magazine*, January 29, 2014, https://www.politico.com/magazine/story/2014/01/atlanta-snow-storm-102839/.

19 Helen Branswell, "Experts Search for Answers in Limited Information About Mystery Pneumonia Outbreak in China," *STAT*, January 4, 2020, https://www.statnews.com/2020/01/04/mystery-pneumonia-outbreak -china/.

20 Juliette Kayyem, "CNN," JulietteKayyem.com, March 2020, https://juliettekayyem.com/cnn.

21 Juliette Kayyem, "The U.S. Isn't Ready for What's About to Happen," *Atlantic*, March 11, 2020, https://www.theatlantic.com/ideas/archive/2020/03/us-isnt-ready-whats-about-happen/607636/.

22 Ian Bogost, "Now Is the Time to Overreact," *Atlantic*, March 17, 2020, https://www.theatlantic.com/health/archive/2020/03/theres-no-shame-in-overreacting-to-the-coronavirus/608140/.

23 Bogost, "Now Is the Time to Overreact."

24 Bogost, "Now Is the Time to Overreact."

25 Sarah Maslin Nir, "Trapped in Basements and Cars, They Lost Their Lives in Savage Storm," *New York Times*, September 2, 2021, https://www.nytimes.com/2021/09/02/nyregion/nyc-flooding-deaths.html.

1장 재난을 가정하라

1 Graham M. Simons, *Boeing 737: The World's Most Controversial Commercial Jetliner* (Barnsley, UK: Air World, 2021).

2 Rick Townsend, *McDonnell Douglas-Boeing MD-80 Study Guide, 2019 Edition: Covering the MD-82 and MD-83 Versions* (n.p.: Amazon Digital Services LLC-

KDP Print US, 2018).

3   Dominic Gates, "FAA Shuts Down Florida Repair Firm That Supplied Faulty Lion Air Sensor on Boeing 737 MAX," *Seattle Times*, October 27, 2019, https://www.seattletimes.com/business/boeing-aerospace/faa-shuts-down-revokes-certificate-of-florida-repair-firm-that-supplied-faulty-lion-air-sensor/.

4   Gates, "FAA Shuts Down Florida Repair Firm."

5   Dominic Gates and Lewis Kamb, "FAA Saw High Risk of Crashes, but Let Boeing 737 MAX Keep Flying," *Seattle Times*, December 12, 2019, https://www.seattletimes.com/business/boeing-aerospace/faa-analysis-after-first-737-max-crash-estimated-high-risk-of-further-accidents/.

6   Bloomberg, "What to Know about the Missing Boeing 737 Jet That Disappeared over Java Sea," *Fortune*, January 10, 2021, https://fortune .com/2021/01/09/boeing-737-plane-crash-indonesia/.

7   Andy Pasztor, "The Airline Safety Revolution," *Wall Street Journal*, April 16, 2021, https://www.wsj.com/articles/the-airline-safety-revolution-11618585543.

8   Bloomberg, "What to Know about the Missing Boeing 737 Jet."

9   Dominic Gates, interview by the author, January 12, 2021.

10   Gates, interview.

11   Cecilia Kang, Drew Harwell, and Brian Fung, "North Korean Web Goes Dark Days After Obama Pledges Response to Sony Hack," *Washington Post*, December 22, 2014, https://www.washingtonpost.com/business/economy/north-korean-web-goes-dark-days-after-obama-pledges-response-to-sony-hack/2014/12/22/b76fa0a0-8a1d-11e4-9e8d-0c687 bc18da4_story.html.

12   Jim Clapper, interview by the author, February 5, 2021.

13   Clapper, interview.

14   Fred Kaplan, *Dark Territory: The Secret History of Cyber War* (London: Simon & Schuster, 2016).

15   FEMA, *IS-100.B: Introduction to Incident Command System, ICS-100* (self-pub., CreateSpace, 2017).

16   FEMA, *IS-100.B: Introduction to Incident Command System.*

17   Juliette Kayyem, "Trump Leaves States to Fend for Themselves," *Atlantic*, April 9,

2020, https://www.theatlantic.com/ideas/archive/2020/03/america-has-never-had-50-state-disaster-before/608155/.

18 Andy Slavitt, *Preventable: The Inside Story of How Leadership Failures, Politics, and Selfishness Doomed the U.S. Coronavirus Response* (New York: St. Martin's, 2021).

19 Clapper, interview.

20 Nassir Ghaemi, interview by the author, January 9, 2021.

21 Ghaemi, interview.

22 Alison Escalante, "Why the Zombie Apocalypse Prepared Us for Pandemic Coronavirus," *Forbes*, January 15, 2021, https://www.forbes.com/sites/alisonescalante/2021/01/15/why-the-zombie-apocalypse-prepared-us-for-pandemic-coronavirus/?sh=28623eeb4d46.

2장 무슨 일이 벌어지고 있는가?

1 Norman MacLean, *Young Men and Fire* (Chicago: University of Chicago Press, 2017).

2 *Canadian Encyclopedia*, s.v. "James Keelaghan," accessed September 27, 2021, https://www.thecanadianencyclopedia.ca/en/article/james-keelaghan.

3 MacLean, *Young Men and Fire*.

4 Stephen J. Pyne, *Smokechasing* (Tucson: University of Arizona Press, 2003).

5 Nicholas Bogel-Burroughs, "F.B.I. Warned of Violence Before Siege; More Arrests Made," *New York Times*, February 18, 2021, https://www.nytimes.com/live/2021/01/12/us/capitol-riot-trump.

6 Tim Hartford, "How to End a Pandemic," *Cautionary Tales*, podcast, July 17, 2020, https://timharford.com/2020/07/cautionary-tales-dark-winter-bright-spring.

7 "Judge Samuel Sewall Survives the 1721 Boston Smallpox Epidemic," New England Historical Society, February 2, 2021, https://www.new englandhistoricalsociety.com/samuel-sewall-survives-boston-smallpox-epidemic-1721.

8   Michael Chertoff, *Homeland Security: Assessing the First Five Years* (Philadelphia: University of Pennsylvania Press, 2011).

9   Jenny Gold and Rachel Bluth, "Is the Bay Area's 'Unprecedented' Lockdown the First of Many?," *Kaiser Health News*, March 17, 2020, https://khn.org/news/is-the-bay-areas-unprecedented-lockdown-the-first-of-many/.

10   Cheryl Guerrero, "Scenes from the 2020 San Francisco Chinese New Year Parade," Hyperlocal Neighborhood News, *Hoodline*, February 10, 2020, https://hoodline.com/2020/02/scenes-from-the-2020-san-francisco-chinese-new-year-parade/.

11   Arthur Conan Doyle, *The Adventure of Silver Blaze: A Sherlock Holmes Adventure* (Paisley, UK: Gleniffer, 1993).

12   Olivier Sibony, Daniel Kahneman, and Cass R. Sunstein, *Noise: A Flaw in Human Judgment* (London: Little, Brown, 2021).

13   Allan J. McDonald and James R. Hansen, *Truth, Lies, and O-Rings: Inside the Space Shuttle Challenger Disaster* (Gainesville: University Press of Florida, 2009).

14   Howard Berkes, "Remembering Allan McDonald: He Refused to Approve Challenger Launch, Exposed Cover-Up," *Morning Edition*, NPR, March 7, 2021, https://www.npr.org/2021/03/07/974534021/remembering-allan-mcdonald-he-refused-to-approve-challenger-launch-exposed-cover.

15   Berkes, "Remembering Allan McDonald."

16   Shankar Vedantam, Rhaina Cohen, Tara Boyle, and Thomas Lu, "The Cassandra Curse: Why We Heed Some Warnings, and Ignore Others," *Hidden Brain*, podcast, NPR, September 17, 2018, https://www.npr.org/2018/09/17/648781756/the-cassandra-curse-why-we-heed-some-warnings-and-ignore-others.

17   Vedantam et al., "The Cassandra Curse."

18   Vedantam et al., "The Cassandra Curse."

19   *Encyclopædia Britannica*, s.v. "Agamemnon," accessed September 30, 2021, https://www.britannica.com/topic/Agamemnon-Greek-mythology.

20   Vedantam et al., "The Cassandra Curse."

21   Scott Gottlieb, *Uncontrolled Spread: Why Covid-19 Crushed Us and How We Can*

Defeat the Next Pandemic (New York: Harper, 2021).

22 Riki Ott, *Not One Drop: A True Story of Promises, Betrayal & Courage in the Wake of the Exxon Valdez Oil Spill* (White River Junction, VT: Chelsea Green, 2008).

3장 노력을 통합하라

1 Dina Temple-Raston, "A 'Worst Nightmare' Cyberattack: The Untold Story of the Solarwinds Hack," *All Things Considered*, NPR, April 16, 2021, https://www.npr.org/2021/04/16/985439655/a-worst-nightmare-cyberattack-the-untold-story-of-the-solarwinds-hack.

2 Temple-Raston, "A 'Worst Nightmare' Cyberattack."

3 Edward Davis Company, "Safety Risk Report," East Oakland Stadium Alliance, July 13, 2021, https://www.eastoaklandstadiumalliance.com/safety_risk_report. 나는 이 안전성 검토에서 에드 데이비스를 도왔다.

4 Edward Davis Company, "Safety Risk Report."

5 Chris Krebs, interview by the author, April 23, 2021.

6 Krebs, interview.

7 Robin Ferracone, "Good Governance: Do Boards Need Cyber Security Experts?" *Forbes*, July 9, 2019, https://www.forbes.com/sites/robinferracone/2019/07/09/good-governance-do-boards-need-cyber-security-experts/?sh=7faf9aad1859.

8 Kate Conger, "Uber Says 3,045 Sexual Assaults Were Reported in U.S. Rides Last Year," *New York Times*, December 5, 2019, https://www.nytimes.com/2019/12/05/technology/uber-sexual-assaults-murders -deaths-safety.html. I work with Uber on unrelated issues.

9 Steven Norton, "Super Startup Airbnb Must 'Scale Trust' among Users," *Wall Street Journal*, April 18, 2014, https://www.wsj.com/articles/BL-CIOB-4323.

10 Charles W. Wessner, *International Friction and Cooperation in High-Technology Development and Trade: Papers and Proceedings* (Washington, DC: National Academies Press, 1997).

11 Matthew Daley, "TSA to Hire More Screeners to Deal with Long Lines,"

Detroit News, May 25, 2016, https://www.detroitnews.com/story/news/nation/2016/05/25/airport-security/84898162/.

12   Peter Neffenger, interview by the author, March 17, 2021.

4장 최후의 방어선이라는 함정

1   Juliette Kayyem, "The Game Changer," *Boston Globe*, April 24, 2011, http://archive.boston.com/news/politics/articles/2011/04/24/the_game_changer/.

2   Kiley Kroh and Michael Conathan, "The Lasting Impact of Deepwater Horizon," Center for American Progress, April 20, 2012, https://www.americanprogress.org/issues/green/news/2012/04/19/11409/the-lasting-impact-of-deepwater-horizon/.

3   Daniel Jacobs, *BP Blowout: Inside the Gulf Oil Disaster* (Washington, DC: Brookings Institution, 2016).

4   D. H. Stamatis, *Failure Mode and Effect Analysis: FMEA from Theory to Execution* (Milwaukee, WI: ASQ Quality, 2003).

5   ManMohan Sodhi and Navdeep Sodhi, "Six Sigma Pricing," *Harvard Business Review*, August 1, 2014, https://hbr.org/2005/05/six-sigma-pricing.

6   E. S. Quade, *The Systems Approach and Public Policy* (Santa Monica, CA: RAND Corporation, 1969), https://www.rand.org/pubs/papers/P4053.html.

7   Center for Food Safety and Applied Nutrition, "HACCP Principles & Application Guidelines," National Advisory Committee on Microbiological Criteria for Foods, U.S. Food and Drug Administration, August 14, 1991, https://www.fda.gov/food/hazard-analysis-critical-control-point-haccp/haccp-principles-application-guidelines.

8   "Role of the Blowout Preventer (BOP) in Drilling Operations," Keystone Energy Tools, August 17, 2021, https://www.keystoneenergytools.com/the-role-of-the-blowout-preventer-bop-in-drilling-operations.

9   "Blowout Preventer 3-1/16IN, 15K, Blind Shear, S/N P09217, w/Skid," IronPlanet, accessed September 25, 2021, https://www.ironplanet.com/

jsp/s/item/1991372?utm_source=rbauction&utm_medium=referral&utm _ campaign=syndication&src=mktg.

10 Sarah Yang, "Disaster Expert Cites 'Failure to Learn' for Deepwater Horizon Blowout," Center for Catastrophic Risk Management, University of California Berkeley, July 2, 2015, https://news.berkeley.edu/2013/04/18/deepwater-horizon. JS: Deepwater Horizon Study Group, Rep, *Final Report on the Investigation of the Macondo Well Blowout* (Berkeley: University of California, March 1, 2011), https://www.dco.uscg.mil/Portals/9/OCSNCOE/Casualty-Information/DWH-Macondo/DHSG/DHSG-DWH-Investigation-Report. pdf?ver=I-lV-nwDpczeZsPk6JokoQ%3D%3.

11 National Commission on the BP *Deepwater Horizon* Oil Spill and Offshore Drilling, *Deep Water: The Gulf Oil Disaster and the Future of Offshore Drilling*, January 2011, https://www.govinfo.gov/content/pkg/GPO-OILCOMMISSION/pdf/GPO-OILCOMMISSION.pdf.

12 National Commission on the BP *Deepwater Horizon* Oil Spill and Offshore Drilling, *Deep Water*.

13 David Hilzenrath, "When All Hell Breaks Loose: Years after Deepwater Horizon, Offshore Drilling Hazards Persist," Project on Government Oversight, December 18, 2018, https://www.pogo.org/investigation/2018/12/when-all-hell-breaks-loose-years-after-deepwater-horizon-offshore -drilling-hazards-persist/.

14 Hilzenrath, "When All Hell Breaks Loose."

15 National Commission on the BP *Deepwater Horizon* Oil Spill and Offshore Drilling, *Deep Water*.

16 Lizzie Johnson, *Paradise: One Town's Struggle to Survive an American Wildfire* (New York: Crown, 2021).

17 Volker C. Radeloff, David P. Helmers, H. Anu Kramer, Miranda H. Mockrin, Patricia M. Alexandre, Avi Bar-Massada, Van Butsic, et al., "Rapid Growth of the US Wildland-Urban Interface Raises Wildfire Risk," Proceedings of the National Academy of Sciences 115, no. 13 (2018): 3314-3319, https://doi.org/10.1073/pnas.1718850115.

18 MyRadar, "Climate Refugees: Paradise-Rebuild or Retreat?," December

23, 2019, YouTube video, https://www.youtube.com/watch?v=B4_
IIWVRUTM&t=446s&ab_channel=MyRadar.

19   MyRadar, "Climate Refugees: Paradise-Rebuild or Retreat?"

20   MyRadar, "Climate Refugees: Paradise-Rebuild or Retreat?"

21   Igor Korovin, *Air Crash Investigations: Drama in Sioux City: The Crash of United Airlines Flight 232* (n.p.: Lulu.com, 2011).

22   Korovin, *Air Crash Investigations*.

23   MyRadar, "Climate Refugees: Paradise-Rebuild or Retreat?"

24   Linda Pilkey-Jarvis, Keith C. Pilkey, and Orrin H. Pilkey, *Retreat from a Rising Sea: Hard Choices in an Age of Climate Change* (New York: Columbia University Press, 2016).

25   Pilkey-Jarvis, Pilkey, and Pilkey, *Retreat from a Rising Sea*.

26   Ben Adler, "Congress Passes Biden Infrastructure Plan, the Largest Climate Change Investment in U.S. History," *Yahoo! News*, November 6, 2021, https://news.yahoo.com/congress-passes-biden-infrastructure-plan-the-largest-climate-change-investment-in-us-history-121605735.html.

5장 출혈을 막아라

1   Dan De Luce, "In the Iraq War, a Revolution in Battlefield Medicine," Medical Xpress, December 11, 2011, https://medicalxpress.com/news/2011-12-iraq-war-revolution-battlefield-medicine.html.

2   De Luce, "In the Iraq War, a Revolution."

3   Eleanor Smith, "Stop the Bleeding," *Atlantic*, September 18, 2014, https://www.theatlantic.com/magazine/archive/2014/10/stop-the-bleeding/379335/.

4   De Luce, "In the Iraq War, a Revolution."

5   Peter Herena, "The Principle of Fail-Safe," ChEnected, Global Home of Chemical Engineers, September 2, 2016, https://www.aiche.org/chenected/2011/02/principle-fail-safe.

6   Greg Bishop, "Behind the Scenes of the Super Bowl Blackout," *Sports Illustrated*,

December 22, 2015, https://www.si.com/nfl/2015/12/22/super-bowl-xlvii-blackout-superdome.

7 Bishop, "Behind the Scenes of the Super Bowl Blackout."

8 Bishop, "Behind the Scenes of the Super Bowl Blackout."

9 Judy Battista, "Cause Found for Blackout in Big Game," *New York Times*, February 8, 2013, https://www.nytimes.com/2013/02/09/sports/football/super-bowl-blackout-caused-by-device-meant-to-prevent-it.html.

10 "Why Do Zombies Bleed and How Is That Possible?" Reddit thread, September 13, 2016, https://www.reddit.com/r/zombies/comments/52isr9/why_do_zombies_bleed_and_how_is_that_possible/.

11 "Zombie Preparedness," Centers for Disease Control and Prevention, February 23, 2021, https://www.cdc.gov/cpr/zombie/index.htm.

12 Daniel W. Drezner, *Theories of International Politics and Zombies* (Princeton, NJ: Princeton University Press, 2015).

13 Daniel Drezner, interview by the author, February 4, 2021.

14 Drezner, interview.

15 Michael Deibert, *When the Sky Fell: Hurricane Maria and the United States in Puerto Rico* (New York: Apollo, 2019).

16 Paul Farmer, Jonathan Weigel, and Bill Clinton, *To Repair the World: Paul Farmer Speaks to the Next Generation* (Berkeley: University of California Press, 2019). 어리석은 사망은 초과 사망과는 다르다. 후자는 팬데믹 기간과 같이 병원과 공중 보건 수치가 실제 사망률을 과소 계산할 가능성이 있는 현상을 설명한다. 사망자 수를 정확히 파악할 수 없기 때문에 미국 질병통제예방센터(CDC)에서 측정한 수치를 따르고 있다. 그러나 공개, 인과관계, 개인 정보 보호와 관련된 요인으로 인해 국내 및 해외 사망자 수가 모두 과소 집계되고 있다는 충분한 연구와 분석이 있다.

17 David Lochbaum, Edwin Lyman, and Susan Q. Stranahan, *Fukushima: The Story of a Nuclear Disaster* (New York: New Press, 2015).

18 "TEPCO to Pay Damages in Fukushima Suicide Case," *BBC News*, August 26, 2014, https://www.bbc.com/news/world-asia-28933726.

19 "The Official Report of the Fukushima Nuclear Accident Independent

Investigation Commission," National Diet of Japan, 2012, https://www .nirs.org/ wp-content/uploads/fukushima/SaishyuRecommendation.pdf.

20   Alfred Henry Lewis, *Wolfville Nights* (New York: Frederick A. Stokes, 1902).

21   Lewis, *Wolfville Nights*.

22   Mike Zimmerman, "'9 Meals Away from Disaster.' Financial Advisors on How to Prepare for the Worst," *Barron's*, August 23, 2019, https://www.barrons.com/ articles/9-meals-away-from-disaster-financial-advisors-on-how-to-prepare-for-the-worst-51566602945.

6장 과거를 답습하지 마라

1   Jon Kamp, Will Parker, and Deborah Acosta, "Engineering Firm Warned of Systemic Issue with Miami-Area Condo Building before Deadly Collapse," *Wall Street Journal*, June 26, 2021, https://www.wsj.com/articles/engineering-firm-warned-of-systemic-issues-with-miami-area-condo-building-before-deadly-collapse-11624720688.

2   Kamp, Parker, and Acosta, "Engineering Firm Warned of Systemic Issue with Miami-Area Condo Building Before Deadly Collapse."

3   Konrad Putzier, Scott Calvert, and Rachael Levy, "Behind the Florida Condo Collapse: Rampant Corner-Cutting," *Wall Street Journal*, August 24, 2021, https://www.wsj.com/articles/behind-the-florida-condo-collapse-rampant-corner-cutting-11629816205.

4   "113. Memorandum from Acting Secretary of State Ball to President Johnson," *Foreign Relations of the United States II Vietnam*, no. 3 (February 13, 1965): 614-616, https://history.state.gov/historicaldocuments/frus1964-68v02/d113.

5   The 9/11 Commission Report: Final Report of the National Commission on Terrorist Attacks upon the United States: Official Government Edition §, Featured Commission Publications (2004), https://www.govinfo.gov/content/ pkg/GPO-911REPORT/pdf/GPO-911REPORT.pdf.

6   Mary Louise Kelly, "Clarke Memo Warned of Al-Qaeda Threat," *Morning*

Edition, NPR, February 11, 2005, https://www.npr.org/templates /story/story. php?storyId=4494777.

7   Garrett M. Graff, *The Only Plane in the Sky: An Oral History of 9/11* (New York: Avid Reader, 2019).

8   James Clapper, interview by the author, February 5, 2021.

9   Brian K. Sullivan and Naureen S. Malik, "Texas Power Outage: 5 Million Affected after Winter Storm," *Time*, February 15, 2021, https://time.com/5939633/texas-power-outage-blackouts/.

10 Sami Sparber, "At Least 57 People Died in the Texas Winter Storm, Mostly from Hypothermia," *Texas Tribune*, March 15, 2021, https://www.texastribune. org/2021/03/15/texas-winter-storm-deaths/.

11 Miles O'Brien, interview by the author, April 26, 2021.

12 Juliette Kayyem (@juliettekayyem), "Did interview of an expert about a disaster," Twitter, July 8, 2021, 8:58 p.m., https://twitter.com /juliettekayyem/status/1413 316603161292801?s=20.

13 Jaikumar Vijayan, "6 Reasons to Hire a Red Team to Harden Your App Sec," TechBeacon, January 22, 2019, https://techbeacon.com/app-dev-testing/6-reasons-hire-red-team-harden-your-app-sec.

14 Gerald J. S. Wilde, *Target Risk 2: A New Psychology of Safety and Health: What Works? What Doesn't? and Why…* (Australia: PDE Publications, 2001).

15 J. E. Shealy, C. F. Ettlinger, and R. J. Johnson, "How Fast Do Winter Sports Participants Travel on Alpine Slopes?," *Journal of ASTM International* 2, no. 7 (July 2005). 헬멧 사용자의 평균 속도는 시속 45.8킬로미터(시속 28.4마일)로 헬멧을 사용하지 않은 사용자의 시속 41킬로미터(시속 25.4마일)보다 훨씬 높았다.

16 Wilde, *Target Risk 2: A New Psychology of Safety and Health*.

17 B. Hamilton-Baillie, "Towards Shared Space," *Urban Design International* 13 (September 25, 2008): 130-138.

18 Emma Caroline Barrett and Paul R. Martin, *Extreme: Why Some People Thrive at the Limits* (Oxford: Oxford University Press, 2016).

19 Marilyn Darling, Charles Parry, and Joseph Moore, "Learning in the Thick of It,"

Harvard Business Review, August 1, 2014, https://hbr.org /2005/07/learning-in-the-thick-of-it.

20   Darling, Parry, and Moore, "Learning in the Thick of It."

21   Alan Feuer, "Occupy Sandy: A Movement Moves to Relief," *New York Times*, November 10, 2012, https://www.nytimes.com/2012/11/11/nyregion /where-fema-fell-short-occupy-sandy-was-there.html.

22   Richard Serino, interview by the author, April 12, 2019.

7장 니어미스를 놓치지 마라

1   Dylan Tweney, "Apple's Response to iPhone 4 Antenna Problem: You're Holding It Wrong," *Wired*, June 25, 2010, https://www.wired.com /2010/06/iphone-4-holding-it-wrong/.

2   Avery Hartmans, "'Antennagate' Just Turned 10. Here's How the iPhone 4's Antenna Issues Became One of Apple's Biggest Scandals of All Time," *Business Insider*, July 18, 2020, https://www.businessinsider.com/apple-antennagate-scandal-timeline-10-year-anniversary-2020-7.

3   Diane Vaughan, *The Challenger Launch Decision: Risky Technology, Culture, and Deviance at NASA*, enlarged ed. (Chicago: University of Chicago Press, 2016).

4   Vaughan, *The Challenger Launch Decision*.

5   Vaughan, *The Challenger Launch Decision*.

6   Vaughan, *The Challenger Launch Decision*.

7   Vaughan, *The Challenger Launch Decision*.

8   Vaughan, *The Challenger Launch Decision*.

9   Susan Berfield, "Inside Chipotle's Contamination Crisis," Bloomberg, December 22, 2015, https://www.bloomberg.com/features/2015-chipotle-food-safety-crisis.

10   Berfield, "Inside Chipotle's Contamination Crisis."

11   "Market Capitalization of Chipotle Mexican Grill (CMG)," Companies Market Capitalization, accessed September 29, 2021, https://companies marketcap.com/

chipotle-mexican-grill/marketcap/.

12 Peter S. Goodman and Stanley Reed, "With Suez Canal Blocked, Shippers Begin End Run Around a Trade Artery," *New York Times*, March 26, 2021, https://www.nytimes.com/2021/03/26/business/suez-canal-blocked-ship.html.

13 Chas Danner, "One Big Ship Crisis Ends, It Might Not Be the Last: Updates," Intelligencer, *New York Magazine*, March 30, 2021, https://nymag.com/intelligencer/2021/03/ship-still-stuck-leaving-suez-canal-blocked-updates.html.

14 Lucas Reilly, "The Time 14 Cargo Ships Were Trapped in the Suez Canal⋯ for Eight Years," Mental Floss, September 17, 2018, https://www.mentalfloss.com/article/557027/time-14-cargo-ships-were-trapped-suez-canal-eight-years.

15 "When to Skip the Suez Canal for the Cape of Good Hope," Sofar Ocean, accessed September 29, 2021, https://www.sofarocean.com/posts /when-to-skip-the-suez-canal-for-the-cape-of-good-hope.

16 Edward Davis, interview by the author, March 19, 2021.

17 Davis, interview.

18 Davis, interview.

19 Catherine Tinsley, Robin Dillon, and Peter Madsen, "How to Avoid Catastrophe," *Harvard Business Review*, July 16, 2015, https://hbr.org/2011/04/how-to-avoid-catastrophe.

20 Hans Kuipers, Alan Iny, and Alison Sander, "Building Your Uncertainty Advantage," Boston Consulting Group Global, July 29, 2020, https://www.bcg.com/publications/2020/using-uncertainty-to-your-advantage.

21 Jen Wieczner, "The Case of the Missing Toilet Paper: How the Coronavirus Exposed U.S. Supply Chain Flaws," *Fortune*, May 21, 2020, https://fortune.com/2020/05/18/toilet-paper-sales-surge-shortage-coronavirus-pandemic-supply-chain-cpg-panic-buying/.

22 Wieczner, "The Case of the Missing Toilet Paper."

23 Wieczner, "The Case of the Missing Toilet Paper."

8장 떠나간 사람들이 남긴 것

1   *Smithsonian Magazine*, "These Century-Old Stone 'Tsunami Stones' Dot Japan'
    s Coastline," Smithsonian.com, August 31, 2015, https://www.smithsonianmag.
    com/smart-news/century-old-warnings-against-tsunamis-dot-japans-
    coastline-180956448/.

2   Eric Orts and Joanne Spigonardo, *Disasters, Leadership and Rebuilding   Tough
    Lessons from Japan and the U.S.*, Initiative for Global Environmental Leadership,
    October 2013, http://d1c25a6gwz7q5e.cloudfront.net /reports/2013-10-01-
    Disasters-Leadership-Rebuilding.pdf.

3   Law and Public Policy Asia-Pacific, "Lessons in Leadership from the Fukushima
    Nuclear Disaster," Knowledge@Wharton, University of Pennsylvania, October
    3, 2013, https://knowledge.wharton.upenn.edu/article/lessons-leadership-
    fukushima-nuclear-disaster/.

4   "The Official Report of the Fukushima Nuclear Accident Independent
    Investigation Commission," National Diet of Japan, 2012, https://www.nirs.org/
    wp-content/uploads/fukushima/SaishyuRecommendation.pdf.

5   Greg Allen, "A New Hurricane Season Brings a New Threat: Carbon
    Monoxide Poisoning," *Morning Edition*, NPR, June 1, 2021, https://www.npr.
    org/2021/06/01/1000203891/a-new-hurricane-season-brings-a-new-threat-
    carbon-monoxide-poisoning.

6   Alan R. Earls and Michael S. Dukakis, *Greater Boston's Blizzard of 1978* (Chicago:
    Arcadia, 2008).

7   Dave Cullen, *Columbine* (New York: Grand Central, 2009).

8   John A. Kolman, ed., *Patrol Response to Contemporary Problems: Enhancing
    Performance of First Responders through Knowledge and Experience* (Springfield, IL:
    Charles C. Thomas, 2006).

9   Peter Nickeas and Elyssa Cherney, "Critics Warn School Shooter Drills
    May Be Doing More Harm Than Good: 'They're Becoming More
    Perverse and Obscene,'" *Chicago Tribune*, February 12, 2020, https://www.
    chicagotribune.com/news/ct-active-shooter-drills-schools-lockdowns

-20200212-dzfevmvj6zfyla6eyj52d42uq4-story.html.

10   Ethan Siegel, "Science Busts the Biggest Myth Ever about Why Bridges Collapse," *Forbes*, May 24, 2017, https://www.forbes.com/sites/startswithabang/2017/05/24/science-busts-the-biggest-myth-ever-about-why-bridges-collapse/?sh=94a2f3f1f4c0.

11   Nickeas and Cherney, "Critics Warn School Shooter Drills May Be Doing More Harm Than Good."

12   Michael Babaro, "Facebook vs. the White House," *Daily*, podcast, *New York Times*, July 20, 2021, https://www.nytimes.com/2021/07/20/podcasts/the-daily/facebook-misinformation-biden-vaccine-skeptics.html.

13   Sheera Frenkel and Cecilia Kang, *An Ugly Truth: Inside Facebook's Battle for Domination* (London: Bridge Street, 2021).

14   "The Facebook Files," *Wall Street Journal*, September 15, 2021, https://www.wsj.com/articles/the-facebook-files-11631713039.

15   Andy Horowitz, *Katrina: A History, 1915-2015* (Cambridge, MA: London: Harvard University Press, 2020).

16   Andy Horowitz, interview by the author, April 28, 2021.

17   Horowitz, *Katrina*.

18   Dick Gilbreath, *The Indian Ocean Tsunami: The Global Response to a Natural Disaster* (Lexington: University Press of Kentucky, 2011).

19   Matthew Lauer, "Oral Traditions or Situated Practices? Understanding How Indigenous Communities Respond to Environmental Disasters," *Human Organization* 71, no. 2 (2012): 176-187, http://www.jstor.org/stable/4414864.

20   Monica Lindberg Falk, *Post-Tsunami Recovery in Thailand: Socio-cultural Responses* (Abingdon, UK: Routledge, 2015).

21   "Tsunami, 10 Years On: The Sea Nomads Who Survived the Devastation," *Guardian*, December 10, 2014, https://www.theguardian.com/global-development/2014/dec/10/indian-ocean-tsunami-moken-sea-nomads-thailand.

맺으며

1 Associated Press, "Don't Get Too Shaken Up, but Richter Scale Is Defunct," *Deseret News*, April 28, 1994, https://www.deseret.com/1994/4/28 /19105909/don-t-get-too-shaken-up-but-richter-scale-is-defunct.

2 Art Bell and Whitley Strieber, *The Coming Global Superstorm* (New York: Pocket Books, 2004).

3 Florko, "New Chart Reveals Military's Vast Involvement."

4 Judith Rodin, *The Resilience Dividend: Being Strong in a World Where Things Go Wrong* (New York: PublicAffairs, 2014).

5 Rodin, *The Resilience Dividend*.

6 "Climate Change Widespread, Rapid, and Intensifying," Intergovernmental Panel on Climate Change, United Nations, August 9, 2021, https://www.ipcc.ch/2021/08/09/ar6-wg1-20210809-pr/.

7 Seth Borenstein, "'Code RED': UN Scientists Warn of Worsening Global Warming," AP NEWS, Associated Press, August 10, 2021, https://apnews.com/article/asia-pacific-latin-america-middle-east-africa-europe-1d89d5183583718ad4ad311fa2ee7d83.

8 Greg Ip, "IPCC Climate Change Report Shows Less Cause for Panic — But More Urgency to Act," *Wall Street Journal*, August 12, 2021, https://www.wsj.com/articles/ipcc-climate-change-report-gives-a-less-extreme-but-more-sobering-outlook-11628697997.

9 Ryan Mulcahy, "Climate Scientist on UN Report: Just as Bad as We Expected," *Harvard Gazette*, August 13, 2021, https://news.harvard.edu/gazette/story/2021/08/climate-scientist-on-un-report-just-as-bad-as-we-expected/.

10 "Keep Calm and Carry On," poster, World War era, accessed October 1, 2021, https://worldwarera.com/products/keep-calm-carry-on-poster.

11 Bex Lewis, *Keep Calm and Carry On: The Truth Behind the Poster* (London: Imperial War Museums, 2017).

12 Wake Forest University, "The Now Normal," March 29, 2020, YouTube video, https://www.youtube.com/watch?v=5rQoit9BxAA&ab_

channel=WakeForestUniversity.

에필로그

1 Garrett M. Graff, *The Only Plane in the Sky: An Oral History of 9/11* (Waterville, ME: Thorndike, 2020).

역자 소개

김효석

대기업에서 공장과 본사, 지주사를 두루 거치며 환경 안전(EHS) 분야
감사와 전문 인력 양성, 그룹사 위기관리(CRO) 체계 구축과 운영을 맡았다.
환경부 서기관, 환경부 국립환경인재개발원 교육운영과장을 거쳐
현재 국립환경인재개발원장으로 재직하며 탄소중립, ESG 등 환경 공무원
직무 교육과 민간 기술 인력 대상 205개 환경 전문 교육, 환경측정분석사
검정 시험 등을 총괄하고 있다. 정부와 공공 기관은 물론 민간 전문 인력에게
최적의 환경 교육 기회를 제공하는 전 생애 환경 전문 교육 플랫폼 구축에
힘쓰고 있다.

이승배

대학에서 화학공학을 전공하고 화학 회사에 입사해 생산 관리, 영업,
혁신 활동(6시그마) 등 사내 컨설팅과 전략 업무를 수행했다.
현재 그룹 연수원에서 안전 환경, 품질, 위기관리 교육을 담당하고 있다.
안전 및 인간공학 전공으로 박사 학위를 받은 이래 10여 년간 사내외 구성원에게
안전의 가치를 전파하고 있으며 3년 전부터는 위기관리 분야까지 관심을
확대, 안전과 기업 위기를 아우르는 교육 체계 수립에 앞장서고 있다.
개인, 가정, 기업, 국가 구성원 전체가 안전 리더십을 발휘하는 사회를 꿈꾼다.

류종기

기업과 컨설팅 회사에서 위험관리, 회복탄력성(리질리언스), 지속가능경영
컨설턴트로 20년 이상 활동해 왔다. 딜로이트 안진회계법인 기업 리스크
컨설팅 디렉터, IBM 리질리언스, 애자일 리더를 지냈으며 울산과학기술원
(UNIST) 도시환경공학과 겸임교수로 ESG, 기후변화 리스크를 연구하고
현재 EY한영에서 지속가능금융(ESG), 리스크 컨설팅을 담당하고 있다.
미국 리스크관리협회(RIMS.org)의 한국 대표이며 2018 평창동계올림픽
조직위 위험관리 자문, 《동아비즈니스리뷰》 객원 편집 위원을 역임했다.
저서로 『리질리언스 9』, 역서로 『뉴 애브노멀』(공역), 『밸런싱 그린』(공역),
『ESG 투자와 경영』(공역), 『탄소중립 경영 기본과 실천 전략』(근간) 등이 있다.

악마는 잠들지 않는다

1판 1쇄 찍음 2023년 5월 26일
1판 1쇄 펴냄 2023년 6월 2일

지은이   줄리엣 카이엠
옮긴이   김효석 · 이승배 · 류종기
발행인   박근섭 · 박상준
펴낸곳   (주)민음사

출판등록   1966. 5. 19. 제16-490호
주소   서울특별시 강남구
          도산대로1길 62(신사동)
          강남출판문화센터 5층
          (우편번호 06027)

대표전화   02-515-2000
팩시밀리   02-515-2007
홈페이지   www.minumsa.com

한국어 판 © (주)민음사, 2023. Printed in
Seoul, Korea
ISBN 978-89-374-2794-7 (03300)

잘못 만들어진 책은
구입처에서 교환해 드립니다.